服务管理

SERVICE MANAGEMENT

李　雷◎编

ZHEJIANG UNIVERSITY PRESS
浙江大学出版社

前　　言

　　在工业化后期，服务业是一个具有强劲发展势头的产业，它在提升经济、改善环保、解决就业等方面的能力甚至超过了工业。

　　国家统计局发布的数据显示，2017年，我国服务业对经济增长的贡献率为58.8%，比2016年提高了1.3个百分点，成为推动我国经济增长的主动力。2017年，服务业税收收入占全部税收收入的56.1%，连续5年贡献率过半。服务业的对外开放也形成新的增长点，2017年，服务业进出口总额占对外贸易总额的比重达14.5%。此外，服务业还成为吸纳就业的主渠道，服务业比重提高了，整个经济增长的就业弹性就会增加。近些年我国服务业也加大了创新力度，取得了不小的成绩，一些行业已经迈入世界前列，实现了从跟跑、并跑到领跑的飞跃。比如，中国的移动支付、共享经济、大数据运用等已经走在世界前列；电信业在5G技术方面正在成为全球引领者。从总体上看，40年前，中国一、二、三产业排序就是"一、二、三"，农业最大，占一半，其次是工业，然后是第三产业。后来经过努力，中国经过发展，产业结构排序变成了"二、三、一"，第二产业工业最大，第三产业排第二，农业排第三。而现在，中国的产业结构排序是"三、二、一"，第三产业排到了第一名，可以说，服务经济时代已经到来。

　　基于服务业的蓬勃发展和制造业在制造技术、产品功能及产品方面的趋同，市场竞争已进入了服务竞争的时代。面临服务竞争的各类企业必须通过了解和管理顾客关系中的服务要素来获得持久的竞争优势。这就迫切需要一系列理论、方法作为服务竞争的指导原则。由于建立在物质产品生产基础上的"科学管理"理论和方法在服务竞争中的有效性受到限制，所以，必须探索适合服务特性的新理论和方法，这种背景下，"服务管理"应运而生。

　　服务管理是面临服务竞争社会而产生的一种新的管理模式。服务管理是从营销服务的研究中逐渐发展起来的，由于"营销"是一种涉及企业经营管理、生产作业、组织理论和人力资源管理、质量管理等学科领域的管理活动，在这些领域内更全面、深入地围绕服务管理的理论探讨，还要经过大量的实践来总结其活动规律。要实现在市场经济下的顾客满意化和差别化竞争优势,必须在核心产品之外有更多的价值,才能吸引顾客,扩大产品的市场份额,所以,在理论界加快对服务管理理论和方法的研究,在企业界顺应形势,加快经营理论向"顾客导向"的转化,应当成为当务之急。

从 20 世纪 60 年代开始,服务管理已经成为一个新的研究领域,并获得了丰硕的成果。对服务问题最早进行研究的是一些北欧的营销研究人员,他们根据营销活动中的服务、服务产出和服务传递过程的特性,进行了大量卓有成效的研究,提出了一系列概念、工具和模型,并把这些研究成果归类为"服务营销"。服务营销作为服务管理的一个研究分支,在服务管理理论体系形成过程中发挥了重要的开创作用。经过半个世纪的发展,服务管理已经成为来源于多个学科,涉及企业经营管理、生产运作、组织理论和人力资源管理、质量管理学等多种事务的管理活动。

笔者于 2011 年 9 月进入华南理工大学工商管理学院攻读博士学位,3 年读博过程中,作为骨干成员参与了导师赵先德教授主持的国家自然科学基金重大项目"网络环境下的服务创新与服务设计研究"(编号:71090403/71090400),由此对服务创新与服务设计的相关理论进行了比较系统的学习。2014 年 7 月博士毕业,笔者进入桂林理工大学商学院工作,为本科生和研究生讲授"服务管理"课程,对国内外"服务管理"的相关教材和著作进行了全面的搜集、整理和阅读。同时,笔者于 2015 年获得服务管理方向的国家自然科学基金地区科学基金项目"网络平台运营机制对内容提供商新服务开发绩效的作用机理研究"(编号:71562008),又进一步对网络平台情境下的服务管理理论与实践活动进行了研究。在这 8 年多的阅读、调研、教学、科研工作中,笔者对服务管理的知识体系进行了一些思考,本书就是对这些思考的梳理与总结,包括"理解服务""设计服务""保障服务"和"变革服务"四个方面,不但包含了服务管理的基本概念、基本理论、基本工具和基本方法,同时,也融入了笔者这些年来关于服务管理的研究成果,力求为读者全面地展示服务管理这个领域的知识体系。

本书能够顺利出版,离不开各方面的支持。笔者感谢国家自然科学基金资助项目(编号:71732008;71562008;71662006)、广西自然科学基金项目(编号:2018GXNSFAA281223)、"广西八桂学者"专项经费资助项目(文件号:厅发〔2019〕79 号)、广西高等学校千名中青年骨干教师培育计划(文件号:桂教人〔2018〕18 号)、桂林理工大学教材建设基金(文件号:桂理工教〔2018〕11号)、广西高校人文社会科学重点研究基地基金资助项目(编号:17ZD003)对本书提供的资助。还要感谢我的导师赵先德教授对于我的帮助与教诲。此外，华南理工大学工商管理学院简兆权教授也对我进行了很多点拨，作为我国较早从事服务创新管理研究的学者，简教授无私地把他积累的经验传授给我，让我在教学和研究上少走了很多弯路。我所指导的硕士研究生也参与了本书的资料收集以及撰写等工作，他们是桂林理工大学商学院的刘博、朱钱晨、黄卿云、李欠，在此一并谢过。还要感谢浙江大学中国科教战略研究院的吴伟副研究员，他为笔者引荐了浙江大学出版社。

　　是为序。

李　雷

2019 年 10 月 16 日于桂林

目　　录

第一篇　理解服务

第二篇　设计服务

第三篇　保障服务

第四篇　变革服务

第一篇　理解服务

第一篇　理論研究

第1章　服务和服务经济

1.1　导入案例

让我们进入服务的世界

打电话、刷信用卡、乘公交车或者是从自动取款机(Automatic Teller Machine,ATM)上取款,你一定有过接受服务的经历。事实上,我们每天都在与服务打交道,服务已经成为日常生活中不可或缺的组成部分,你甚至都意识不到它们的存在,除非有一天它们出了问题。有些服务可能比较复杂,需要提前做些规划,如乘邮轮度假,接受理财服务或者是到医院做检查。在你的一生中,上大学或攻读研究生也许是你需要做出的最大、最复杂的服务决策。大学是非常复杂的服务组织,因为大学所提供的服务不仅涉及教育服务,还包括图书馆、学生宿舍、医疗保健、体育设施、博物馆、保安、学业咨询及职业生涯规划等。在校园里,与此相对应的是,你可以通过不同的设施来接受不同的服务,如邮局、书店、复印店、银行和食品店,可以上网,也可以去娱乐、放松自己,这些都是典型的个人服务消费,或称为B2C服务。

公司或非营利组织都会涉及B2B的服务问题,行业不同,程度不同,但一般来说,其规模会远远大于B2C服务。原因在于,现在很多企业会采取服务外包(Service Outsourcing)的策略,把越来越多的非核心业务外包给其他服务企业来节约成本,以维持核心竞争力,进而在竞争性市场上取得成功。

遗憾的是顾客对企业提供服务的质量和价值并不总是满意的。接受服务后,有时顾客可能会非常愉悦,但有时则相反,可能会非常失望。不管在B2B还是B2C市场上,企业不兑现承诺,货次价高,不了解顾客的需要,员工粗俗无礼且缺乏应有的服务技能,服务时间不利于顾客,管理流程复杂,无端浪费顾客时间,自助设施不能正常使用,复杂的网站设计,这一切的一切,都会导致顾客不满意,甚至抱怨。

服务供应商的竞争是惨烈的,需要管理者有与众不同的思维模式。很多服务企业抱怨成本太高,而利润太少;抱怨员工技能低下,而且工作没有积极性;抱怨顾客无理要求太多,无法满足。但让我们高兴的是,还是有一些服务企业,知道该怎样在高效、赢利运营的基础上,让顾客愉悦。

思考:你如何理解服务?

资料来源:[美]克里斯托弗·洛夫洛克,约亨·沃茨.服务营销[M].韦福祥,等译.北京:机械工业出版社,2014.

本章为开篇,我们将让你了解什么是服务,并将为你勾勒出如今充满活力的服务经济的大致轮廓,并且为你介绍世界服务经济发展沿革以及现在中国服务经济发展现状。

1.2 什么是服务

1.2.1 服务的定义

社会的物质财富是通过使自然资源增值的方式实现的。在现代社会里,有许多这样的机构,它们提取原材料,通过加工的方式使原材料增值,将中间材料与部件转化为成品。但是,也有其他一些机构,专门为产品的生产与分配提供便利条件,依靠提供的各种无形资产增添价值。后者的产出被称为服务。

服务可被定义为生产时间、空间、形式以及心理效用的经济活动。服务是一种行动、行为,或者表现,它们是无形的。家政服务可以为消费者节省做家务的时间。百货公司和食品杂货店可以在一个方便的空间销售许多商品。数据库服务可以以一种更加方便管理者使用的形式对信息进行整合。夜晚外出去餐厅或电影院可以让大家在繁忙的工作周放松心情。

我们可以发现许多关于服务的定义,它们都包含一个共同的方面,就是强调服务的无形性(Intangibility)以及生产和消费的同时进行。以下列举几个服务定义的例子:

Zeithaml 和 Bitner(1996)认为,服务是行动、流程和绩效。

Gronroo(1990)认为,服务是具有或多或少无形性特征的一项活动或一系列活动,它大多数时候是发生在顾客和服务员、物质资源或商品以及服务供应商系统之间的交互活动,它为顾客提出的问题提供解决方案。

Quinn 等(1987)认为,服务部门包括所有的产出不是实物产品或建构,它通常在生产的同时进行消费,并且以某种形式提供附加价值(例如便利性、娱乐性、时效性、舒适或健康),它特别强调与顾客相关的无形性。

Lovelock 等(2007)提出服务是由一方提供给另一方的经济活动,以换取买方的钱、时间和努力。顾客期望从获得的商品、劳动力、专业技术、设备、网络和系统中得到价值,但他们通常不承担任何物质要素的所有权。

Spohrer 等(2007)提出服务体系是一个关于人、技术和其他内外部服务体系以及共享信息的价值联产的结构(如语言、过程、度量、价格、政策及法律)。

1.2.2　服务的相关概念

与服务相关的概念包括:服务行为、服务产品、服务企业、服务产业和服务经济,它们体现在服务由微观到宏观的各个层面,共同构成了服务的概念体系。

1. 服务行为

服务是一方为另一方提供服务的活动,是当一方有某方面的需求,而自己没有能力或不愿亲自实现时,通过交易方式请求另一方帮助实现的活动过程。服务行为是服务的微观表现,服务管理的许多内容是针对服务行为的时间、地点、方式以及服务过程中的顾客感受展开的。

2. 服务产品

服务产品是服务提供者提供给顾客的服务包(Service Package),它是对企业向顾客所提供服务内容的描述。服务产品是一种"产品—服务组合",它有两种形态:以服务为主导的"产品—服务组合"(如医院、餐馆、银行、咨询等)和以产品为主导的"产品—服务组合"(如超市、汽车加油站、服装专卖店等)。在前者当中,服务是顾客购买的主要对象,物品只起辅助作用;在后者当中,物品是顾客购买的主要对象,服务只起辅助作用。

3. 服务企业

若企业的主要生产经营行为是服务行为,则认定该企业为服务企业。服务企业的主要业务是服务业务,收入主要来源于服务产品。按照服务产品的两种形态,可以将服务企业划分为两类:以销售服务为主的企业称为服务性企业,如医院、咨询公司、银行等;以销售物品为主的企业称为流通企业,如汽车加油站、超市等。图 1-1 是服务系统(Service System)与制造系统的对比,两者的主要区别在于服务系统有顾客投入,这导致企业的管理目标、管理控制方式、对输出的评价等存在较大差异。这也是服务企业与制造企业的主要区别。

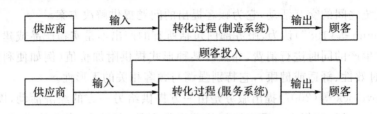

图 1-1 服务系统与制造系统对比

资料来源:蔺雷,吴贵生.服务管理[M].北京:清华大学出版社,2008.

4. 服务产业

服务产业是指以增值为目的,提供服务产品的生产部门和企业的集合。对服务产业的划分方法有多种,如按照服务提供对象划分为消费性服务业和生产性(Productive)服务业的两分法,按照在国民经济中的功能划分为基础服务业、贸易服务业、商业服务业、公共服务业、社会/个人服务业的五分法等。

5. 服务经济

服务经济是指以服务活动为主导经济活动类型、服务产业成为主导产业的经济形态,它是服务在宏观层面的表现。本章下一节对服务经济的含义及意义进行了详细的介绍。

以上 5 个基本概念构成了服务从微观到宏观的层次体系,见图 1-2。其中,服务行为是最根本的,低一层次的概念是构成高一层次概念的基础。

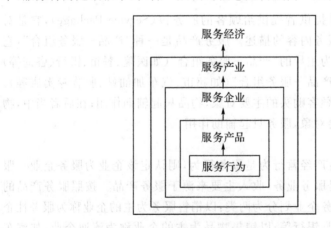

图 1-2 服务的层次

资料来源:蔺雷,吴贵生.服务管理[M].北京:清华大学出版社,2008.

1.3　服务经济及其重要意义

1.3.1　服务经济的概念与特征

1. 服务经济的概念

服务经济是指以服务活动为主导的经济活动类型,服务产业成为国民经济中主导产业的经济,是社会进入更高发展阶段的经济形态。从发展规律看,国家会从以农业产品和工业产品的生产为主转向以服务产品的生产为主。当然,各个国家发展水平不同,所处的阶段也不同,发达国家已显现出以服务业为主的经济形态,而发展中国家大多处于产品经济阶段。

2. 服务经济的特征

(1)服务业在经济结构中的比重日趋上升

服务业在全球范围内持续快速增长,目前全球国内生产总值(Gross Domestic Product,GDP) 58%来自服务业,且有继续扩大的趋势。其中,发达国家服务业的产值占 GDP 的比重在过去 20 年中以每年 2%~5%的速度递增,目前稳定在 60%~80%,而中等的发达国家一般在 50%~60%,发展中国家也达到了 40%。从表 1-1 可以清楚地看到 GDP 比重上升的趋势。

(2)服务业就业人数持续大幅度增加

服务经济还表现在就业结构伴随生产力发展和产业结构演变而发生的巨大变化。发达国家就业结构变化的基本趋势是:农业就业比重继续下降,工业特别是制造业的就业比重大幅下降,服务业的就业比重持续大幅上升。自 20世纪 70 年代以来,大多数发达国家(日本除外)的工业,尤其是制造业的就业人数出现了明显的下降趋势。到 1990 年,美国下降了 8%,英国下降了 15%。大部分经济合作与发展组织(Organization for Economic Cooperation Development,OECD)国家的服务业就业比重从 20 世纪 60 年代的 50%左右上升到1995 年的 70%左右,欧盟国家平均达到 65.2%,美国和法国分别为 73.4%和69.9%。图 1-3 形象地描绘了经济发展导致的就业结构变化。

(3)服务贸易发展迅速,并将在国际贸易中逐渐占据主导地位

世界贸易组织(World Trade Organiztion,WTO)的统计表明,1990—1997 年国际服务贸易额的增长率为 8%,高于同期世界货物贸易的增长率,1997年国际服务贸易额总额为12950亿美元,占全球贸易总额的1/5。据估

表 1-1　部分亚洲国家和欧美国家的服务业占 GDP 的比重（单位：％）

亚洲国家	1980 年	1990 年	2002 年
东亚			
中国	21.4	31.3	33.7
韩国	43.7	48.4	55.1
东南亚			
印度尼西亚	31.8	41.5	38.1
马来西亚	n/a	44.2	46.4
菲律宾	36.1	43.6	52.8
新加坡	60.6	67.8	66.6
泰国	48.1	50.3	48.5
越南	26.9	38.6	38.5
南亚			
印度	36.0	39.7	49.2
巴基斯坦	45.5	48.8	53.4
斯里兰卡	44.0	49.8	53.6
欧美国家	1987 年	1997 年	
北美			
美国	68.3	71.4	
加拿大	66.8	71.6	
欧洲			
法国	66.9	71.5	
德国	64.0	69.9	
丹麦	71.6	72.1	

资料来源：蔺雷，吴贵生.服务管理[M].北京：清华大学出版社，2008.

计，服务贸易将在今后二三十年间进入高速发展时期，其在国际贸易中的比重预计每年提高 1 个百分点，到 21 世纪 30 年代，服务贸易比重将有望超过货物贸易的比重。随着世界经济的发展重心向服务业倾斜，服务贸易在世界经济中的地位也日益显现。在服务贸易迅速发展的同时也表现出区域发展的不平衡性，发达国家逐渐占据主导地位，并试图在世界范围内减少服务贸易壁垒，以获取更多的经济利益；而发展中国家试图在有限开放的过渡期内提高本国的服务贸易的国际竞争力。近年来，我国服务贸易的发展日益加快，但也面临

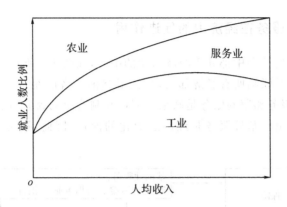

图 1-3　经济发展导致的就业结构的变化

资料来源:蔺雷,吴贵生.服务管理[M].北京:清华大学出版社,2008.

着国外服务企业的激烈竞争。

(4)服务业与工业、农业等生产型产业结合得越来越紧密,经济的"服务化"特征明显

服务经济的一个明显特点是,不仅服务业本身得到了很大发展,而且与工业和农业间结合得也越来越紧密。不同产业具有相互依赖性,产业之间相互渗透,生产型产业表现出明显的"服务化"趋势。一方面,许多服务企业提供运输、金融、修理、通信等服务以支持产品生产的分销。制造业的成功需要具备对市场的快速反应能力,需要根据顾客需求设计产品的能力和快速运输的能力,所有这些都依靠服务的支持;另一方面,制造业的盈利能力逐渐依靠开发具有服务附加值的产品。此外,制造业的发展为服务业,尤其是为新兴服务业的发展提供了广阔的空间和平台。

(5)服务经济的内部结构越来越呈现出知识经济的特点

21 世纪是知识经济世纪,服务经济化是知识经济时代的显著特征。在知识经济的发展和作用下,世界服务贸易的格局正在发生深刻的变化,服务贸易呈现出一些新的发展趋势。在知识经济背景下,各国服务业中的知识密集型服务业发展迅速,其产值和就业比重不断增加,如金融、保险、信息服务业、房地产、商业服务等。即便在制造业和传统服务业中,各种新技术也得到了广泛应用,技术和知识密集特性更加明显。

1.3.2 服务在经济中的促进作用

服务在任何社会中都处于经济活动的中心,如图1-4所示。诸如通信、运输等基础服务是联结所有经济部门,包括最终消费者的纽带。在一个复杂经济体中,基础服务和贸易服务是联系采掘业和制造业的媒介,也是通向最终消费者的分销渠道。基础服务是经济工业化的前提,因此,社会发展离不开服务业。

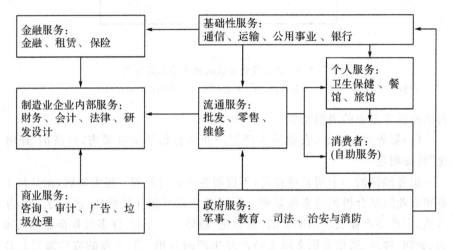

图1-4 服务在经济中的角色

资料来源:Guile B R,Quinn J B. Technology in Service:Policies for Growth, Trade, and Employment [M]. Washington, D. C.:National Academy Press, 1988.

在工业化经济中,专业公司能够向制造企业提供比其自身所能提供的更为经济有效的商业服务。因此,服务企业向制造企业提供越来越多的广告、咨询和其他商业服务。

除去每个家庭可以自给自足的基本生存需要外,服务是经济社会运行和提高生活质量不可或缺的因素。例如,银行在资金划转方面的服务,以及运输业将食品运送到不能生产的地区的服务。而且,各种各样的社会及个人服务已经把原来的家庭职能推向了社会经济领域,诸如餐饮、住宿、清洁、看护儿童等。

公共管理在为投资和经济增长提供稳定环境方面起到关键作用。公共教育、保健、道路维护、饮水安全、空气净化和公共安全等各项服务措施是任何一个国家社会繁荣、人民生活富裕的必要条件。

制造业的赢利能力逐渐变得要依靠开发具有附加值的产品来维持。例如,汽车制造业发现融资和租赁汽车可以获得更大的利润,奥的斯电梯很早以前就发现从售后服务中获得的收入大大超过电梯产品销售获得的收入;同样,当个人电脑成为低利润的商品时,企业都转向了网络和通信服务来提高收益。

因此,我们应该尽快认识到服务不是可有可无的,而是一个社会的重要组成部分。它是经济健康发展的核心,是经济发展的核心。服务不仅使制造业和采掘业的商品生产活动更加便利,而且也使之成为可能。服务业是当今世界经济一体化的重要推动。

1.4　世界服务经济发展沿革

自工业革命以来,我们见证了巨大的劳动力转变,并在广大的世界范围内开始了从农业和制造业转向服务业的转变。全球通信、商业及技术的发展,城市化和廉价劳动力促成了这种转变。服务业成为经济命脉,它创造的新工作潜在地提升了每一个人的生活质量。其中,许多专业化和商业化的服务工作需要高技能高知识的工人。在过去 40 年,前 10 位后工业化国家服务业的雇用情况果见表 1-2。

表 1-2　前 10 位后工业化国家服务业的雇用比例　　　（单位:%）

国家	1965 年	1975 年	1985 年	1995 年	2005 年
美国	59.5	66.4	70.0	74.1	78.6
英国	51.3	58.3	64.1	71.4	77.0
荷兰	52.5	60.9	68.3	73.4	76.5
瑞典	46.5	57.7	66.1	71.5	76.3
加拿大	57.8	65.8	70.6	74.8	76.0
澳大利亚	54.6	61.5	68.4	73.1	75.8
法国	43.9	51.9	61.4	70.0	74.8
日本	44.8	52.0	57.0	61.4	68.6
德国	41.8	—	51.6	60.8	68.5
意大利	36.5	44.0	55.3	62.2	65.5

资料来源:http://www.bls.gov/fls/flscomparelf.htm.

20 世纪初,在美国 10 个劳动者中只有 3 个从事服务业,其他的人都活跃于农业和工业。到 20 世纪 50 年代,服务业的就业人数占到总就业人数的50%。今天,服务业的就业人数占到就业大军的 80%。在过去的 90 年中,我们目睹了一个从制造业主导到服务业主导的社会发展进程。

经济学家在研究经济增长时对此并不感到惊奇。科林·克拉克说,在一个国家工业化的过程中,就业从一个领域转到另一个领域是不可避免的。随着某一产业生产能力的增加,劳动力自然就会流向另一个领域。这就是著名的克拉克·费歇尔假说,它通过大多数劳动力的活动来区分经济类型。

图 1-5 描述了经济活动的层级结构。包括克拉克在内的许多经济学家将它们的分析局限于三个阶段,其中第三个阶段就是指服务业。我们按照Foote 和 Hatt 的理论将服务划分为五个阶段。

图 1-5　经济活动的层次结构

资料来源:[美]詹姆斯 A. 菲茨西蒙斯,莫娜 J. 菲茨西蒙斯. 服务管理运作战略与信息技术[M]. 张金成,范秀成,杨坤,译. 北京:机械工业出版社,2013.

今天,许多国家仍处于发展的最初阶段。这些国家的经济发展主要依靠对自然资源的开采,生产力低,收入受制于糖、铜等商品价格的浮动。在非洲的大部分地区和亚洲一部分地区,超过 70% 的劳动力大军仍然从事采掘业活动。

图 1-6 显示了 20 世纪美国服务业从业人员数量的快速增长以及农业从业人员数量的下降。自 1850 年美国工业革命开始至 2010 年,制造业从业人员数量基本相当。此阶段雇用情况的变动轨迹与表 1-2 中的各个国家的雇用情况不谋而合。虽然并未在表 1-2 中展示出来,但新兴经济体,如印度、中国和巴西,它们各自的服务业就业人口已经实现了 50%。同时还可以清楚地看到,国家就业人口向服务业的转移是一种可预料的演变,成功的工业经济是建

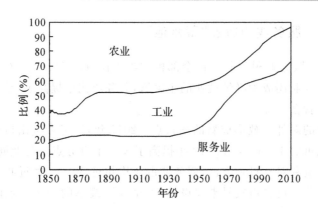

图 1-6　美国各产业部门的雇用趋势

资料来源：U. S. Department of Commerce, Bureau of the Census, Historical Statistics of the United States, 1975, p. 137, and http://www.bls.gov/fls/flscomparelf htm.

立在强有力的服务部门上的。不过,鉴于印度呼叫中心和日本商业银行的发展,服务业的竞争是全球性的。服务业务仍旧面临着挑战,这是因为许多国家设置壁垒来保护其国内公司,如印度和墨西哥禁止外国公司在其国内销售保险。

1.5　中国服务经济发展现状

1.5.1　服务业成为经济增长的主动力

国家统计局发布的数据显示,2017 年,我国服务业增加值比上年增长8%,高于全国 GDP 增长 1.1 个百分点,连续 5 年增速高于第二产业。服务业对经济增长的贡献率为 58.8%,比上年提高了 1.3 个百分点,成为推动我国经济增长的主动力。2018 年 1—2 月,服务业生产指数同比增长 8%,比规模以上工业增加值增速快 0.8 个百分点,继续领跑国民经济增长。

40 年前,中国一、二、三产业排序就是"一、二、三"。农业最大,占一半,其次是工业,然后是第三产业。后来经过努力,中国经过发展,产业结构排序变成了"二、三、一",第二产业工业最大,第三产业排第二,农业排第三。而现在,中国的产业结构排序是"三、二、一",第三产业排到了第一位。

1.5.2 服务成为就业"蓄水池"

2017 年,服务业税收收入占全部税收收入比重的 56.1%,连续 5 年贡献率过半。服务业还成为吸纳就业的主渠道,服务业比重提高了,整个经济增长的就业弹性就会增加。

服务业的对外开放形成新的增长点。2017 年,服务业进出口总额占对外贸易总额比重的 14.5%,比 2012 年提高了 3.4 个百分点。与此同时,我国在吸纳外商投资和对外投资方面,服务业占比均超过 50%。最近我国提出支持海南探索中国特色自由贸易港建设,自贸试验区改革的一个重点内容就是服务业开放的先行先试。

1.5.3 服务业完成从跟跑到并跑、领跑

近些年我国服务业也取得了不小的成绩,一些行业已经迈入世界前列,实现了从跟跑到并跑、领跑的飞跃。比如中国的移动支付、共享经济、大数据运用等已经走在世界前列;电信业在 5G 技术方面正在成为全球引领者。

服务业非常依赖于法治、依赖于市场规则、依赖于合理的市场秩序。下一步中国需要不断地优化营商环境,在服务业的很多领域都需要与时俱进,加快立法的步伐,这样服务业的质量才能不断提升。

1.6 总 结

本章我们主要对服务的定义以及服务经济的定义进行了概述,介绍了世界服务经济以及中国服务经济的现状,我们发现,在现代工业化经济中,服务业已经占据主导地位。正如 19 世纪的劳动力在科技发展的推动下由农业转向制造业一样,现在,劳动力则由制造业转向服务业。随着科技的发展,人们越来越多地意识到服务是一个社会的重要组成部分,是经济健康发展的核心。

思考题

1. 结合你所在地区的国民经济现状分析服务经济的特征。
2. 一国经济是否可能完全建立在服务的基础上?

案例分析

海底捞：以服务为名

我们常常会在网上看到这样的小故事，某网友独自一人去海底捞吃火锅，服务员怕他/她觉得孤单，就在其对面放一个可爱的玩偶陪着他/她，还全程帮顾客夹菜、聊天；某情侣在海底捞吃饭时聊到了接下来要去看电影，服务员不动声色地默默在一旁工作，结果情侣要离开的时候收到了服务员送来的两杯爆米花。吃饭前等位时顺便做个美甲，用餐期间女性消费者能收到小皮筋用来束发，戴眼镜的朋友如果需要的话还可以免费送擦镜布，种种令人咋舌的细节海底捞都想到也做到了，在网友一次次的"吐槽"声中我们也见识到了海底捞服务管理多么深入人心，服务作为其杀手锏之一，让这个来自四川简阳的小火锅店摇身一变成为遍布全国的连锁品牌。

服务是反映品牌形象的一面镜子，尤其是在餐饮界，堪称在众多竞争对手中脱颖而出的利器。有句俗话：顾客就是上帝。可见我们一直都知道重视顾客的重要性，可这句话也总是流于口头。曾几何时，我们在饭店排队等位时不仅要一遍遍地问服务员还要等多久，还要承受着别人不耐烦的脸色，本来是享受美味的，却在最后还不能体验到应有的服务。似乎有这样一条定律，那些越出名、门店越悠久的品牌，门店服务人员态度越差，他们就好像在用另一种方式证明着自己品牌的火爆，似乎在炫耀即使这样差的服务态度也阻挡不住络绎不绝的消费者，以此来证明自家的菜品是多么的上乘。而如今，时代变了，随着人们生活水平的提高，消费者的消费观念也有所转变，要购买的商品本身的质量已经不是唯一的要素了。就拿餐饮方面来说，现如今的顾客在决定去一家饭店时，不仅会考虑菜品是否好吃，还会将店内环境、卫生情况和门店服务等多种要素作为参考标准，其中，服务逐渐成为最主要的参考标准，所以必须把服务看作企业赢利发展的重中之重。

海底捞作为最早将服务看作第一位的企业之一，为自己吸引了不少粉丝。现在国内大多数的餐饮品牌在员工培训方面还依然停留在喊口号的阶段，但我们可以看到海底捞的员工培训已经深入到了执行层面，从每一个小细节都能感受到其无微不至的热情。海底捞的服务标准就是在顾客要求之前就开始服务。去过海底捞的顾客都知道，当你距离门口还有十几米远的时候，服务人员就会迎过来热情地为你引路，安排好座位。如果人太多还需要等位，那也不用担心，面积宽敞的等位区也有舒适的沙发和桌椅。时间久了会不会觉得无聊呢？不可能的，海底捞还专门为客人提供了免费的网络、飞行棋、扑克等娱乐活动，还有爆米花、水果和各种小吃让人免受饥饿之苦，海底捞优质的服务让排队这种最无聊的事变成一段享受的过程。等到客人准备用餐时，细心的服务员还会为长发的女生递上发夹、皮筋，戴眼镜的人可以得到擦镜布，每隔15分钟，服务人员就会给客人递上用来擦手的热毛巾。如果有小孩或老人也不用担心，他们还会帮你照顾小孩喂饭，为老人提供符合他们口味的饮食。在用餐结束后，服务人员会立马送上口香糖，运气好的顾客还会得到八折优惠。如果某位顾客特别喜欢店里的某种食物，服务人员还会打包一份送给他。顾客离店时，服务人员会一路送你到电梯口再微笑向你告别。

这些做到极致的亲切服务甚至会让有些客人觉得肉麻，但毫不影响他们对海底捞的喜爱，亲切的服务贯穿于等位、就餐、离开的整个环节，事无巨细，海底捞全都想到也做到了。所以它能在短短几年时间里从全国大大小小的火锅店中脱颖而出实在是实至名归。有了这些优质的食品和高质量的服务，越来越多的客人慕名而来，在享受过一系列海底捞的专属流程后，相信每一个人都会摇身一变成为该品牌的死忠粉，化身为水军，再经过口耳相传的方式为海底捞带来更多的新客户。这些通过口碑营销带来的客户，忠诚度也会相对要高，绝对不会介意是否要等很久，或者菜品的价格是否上升从而选择其他门店，因为在他们心中，海底捞的地位是任何一家火锅店都代替不了的，它属于消费升级后每一个愿意享受品质的新兴消费者，而海底捞的美名也终会名扬四海。顾客服务对于企业的重要性，可借用爱德华·戴明博士的一句名言：君不纳此亦当无不可，生存非强迫之事。亦即顾客服务与企业的生存和发展生死攸关。

资料来源：张美玲.海底捞：以服务为名[J].现代企业文化，2018(8)：80-81.

问题：

1. 分析海底捞的服务理念。

2. 讨论海底捞的服务模式对同产业企业会造成怎样的影响。

第 2 章　服务的特性

2.1　导入案例

从卖商品到卖服务：7-11 便利店的服务创新

在中国台湾便利店的竞争中，多数商家都不约而同地将自己局限于便利店的传统竞争要素上，如费尽力气去寻找好的店址，不断延长营业时间等。可是位置好的地点数量总是有限，而一天也只能有 24 个小时。于是，商家们又纷纷在商品上动脑筋。以 7-11 便利店为例，在一个 20～30 平方米的便利店中，平均要摆放 2500～3000 种商品。而且 7-11 每年还推出 1000 多种新品，等于整个店面一半产品一年要更新一次。但是多样化的产品并不是 7-11 独占鳌头的唯一原因。真正使 7-11 得以成功的其实是其创新服务。

7-11 能迅速把握市场环境变化，不断提供对顾客有吸引力的创新服务，以充分满足顾客需求为使命，包括"传递新鲜生活""安全""方便"和"舒适"等基本服务理念。为了追求顾客购买物品时的方便性，其在消费者日常生活行动范围内开设密集的销售网络，做到"每 5 到 10 分钟路程有一家 7-11"；其自身定位为"你的好邻居"。

7-11 的辅助性服务创新体现在：在这里，除了一般的商品，顾客还可以买午餐、宵夜、缴电话费、水电费、复印、传真、取网络商店订的书、保养品，甚至提款。顾客来购物时可以顺便做很多事，逐渐地也有很多人因为可以方便地享受缴费等服务，也来这里买东西。甚至于宁可牺牲一点点购物的方便，来享受其他服务的方便。因为，节省时间是顾客的需要。7-11 提供的额外服务令顾客实现了一站式购物。它将便利商店中核心的价值"便利"不断延伸，并发挥到了极致。

思考:7-11 便利店的服务创新体现在哪些方面?

资料来源:马飞.台湾 7-11 将想象力发挥到极致[J].商学院,2005(10):69-70.

2.2　商品与服务之争

什么是商品、什么是服务,如何确切地区分商品和服务,答案不是十分明确。当人们试图定义像 IBM 这样的公司是制造业公司还是服务业公司时,就会感到困难,IBM 制造计算机,因此具有制造业企业的基本特征,但 IBM 也提供计算机维修、网络设计、数据和咨询服务,因此又具有服务业企业的基本特征。电视机显然是一件商品,但是如果没有电视节目,电视机就会成为一件摆设。走进快餐店,我们究竟是去购买快餐食品还是去购买烹饪这种服务?

如果要给服务下一个定义,我们会认为是件容易的事。但是,要明确界定服务与商品的概念,就比较困难了。这是因为:在很多情况下,购买商品时要伴随某些辅助性服务(如安装),在购买服务时通常也包括辅助商品(如餐厅的食物),对商品和服务严格加以区分是困难的,因为每次购买都会包含不同比例的产品和服务。

随着技术的发展,使得商品和服务能够有效地联系在一起,几乎所有商品的购置都是在服务推进下完成的,同样,每一项服务的提供,也都伴随着商品的支撑。我们通过手机来订购所需的服务,使用相关设备在网上购物、支付,并通过网上银行来办理业务。理解商品与服务关系的关键所在,是应该懂得这两个概念是没有一道清晰的分界线的,它们只是不可分割的统一体的两端,如图 2-1。

所以,我们不能简单地把"商品"和"服务"对立起来。两者既有区别又有关联性。商品与服务的区别如表 2-1 所示。

表 2-1　商品与服务的区别

商品	服务
商品是物质的、有形的	服务是无形的
当交易发生时,所有权发生转移	服务的所有权通常不发生转移
商品可以验证	服务不易于验证
商品可以多次交易	服务无法重复出售

续表

商品	服务
商品的生产、销售和消费是分开的过程	服务的生产、销售和消费是一体化的过程
交易双方可以储存商品	服务无法存储
商品可以运输	服务不能运输
顾客一般不参与生产过程	顾客参与服务过程中
在商品生产商与用户之间可以是间接的联系	在服务提供商与用户之间通常是直接的联系
核心价值在工厂里被生产出来	核心价值在双方接触中产生

资料来源:[美]詹姆斯 A.菲茨西蒙斯,莫娜 J.菲茨西蒙斯.服务管理运作战略与信息技术[M].张金成,范秀成,杨坤,译.北京:机械工业出版社,2013.

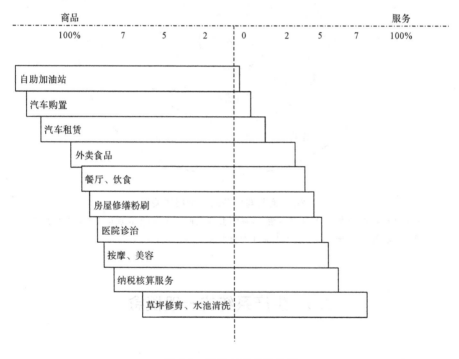

图 2-1　商品与服务的比较

资料来源:[美]詹姆斯 A.菲茨西蒙斯,莫娜 J.菲茨西蒙斯.服务管理运作战略与信息技术[M].张金成,范秀成,杨坤,译.北京:机械工业出版社,2013.

　　商品和服务的关联性体现在层次关系上,商品和服务的关系可以分为以下三个层次(如图 2-2 所示):第一层次是核心利益,企业设计商品时必须先定

义核心利益、问题解决的关键或者顾客所寻求的服务;在第二个层次中,必须
将核心利益转换为有形商品,需要通过服务来体现商品的特色、设计、品质水
准、品牌名称及包装;在第三个层次中,企业通过提供额外的顾客服务和利益,
来建立一个围绕核心利益与有形产品的增值商品。在设计商品时,考虑最多
的是人与商品之间的交互问题。而在服务设计中,企业必须创造资源来连接
人与人、人与机器、机器与机器之间的系统交互关系。

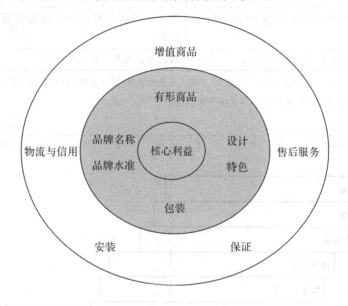

图 2-2   商品与服务的三个层次关系

资料来源:[美]詹姆斯 A. 菲茨西蒙斯,莫娜 J. 菲茨西蒙斯.服务管理运作战略与信息技术
[M].张金成,范秀成,杨坤,译.北京:机械工业出版社,2013.

2.3   生产系统的一般概念

2.3.1   生产系统的概念

生产系统(Production System)是指在正常情况下支持单位日常业务运
作的信息系统。它包括生产数据、生产数据处理系统和生产网络。一个企业
的生产系统一般都具有创新、质量、柔性、继承性、自我完善、环境保护等功能。

生产系统在一段时间的运转以后,需要改进完善,而改进一般包括产品的改进、加工方法的改进、操作方法的改进。

2.3.2 生产系统的主要特征

1. 生产系统是企业生产计划的制定、实施和控制的综合系统

制定生产计划,使企业的生产活动有依据。生产计划是生产活动的纲领,实施和控制是实现生产计划、生产目标的保证。制定计划、实施计划和控制计划三者之间相互协调,促进了生产进程均衡有节奏地进行。

2. 生产系统是人与机器复合的系统

生产系统是包括人和机器在内的组织管理系统,人与机器间的合理分工将从整体上促进生产系统的进一步优化。

3. 生产系统是一个多层次多目标的系统

生产系统可以按照功能的不同划分成若干个子系统,以实现递阶控制和分散控制。如生产组织系统、质量控制系统、设备管理系统等都是生产系统的子系统。

4. 生产系统是一个具有信息收集传递和加工处理功能的信息处理系统

生产系统能够正确、及时地提供、传递生产过程必需的信息,促进对人力、物力和财力资源的合理使用,提高劳动生产率。

5. 生产系统是根据企业内部和外部环境不断发展变化的系统

由于现代科学技术的不断进步,企业内外部发展环境变化加快,企业生产系统的更新速度也在不断加快。这要求企业要保持生产系统本身的先进性,同时还要不断创新,否则将使系统失去市场竞争能力。

2.4 服务的"IIHP 特性"

Zeithaml 等(1985)对传统服务的特征进行过经典的阐述,他们认为传统服务主要具有无形性(Intangibility)、不可分离性(Inseparability)、异质性(Heterogeneity)和易逝性(Perishability)(简称为"IIHP 特征")。

1. 无形性

首先,与有形的消费品或者产业用品比较,服务的特质和组成的元素往往是无形无质的,让人不能触摸或凭肉眼看不见其存在。这一特性还使得服务不易于评价和验证。其次,随着企业服务水平的日益提高,很多消费品或产业

用品是与附加的顾客服务一块出售的。对顾客而言,更重要的是这些载体所承载的服务或者效用。由此看来,"无形性"并非纯粹是服务所独有的特征。

2. 不可分离性

服务的生产和消费无法清晰地分开,服务的生产过程与消费过程同时进行。

服务人员为顾客提供服务时,也正是顾客消费服务的时刻,二者在时间上不可分离。服务的这种特性表明,顾客只有而且必须加入到服务的生产过程中才能最终消费到服务产品。这使得服务业的运作与制造业不同,更为分散和本地化。

3. 异质性

异质性是指服务的构成成分及其质量水平经常变化,很难统一界定。由于服务是在互动过程中生产、提供的,因此服务产出质量会因服务人员不同而不同,也会因顾客不同而不同,会因服务经历和体验的心情、情绪的不同而不同。一方面,由于服务人员自身因素(如心理状态)的影响,即使由同一服务人员所提供的服务也可能会有不同的水准;另一方面,由于顾客直接参与服务的生产与消费过程,于是顾客本身的因素(如知识水平、兴趣和爱好等)也直接影响服务的质量和效果。

4. 易逝性

易逝性是指服务无法被储存,未利用的生产能力也不能被保存,不像产品那样可以存入仓库随后再出售。因此只有出现消费者需求的时候才会生产,如不使用将会产生机会损失。服务产品的生产在任何时候都是由需求决定的,服务不能像有形产品那样依靠存货来缓冲以适应需求变化。

2.5　服务包

2.5.1　服务包的含义

服务是由多种要素或多维度组成。服务包是指在某种环境下提供的一系列产品和服务的组合。如图 2-3 所示,服务包是由以服务体验为核心的五大特征所构成的组合。

1. 支持性设施

在提供服务前必须到位的物质资源。例如,出租车、高尔夫球场、医院和

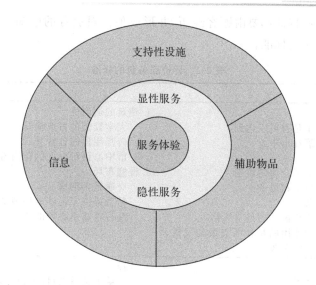

图 2-3 服务包

资料来源:[美]詹姆斯 A.菲茨西蒙斯,莫娜 J.菲茨西蒙斯.服务管理运作战略与信息技术[M].张金成,范秀成,杨坤,译.北京:机械工业出版社,2013.

飞机。

2.辅助物品

顾客购买服务时需要同时购买和消费的物质产品,或是顾客自备的物品。例如,高尔夫球杆、餐厅的菜品和酒水、医院里的 X 影像、学校里的图书。

3.信息

为享受高效服务和按其具体要求定制服务的顾客提供的运营数据或信息。例如,患者电子病历卡、航空公司网页上显示的某架飞机的空余座位、依照顾客的全球定位系统(Global Positioning System,GPS)来派遣出租车或者百度地图上的酒店网址。

4.显性服务

可以用感官察觉到的、构成服务基本或本质特性的利益,它是一项服务的基本特征。例如,航空飞行、头发修剪与发型设计、补牙后疼痛感消失了、经过修理的汽车可以平稳行驶了。

5.隐性服务

顾客能模糊感到服务带来的精神上的收获,或服务的非本质特性,是一项服务的附属特征。例如,汽车检修后的安全感、健康体检后的轻松感、旅游时的愉悦。

所有这些特征都要由顾客经历，并形成他们对服务的感知。表 2-2 列出了评价服务包的标准。

表 2-2　评价服务包的标准

支持性设施

1.地点 　乘公交车是否可以达到 　是否坐落在市中心	4.建筑的适当性 　大学校园的古典建筑 　砖瓦屋顶的独特易辨特征 　市中心银行巨大的花岗岩门面
2.内部装修 　是否营造了合适的氛围 　家具的质量和协调性	5.设施布局 　交通是否拥堵 　是否提供了足够的场地供人们等候 　是否存在不必要的旅行和返程
3.支持性设备 　牙医使用机械钻还是空气钻 　航空公司使用的是什么类型的飞机、 　　使用年限多久	
1.一致性 　土豆片的香脆 　对含量的控制	3.选择 　菜单上菜肴数目（各种套餐、甜点） 　供点歌的歌曲库 　供租用的滑雪板
2.数量 　大、中、小杯饮料	

显性服务

1.服务人员的培训 　导游是否有导游资格证 　使用了多少辅助专业人员	3.稳定性 　航空公司的准点纪录
2.全面性 　普通医院与私人诊所的比较	4.可获性 　24 小时 ATM 服务 　是否有网站 　是否有免费电话

隐性服务

1.服务态度 　愉快的空中乘务员 　机智解决交通问题的警察 　粗暴的餐厅服务员	4.地位 　重点大学的学位 　音乐会的贵宾包厢
2.气氛 　餐厅的装饰格调 　酒吧里的音乐 　给人以混乱感而不是井井有条	5.舒适感 　大型商业飞机 　灯光较好的候车厅
	6.保密性与安全性 　律师在私人办公室中与委托人会谈 　高级酒店里的贵宾通道
3.等候 　加入渐进的在银行排队的队伍被迫 　　等待	7.便利 　使用预约 　免费停车场

资料来源：[美]詹姆斯 A.菲茨西蒙斯,莫娜 J.菲茨西蒙斯.服务管理运作战略与信息技术[M].张金成,范秀成,杨坤,译.北京:机械工业出版社,2013.

2.5.2　对服务包的深度理解

1. 支持性设施和辅助物品都是有形的

支持性设施和辅助物品都是服务提供者在为顾客服务过程中必不可少的商品支撑。它们的区别在于消费过程结束后是否被顾客携带走或消耗完。如，饭店里的食品被顾客消耗（吃）完、医院里的 X 影像被病患带走，而出租车、高尔夫球场、医院和飞机在消费过程结束后仍然保留在服务提供者手里。需要注意的是并不是所有服务企业提供的服务包都有辅助物品。

2. 显性服务和隐性服务是同一项服务活动的两种侧面

显性服务和隐性服务的不同在于显性服务可以满足顾客的主导需求。如，航空公司的显性服务是顾客到达目的地；医院的显性服务是治愈疾病；课堂教学的显性服务是增加知识。隐性服务虽是附属特征，但它却对显性服务有影响。如服务员恶劣的态度会大大降低人们对某家知名餐厅的评价，尽管这家餐厅的菜肴非常美味。

3. 显性服务和隐性服务所有的这些特性都要由顾客经历

显性服务和隐性服务由顾客经历并形成他们对服务的感知。重要的是，企业要为顾客提供与他们所期望的服务包一致的整个经历。以经济型酒店为例：支持性设施是一幢混凝土大楼，有简单的家具；辅助物品减少到最低限度，仅有肥皂和卫生纸；显性服务为干净房间里的一张舒适的床；隐性服务可能是有一位和蔼可亲的前台服务员及一个安全的照明良好的停车场。偏离这个服务包，如增加酒店服务员和服务种类，将会破坏经济型酒店的概念。

2.6　服务系统的特征

服务系统可看作一种社会化的技术系统，是自然系统与制造系统的复合。服务系统是对特定的技术或组织的一种网络化配置，用来提供服务以满足顾客的需求和期望。在服务系统中，服务的提供者与服务的需求者之间按照特定的协议、通过交互以满足某一特定顾客的请求，进而创造价值，彼此之间形成协作生成关系。好的服务系统使得那些没有经验的服务提供者能够快速准确地完成复杂的服务任务。

2.6.1　服务系统的构成要素

服务系统的基本构成要素包括服务的提供者、服务的需求者、软件/硬件、服务环境、各类支撑资源等。

服务系统由以下九大要素组成：

①顾客(Customer)：服务需求的提出者、服务的接收者；

②目标(Goals)：服务被设计或运行的目的；

③输入(Input)：将要被提供服务的顾客；

④输出(Output)：已经被提供服务的顾客；

⑤过程(Process)：提供服务的全过程；

⑥人力使能者(Human Enabler)：参与服务的人；

⑦物理使能者(Physical Enabler)：向服务过程提供资源的实体；

⑧信息使能者(Informatics Enabler)：向服务过程提供知识的实体；

⑨环境(Environment)：各类约束或标准，以使服务达到特定标准。

2.6.2　服务系统的基本特征

1. 动态性

美国麻省理工学院 Forester 认为，复杂系统的行为取决于内部多重因素及其反馈结构，其中，反馈分为正向反馈和负向反馈，前者是指系统中过去行动的结果反馈回去后，继续导致更强烈的行动；后者是指系统中过去行动的结果反馈回去后，调节机制对系统的未来行动做出调节，从而使整个系统趋于稳定。通常，服务系统是由多个要素共同构成，并具有反馈功能的复杂系统，其基本特征表现为动态性。

2. 开放性

美国学者卡斯特、罗森茨韦克等将系统分为开放式和封闭式，认为开放式系统是指系统与外部环境保持信息、能量、资源等交换，在相互持续性作用下能够达到或实现动态稳定状；封闭式系统是指系统与外部环境不发生任何交换和作用。实践显示，客户参与大多数服务系统的整个运作过程，服务系统与外界客观存在紧密相联关系，其基本特征表现为开放性。

2.6.3　服务系统的主要功能

1. 提高服务运营能力

美国学者 Laodon 等(1987)认为,管理者作为组织的关键角色,其职责涉及战略规划、资源配置、决策制定、撰写报告、参加会议等,需要借助特殊功能作用的现代服务系统,综观组织的整体运作,有效提高服务运营能力。如约翰逊控制有限公司(Johnson Controls Co.)为一家高质量汽车零件整合服务商,主要针对汽车制造商对零部件规格要求,设计并完整提供有关服务。该公司曾与戴姆斯-克莱斯勒公司签署合约,负责向其供应 2002 型吉普车所需仪表控制板及其内部线路、车内照明灯及其插座、冷暖气调节器、安全气囊等,为此,公司管理层集中优势资源,对服务系统中协同设计及其应用程序进行重点升级和改进,不仅便于项目经理与戴姆斯-克莱斯勒公司设计师即时沟通与交互,而且与 35 家大型供货商和 12 家小型供货商组建合作平台,共同利用数字技术协同共进,相互尊重彼此间作出的承诺,促进相互关系价值最佳化,结果,该公司的服务运营效率(Efficiency)提高了 60%～90%。又如洛克希德·马丁航空公司(Lockheed Martin Aeronautics Co.)不断完善现有服务系统,为完成美国国防部所需超音速隐形战斗机零部件设计和供货服务,将自身与分散在 187 个地区的 80 多家供货商共同组成网络交互服务系统,结果使设计图纸的绘制时间由原来的 400 小时降低到 125 小时,国防部和洛克希德公司项目经理可及时跟踪每日工作进度。

2. 强化知识服务管理

越来越多服务企业将知识视为核心竞争资源和重要战略资产,更多成功取决于知识的产生、搜集、储存和传播能力,以及对稀缺资源更有效的拓展和应用,经营利润更多来自知识对服务产品创造、生产与传递过程的贡献,而且这些知识具有难以仿效、独一无二、长期获利的特征。现代服务企业通过对服务系统中知识库建设的不断投入和完善,可持续强化知识服务管理。这是由于知识库可将不同来源的知识以备忘录、报告、简报、文章等形式记录,通过数字化储存和检索,方便系统有关成员对知识的挖掘和整理、知识的分享和传播、知识的创造和整合。同时,许多服务企业还设立了首席知识官(Chief Knowledge Officer,CKO),其作为高级经理人员,主要职责就是强化知识管理,包括知识管理计划设计、新知识寻求、现有知识的高效运用等。

3. 提供智能技术服务

随着科技进步,现代服务系统更多利用神经网络、模糊逻辑、遗传测算、智能工具等智能技术,努力提高服务质量和客户满意度。例如,金融服务系统采用神经网络工具,对输入的大量数据进行分析和处理,投资公司可依托系统输出的信息,预测股票和基金的未来走势、债券等级、公司破产可能性等。艾睿电子(Arrow Electronics)是美国一家营业额高达 100 亿美元的批发服务商,该公司将智能工具置入服务系统中,可同时对 20 万个客户订单、600 家供货商核对业务进展,每天可处理全球 1000 万笔交易,将订单处理时间缩短了约 60%。

2.7 总 结

本章探讨了商品和服务的关系,研究了服务的"IIHP 特性",即无形性、不可分离性、异质性和易逝性,服务的特殊性给服务管理带来了特殊的挑战性。服务是由多种要素或多维度组成。服务包是在某种环境下提供的一系列产品和服务的组合。本章对以服务体验为核心的五大特征进行了深入分析。最后对服务系统的特征和功能进行了阐述。

思考题

1. 通过一项你所熟悉的服务说明服务所独有的特点。

2. 在互联网上访问一家你感兴趣的世界级服务企业网站(如迪士尼公司、丽思卡尔顿酒店、星巴克等),或者国家级服务企业网站(如中国移动、南方航空公司、中国银行等),或者到该企业的服务网点亲自观察和体验该企业的服务,针对该企业的具体情况,分析该企业的服务包并对该服务包进行评价。

案例分析

Xpresso 润滑油公司

查理是 Xpresso 润滑油公司的所有者,他并不是你通常认为的那种典型的修车工人。查理是一个具有多种才能的人,他在"固特异"公司的 Special Mixtures Division 工作期间,获得了关于更换润滑油的宝贵知识。查理在成长过程中,从父亲和哥哥那里学到了许多关于汽车运转的知识,并在后来通过正规的汽车课程对这些知识进行了补充。但是查理除了和他的合作技师之间的相似性以外,他还是位职业的音乐家。他演奏低音贝斯、演唱,还在哥斯达黎加拥有咖啡种植园。

当汽车需要更换润滑油的时候,你只有两个选择——自己换或者付钱让其他人为你换(如代理人、个体汽车技师或者一家"快速加油/润滑油"站)。许多人选择快速加油/润滑油站,因为这比自己做要容易,而且通常比代理商和个体技师便宜而且快捷。

人们想要的仅仅是尽可能快而且便宜。大多数提供换润滑油服务的公司是没有区别的:他们的价格相同,而且分布于几乎所有的主要街道。大多数顾客都会选择一家离家近而且等候时间短的公司。快速换油公司面临的一个挑战是如何管理需求。大多数顾客想在午饭时、下班后或者周六接受服务,因此,换油生意就要尽可能快地对客户进行服务。服务的速度是他们与竞争者的区别。

查理记得他最后一次付钱为汽车更换润滑油的情景。他和其他一些顾客一起在等候室里,这时一名汽车技师和一位老夫人在讨论一个问题:"女士,你看见了么?"技师手里拿了一个压力调节阀,摇了摇发出"咔嗒咔嗒"的声音。"你听见这个声音了么? 这就是问题。我们需要更换这个压力调节阀。"这位女士看起来很迷惑,她不知道任何一辆车上的压力调节阀都应该响。这件事令查理不安。他认为顾客应该得到优质和诚实的服务,他不愿看见顾客被敲诈。他决定经营自己的生意——Xpresso 润滑油——来解决这个问题,这家公司专门经营润滑油更换业务。

没有人愿意为换油等候很长时间,特别是设施也不舒适。等候室又小又脏,椅子也不舒服。即使有电视机,它也很小而且接收信号不好。杂志都是与汽车相关的,而且已经过期。如果有咖啡,它也是从一大早就被放在一个旧咖啡壶里。

查理为自己的公司设计了与传统换油站不同的环境。他选择不与其他换油站进行面对面的竞争,而是改变这个"游戏"的规则。当他把一个旧的汽油/服务站变成"Xpresso 润滑油"时,人们告诉他这个公司决不可能运转。他们认为等候区域过大,而工作方式是提升而不是通常的下陷,这会增加换油的时间。查理运用这些与众不同的特征作为他的优势。

在业务发展期,查理注意到关于地区和国家经济的两件事——咖啡吧和换油站的市场都已经饱和。顾客将这些服务看成日常必需品,购买决策主要是基于价格。查理考虑到这些因素和现存的换油设施不具备吸引力的环境,再加上新的企业启示,决定将咖啡吧和换油服务结合起来。

Xpresso 润滑油开始试图提供一种独特的、令人愉快的和诚实的经历。查理对于咖啡和换油业务都具有完备的知识,因此这两项业务的结合对他来说是自然的。事实上,在 Xpresso 润滑油刚开业时,他还利用了他的音乐天赋招揽生意,在晚上进行乐队演出。在 Xpresso 润滑油成功以后,查理不得不逐步停止现场音乐,因为他必须忙于生意的其他方面。

查理决不会忘记看见其他人被欺骗的经历。现在,他的顾客大部分是女性(她们过去时常是不诚实的修理人员的牺牲品)和大学生。"中年女士爱我,"查理说,"因为我们赢得了她们的信任。"

宽敞的等候区域变成了一个令人愉快的咖啡吧,这使客户的等候变成享受。他提供了各种各样的咖啡和不使顾客感觉到是在等候这样一种气氛:事实上,许多顾客仅仅为了咖啡而来。地上铺了地毯,有许多桌子和椅子。在天气好的时候,室外也可使用。立体声音响播放音乐,提供各种时尚和满足不同兴趣的读物。

由于营造的气氛,查理不需要在速度上竞争,这就允许 Xpresso 润滑油公司采用升降机和两个工作台。此外,使用升降机还可以使员工向顾客指出其车辆的问题。顾客可以和技师一起走到车子下面看到问题所在。其他换油站就不具备这个功能,他们不可能让顾客跳到深坑里看他们的车子,坑里很脏,而且对顾客来说也不安全。而且,顾客必须了解员工关于需要进行的额外工作的建议并且希望他们没有被敲诈。

在顾客不想等候时,Xpresso 润滑油可以提供取送服务。这种服务可以平衡下午的需求,因此,顾客不需要都在平时下午 5 点以后和星期六来。运送服务由在 Xpresso 润滑油后面的汽车服务中心提供,也是查理的产业。查理1984 年创办的汽车大学是 Xpresso 润滑油的先驱。汽车大学为汽车架构和模型提供维修服务。一个加油站接近汽车大学,在 20 世纪 90 年代初期加油站停业时,查理购买了它的所有权并在 1996 年创立了 Xpresso 润滑油。目前关联企业有 30% 的收入来自 Xpresso 润滑油。

奥斯汀是得克萨斯大学的所在地,一个繁荣的高科技企业园区,而又有全国最好的现场音乐。这些因素赋予了奥斯汀形形色色的人群。Xpresso 润滑油坐落在大学旁的主要街道上,不仅吸引了大量顾客,也使得顾客可以在其车辆接受服务的同时步行去其他当地店铺。半价商店、Wheatsvilie Coop 食品店、Amy 冰淇淋和 Toy Joy 都坐落在步行容易达到的范围内。Xpresso 润滑油给了查理巨大的满足感,"我爱工作,因为每天都有新的和不同的顾客走进我们的店铺"。

资料来源：[美]詹姆斯 A. 菲茨西蒙斯，莫娜 J. 菲茨西蒙斯. 服务管理运作战略与信息技术[M]. 张金成，范秀成，杨坤，译. 北京：机械工业出版社，2013.

问题：

1. 描述 Xpresso 润滑油的服务包。

2. 描述 Xpresso 润滑油提供的服务所具有的不同的特点。

3. Xpresso 润滑油所处位置的哪些因素对它的成功有所贡献？

4. 根据 Xpresso 润滑油的例子，说明哪些附加的服务对于顾客产生价值增值？

第 3 章　服务管理的框架

3.1　导入案例

中共一大会址纪念馆的服务管理

中共一大会址纪念馆(以下简称纪念馆)依托于中共一大会址而设立,是中国共产党创建史文物和史料的收藏和研究中心,国家一级博物馆。纪念馆对全馆的各项工作制度和服务规范进行全面梳理,使工作制度更加明晰、服务规范流程化。

在满足观众的需求和期望方面,纪念馆对每日来馆参观的观众进行分类统计,分类项目包括团体人数、个别观众数、学生、外宾等 30 余项。分类统计信息记录在"游客统计系统"中,相关工作人员可通过内部网络随时查看每日的统计结果。通过每日对观众进行分类统计,使纪念馆及时掌握观众来源、参观习惯等重要信息,并通过数据对比统计等形式有针对性地对各类观众的需求进行分析,运用 KANO 模型充分识别不同类型观众的基本需求、期望型需求和兴奋型需求(见表 3-1)。

在陈列研究方面,纪念馆制定了《陈列展览作业流程》,从展览的策划到展览的内容和形式设计,陈列部工作人员通过制定展览质量计划、实施展览进度检查,对专题展览的每个细节一一做出评估,在通过馆长的审批后再进行制作和布展。展览正式展出前必须由馆长会同相关专家作最后的审查,确保专题展览的顺利展出。

在观众接待方面,纪念馆一方面通过制定《岗位说明书》和《宣教部工作手册》,规范讲解员的着装、礼仪和纪律,通过培训、考核和激励机制充实讲解员的党史知识,提高讲解技能,确保讲解员为每一位中外观众真实、准确地讲解中国共产党的创建历史,为向观众提供个性化的服务打下扎实基础;另一方面,纪念馆根据服务规范制定相应的服务流程,如观众接待流程、特殊观众接待流程、投诉处理流程、安检流程等,从而不断提升纪念馆现场管理和服务的水平。

表 3-1　观众的需求识别

类型	基本型需求	期望型需求	兴奋型需求
普通观众	能听到准确、规范的讲解	多种语言讲解,讲解员普通话规范,仪容仪表大方得体	讲解内容引人入胜,符合自身知识需求
	参观场所安全、整洁	参观场所标识规范,环境优美,温度适宜,设施设备齐全	参观场所设有多种个性化的服务项目和设施设备
	可以举行入党宣誓仪式	有举行入党宣誓仪式的专门场地	为入党宣誓的团队提供入党誓词和国际歌播放服务
特殊观众	提供讲解服务、安全保卫和一定的礼遇	有完善的接待方案	由专业知识丰富的专家讲解

表 3-2　服务项目与指标

服务项目	过程性指标	结果性指标
预约服务	预约信息登记完整准确	观众满意率≥96% 年观众投诉≤3件
领票服务	观众等待时间不超过 5 分钟	
咨询台服务	为预约团队安排讲解,等待时间不超过 10 分钟	
讲解服务	讲解内容准确,讲解时间不少于 15 分钟	
安检服务	操作规范、语言文明	
安保服务	文明执勤	
环境保洁	及时清扫卫生间,保持清洁卫生、无异味	
投诉处理	接到投诉后 2 个工作日内有反馈信息,投诉处理周期为 10 个工作日	投诉处理率 100%

在安全保卫方面,纪念馆根据实际情况,不断健全安全制度,目前共制订《突发事件处理预案》《反恐怖应急预案》《核生化恐怖事件初期处置预案》《安检系统操作规程》等各类安全制度 26 项,这些安全制度是全馆安全工作的行

为准则。纪念馆通过采取在工作现场张贴各类突发事件应急流程,以及相关设备操作步骤图等目视化管理方法,有效防止安全工作的人为失误或遗漏,预防和消除各种安全隐患。

资料来源:张建伟,吴宁宁.加强现场管理,提升纪念馆服务水平——中共一大会址纪念馆案例[J].上海质量,2014(4):52-55.

思考:中共一大会址纪念馆从哪些方面改进了服务管理?

3.2 服务管理为什么如此重要

20 世纪 60 年代以后,服务业在社会经济中的地位与日俱增。一些发达国家的服务业占国民生产总值的比重超过 60%,部分国家接近 80%。改革开放以来,我国的服务业也得到了长足发展。服务业在国民经济中的比重已达到了 30%,个别发达地区接近 50%。由于"服务是过程而不是物件",服务产出与实体产品存在本质差异,所以服务业的管理方法应当有别于制造业的管理方法。如果仍采用过分强调降低成本和规模经济的管理方式对服务业实施管理的话,会造成服务质量下降,企业员工士气低落,进而导致顾客关系的破坏,最终出现利润下降的结果。因此服务业的管理需要不同于制造业的新的管理理论和方法。

基于服务业的蓬勃发展和制造业在制造技术、产品功能及产品方面的趋同,市场竞争已进入了服务竞争的时代。面临服务竞争的各类企业必须通过了解和管理顾客关系中的服务要素来获得持久的竞争优势。这就迫切需要一系列理论、方法作为服务竞争的指导原则。由于建立在物质产品生产基础上的"科学管理"理论和方法在服务竞争中的有效性受到限制,所以必须探索适合于服务特性的新的理论和方法。"服务管理"应运而生。

服务管理是面临服务竞争社会而产生的一种新的管理模式。服务管理是从营销服务的研究中逐渐发展起来的,由于"营销"是一种涉及企业经营管理、生产作业、组织理论和人力资源管理、质量管理等学科领域的管理活动,在这些领域内更全面、深入地围绕服务管理的理论探讨,还要经过大量的实践过程来总结其活动规律,完善系统服务管理学科体系。要实现在市场经济下的顾客满意化和差别化竞争优势,必须在核心产品之外有更多的价值,才能吸引顾客,扩大产品的市场份额。所以在理论界加快对服务管理系统理论和方法的研究,在企业界顺应形势,加快经营理论向"顾客导向"的转化,应当成为当务之急。

从 20 世纪 60 年代开始到现在,服务管理已成为国内外管理界一个新的重要研究领域,并获得了丰硕的成果。对服务问题最早进行专门研究的是一些北欧的营销研究人员。他们根据营销活动中的服务、服务产出和服务传递(Service Delivery)过程的特性,进行了大量卓有成效的研究,提出了一系列新的模型、概念和工具,并把这些研究成果归类为"服务营销"。服务营销作为服务管理的一个研究领域,为服务管理理论体系的形成起到了重要的开创作用。

对服务管理提出一个大家普遍接受的定义的是 Gronroos 和 Albrecht。他们两人的定义有一个共同之处,就是把服务管理的含义界定得十分明确,即"将顾客感知服务质量作为企业经营管理的第一驱动力"。服务管理的这种定位,意味着管理重点的四大转移:从研究产品的效用向研究顾客关系总效用的转移;从短期交易向长期伙伴关系的转移;从产品质量或产出技术质量向顾客感知质量的转移;从把产品技术、质量作为组织生产的关键向全面效用和全面质量作为组织生产关键的转移。

20 世纪 90 年代末期,我国也有不少学者和企业界人士对服务管理进行了理论研究,包括对服务利润链的分析、服务的交互过程与交互质量、服务质量管理中的信息技术、服务业产品营销与制造业产品营销的比较等,并取得了一定的理论成果,在实践中为我国服务企业的管理和发展提供了较好的指导。

服务管理来源于多个学科,是一种涉及企业经营管理、生产运作、组织理论和人力资源管理、质量管理学等学科领域的管理活动。从科学管理到服务管理是顺应社会发展的必然,虽然它还未形成一个独立的理论体系,但其为企业获得持续的竞争优势提供了指导原则。服务管理的实践和理论研究对企业的发展有重大的战略意义,这个问题的研究已引起国内外学者、专家的广泛关注。

3.3　服务管理的基本框架

在市场竞争中,几乎所有企业都将服务视为当前和未来争取和维系顾客的关键所在,许多传统上以有形产品为竞争核心的制造企业也将服务视为建立核心竞争力的重点。为了更清晰地揭示服务管理的关键内涵和有效策略,本书采用了崭新的逻辑框架,如图 3-1 所示。第一篇介绍了服务管理的背景以及相关基础概念,初步理解服务与服务管理;第二篇从实践角度出发,全面介绍了服务的设计思路和具体方法;第三篇分别从电子服务、服务质量、服务接触(Service Encounter)和服务需求与供给管理四个方面阐述了服务管理的保障要素;第四篇从理论视角出发,提出从网络平台机制和人机交互(Human-computer Interaction)型服务接触驱动服务创新,并详细探讨了服务主导逻辑(Service Dominant Logic,SDL)。

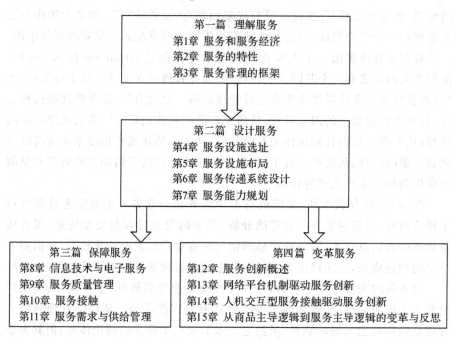

图 3-1　服务管理基本框架

　　第一篇是理解服务,主要介绍了服务管理的背景以及相关基础概念,是后面章节的基础和铺垫。第 1 章对服务的概念和内涵进行了界定,详细介绍了服务经济的概念和特征,在此基础上进一步探讨了世界服务经济和中国服务经济的发展沿革及发展趋势。第 2 章探讨了商品和服务之间的区别与关联性,详细介绍了服务的特性和服务包的特征,并对生产系统和服务系统进行了阐述。第 3 章介绍了服务管理的框架,对后文的展开具有重要的基础作用。

　　第二篇是服务管理的关键要素,从实践的角度阐述服务管理的设计思路和具体方法。第 4 章从服务战略定位、地区选择和地点选择介绍了服务设施选址的策略,并详细介绍了设施选址的常用技术和方法。第 5 章介绍了服务设施布局的目标、类型和功能,并对服务场景的内涵、功能、关键要素、设计原则和设计工具进行了详细介绍。第 6 章阐述了服务传递系统的战略定位、分类和服务蓝图(Blueprinting),然后详细介绍了将服务从后台传递到前台并提供给顾客的传递系统设计方法。第 7 章首先阐述了服务能力规划的要点,然后对基本的排队系统结构、排队系统的绩效评价、单通道排队模型以及多通道排队模型进行了详细说明。

第三篇是保障服务,分别从电子服务、服务质量、服务接触和服务需求与供给管理介绍服务管理的保障要素,有助于读者更好地理解服务传递过程中对服务企业的特殊要求。第 8 章阐述了信息技术对服务业的影响,并论述了电子服务的内涵、特征以及在企业内部和外部的应用情况。第 9 章首先界定了服务质量的含义和维度,在此基础上阐释了服务质量差距模型、顾客感知服务质量以及影响服务质量的因素,随后阐述了电子服务质量(Electronic Service Quality,e-SQ)的内涵、差距模型以及评价方法,最后提出了服务失败与服务补救措施。第 10 章在分析服务营销的三角模型和金字塔模型的基础上,阐述了人机交互型服务接触的定义与类别,对通过人机交互型服务接触感知电子服务质量、实现电子服务价值共创(Value Co-creation)和实现电子服务补救作了深入的分析。第 11 章首先提出了服务需求与供给匹配之困境,在此基础上讨论了服务需求与供给管理的总体战略、服务需求管理、服务供给管理以及服务收益管理。

第四篇是变革服务,主要从服务创新、服务主导逻辑两个方面归纳了服务变革的趋势。第 12 章介绍了服务创新的内涵、类型和流程,剖析了服务创新绩效的测量维度和影响因素,最后阐述了网络环境下服务创新的机遇和挑战。第 13 章研究了以开放式网络平台为依托的服务创新模式,首先介绍了平台企业、新服务内容提供商、能力提供者和新服务体验者 4 类参与者,然后详细阐述了网络平台机制驱动服务创新的流程与阶段性任务、机制和理论框架。第 14 章立足内容提供商的视角,构建了人机交互、网络平台服务质量与服务创新绩效的理论模型。第 15 章探讨了从商品主导逻辑到服务主导逻辑的变革,从商品与服务之争溯源,剖析资源观变迁与主导逻辑重构,提出了服务主导逻辑的理论框架与核心观点,最后对服务的定义、服务经济和服务的特性进行了反思。

3.4 设计服务

3.4.1 服务设施选址

对于服务行业的公司,通过对竞争的灵活程度、竞争地位、需求管理以及集中化产生影响,设施定位在此类公司决策中起到很重要的作用。服务设施选址包括服务战略定位、地区选择和地点选择。

首先,要对企业进行战略定位。战略定位就是令企业的产品、形象、品牌等在预期消费者的头脑中占据有利的位置,它是一种有利于企业发展的选择。服务战略定位着重于通过为顾客提供便利性和地理位置的物理属性来吸引顾客。服务具有无形性和经验性的特征,因此,明确的定位策略可以帮助潜在的顾客把注意力集中在一个产品上。

服务定位战略包括竞争集群和饱和营销。"竞争集群"是对消费者在众多竞争对手之间选择时所表现出来的消费行为的反应。为了便利,企业更乐意在众多竞争者集中的地区进行搜寻。饱和营销是美国学者 Fitzsimmons 提出的思想。Fitzsimmons 认为饱和营销是一种公司为发挥明显形象效应来吸引消费者注意力的独特的市场定位。

其次,服务企业根据某一位置的收益和成本比较进行地区选择。选址首先要考虑消费者基础、运营成本、竞争者位置、配套系统、地理环境因素、经营环境、通信基础、交通基础、人力资源等因素。然后要运用需要的地理评估法、因素加权法、重心法和服务区域范围(规模)确定法等定量方法进行地区选择。

最后,当确定要进入的城市或地区后,企业需要进一步确定具体的地理位置和建筑物,这就是地点选择。在进行地点选择时,服务企业首先要进行定性的微观分析,包括对商圈、建筑物、形象和投资收益等的分析;其次采用中值法、哈夫模型法、因素加权法、多地点定位法等定量的方法确定地点。

3.4.2 服务设施布局

服务地区和地点都选定后,应该进行设施的布局设计。服务布局即在时间、成本和技术的具体约束下,寻找布置服务系统实体组件的最好方案。合理的设施布局能有效地去除定向力障碍带来的焦虑,顾客可以确切地知道他们在哪里、将要去哪里,以及他们需要做什么。

在对服务设施布局时,需要考虑公司与布局相关的目标、人与服务、服务系统的流通量大小、业务流程中顾客的参与度、可用空间或理想空间的情况、应对未来变化的灵活性和把握更多空间需求的时机六个方面。

服务场景是用来支持服务设施的物质环境,是经过布局和装饰设计后的服务设施。设计良好的服务场景会对顾客和员工的行为、感知产生影响,也是构成了企业整体价值的重要组成部分。服务场景在服务传递过程中发挥着包装、辅助、交际和区别的重要作用。服务场景的设计要素有气氛(周边条件)、空间布局以及标识、符号和制品,由于顾客倾向于从整体上感知这些要素,因此服务场景设计的关键在于不同要素间的相互协调与适应。

办公室布局的目的是解决信息的传递和交流问题,包括人的交流和文件的交流。进行办公场所布局要考虑办公室的面积和形状、工作的流程、员工间的关系等。合理的布局不仅可以实现员工工作效率最大化,还可以使整体工作效率最大化。

零售布局的目标是实现每平方米营业面积的利润最大化。对零售店进行布局时要先对商店进行整体布局,确定商店的流动模式,然后对该模式下的各类商品进行空间分配。

仓库布局的目标是在保持以低成本处理存货的基础上,充分利用仓库空间,使仓库的总体积利用率达到最大。实现仓库布局最优的关键是储存的商品种类以及提取商品的数量。商品种类少,存放密度就可以大,反之存放密度应缩小。

3.4.3　服务传递系统设计

服务传递系统是将服务从后台传递到前台并提供给顾客的系统。服务传递系统必须最大程度地使消费者满意,同时能够有效提高服务组织的运营效率和控制运营成本。因此,服务传递系统就成为服务组织的核心竞争优势。

随着服务的开发,服务传递系统设计可以用服务蓝图表示。美国著名的服务管理学家 Shostaek 认为:服务传递系统可以用一个可视图来描述,亦即服务传递系统可以用服务蓝图表示。服务蓝图又称为服务流程,是一种有效描述服务传递过程的可视技术,它是一个示意图,涵盖了服务传递过程的全部处理过程,详细指出服务程序应该如何进行,同时也明示顾客的所见以及潜在可能的失误点所在。

服务传递系统设计的基本方法主要有四种:生产线方法、顾客参与法、顾客接触法和信息授权法。

1. 生产线方法

生产线方法的基本思路是将制造业的生产技术和管理方法用于标准化、大量型的服务类型。这种服务类型通常所需的服务技术较简单、规范,而且要求服务过程对所有顾客有一致性。其主要管理问题是提高服务效率,提高服务质量的稳定性,而这正是制造业企业管理方法的优势所在。服务设计的工业化方法一般应用在一些技术密集型、标准化、大规模的服务业行业,如餐饮、零售业、银行、酒店、航空等行业。这种设计方法中要考虑的主要问题是:个人有限的自主权;建立明确的劳动分工,使服务人员的行为规范化、服务程序标准化;应用各种硬技术和软技术(管理技术)来取代个人劳动。

2. 顾客参与法

顾客参与法是在设计过程中充分考虑顾客的个性化需求,使系统为顾客提供一种非标准化、差异化的服务,一般来说,顾客在其中的参与程度较高,所需使用的服务技术也较复杂、不规范。这种服务类型的特点是顾客的被动或主动参与会给服务结果带来一定影响;服务人员需要在服务过程中进行自主判断和自主决策。随着经济的发展和人们收入水平的提高,要求提供个性化、高档次服务的人群越来越多,因此基于顾客这种要求的服务设计方法应运而生。

这种设计方法中要考虑的主要问题是:把握顾客的需求偏好和心理特点;引导顾客在服务过程中的参与;授予服务人员必要的决策权力,让他们自己处理服务过程中可能出现的各种问题。

3. 顾客接触法

对于某些服务传递系统来说,可以分为高顾客接触和低顾客接触的作业,即前台服务和后台服务。在后台,服务运作可如同工厂一样进行,即可考虑采用生产线方法,以充分利用现代技术的力量;在前台,与顾客的接触程度较高,则采用顾客参与法的方法,根据顾客的要求和喜好提供较为个性化的服务。基于这种思路的服务设计方法就被称为顾客接触法。这种设计方法中要考虑的主要问题是:前台运作和后台运作之间的衔接;与顾客接触程度的区分和两种方法的结合使用;新技术的利用及其导致的前后台区分的变化。

4. 信息授权法

现在是信息时代,信息技术每天都与我们发生关系。没有信息技术,当今的任何服务都不能生存,信息技术所能提供的并不仅仅是方便地保存记录,实际上,信息技术最重要的作用是员工和顾客授权。

　　信息技术发展使企业都在使用数据库协助管理,相关数据库的发展意味着每个员工都可以使用一项业务的方方面面的信息,员工授权的时代已经到来。例如,一位生产人员或前台工作人员可以从存货清单上申请必要的供应,甚至起草一份订单来取代存货清单,而不必通过采购办公室。同时,员工还可以通过计算机接口互相影响,甚至可与其他公司的员工实时联系。顾客也可以直接由计算机授权,通过互联网,顾客不再完全依赖于本地的服务供应商,一个人可以在全球购物、预订旅行航线、在世界范围内寻求治疗方法。

3.4.4　服务能力规划

　　服务能力是指一个服务系统提供服务的能力程度,通常被定义为系统的最大产出率。服务能力规划的基本思路是通过改变、扩展现有能力,达到与顾客需求相匹配的目的。通过改变限制服务能力的各种因素,在需求高峰期扩展能力,在需求低谷期压缩能力,以免丢失顾客和造成资源浪费。服务能力规划的策略是通过增加或延长人力、设施和设备的工作时间,扩展服务资源的现存能力以适应需求,以及通过雇用临时工、交叉培训员工、租赁或共享设施与设备、需求低谷期间安排休整时间等方法使能力和需求保持一致。

　　服务系统通常根据拥有的通道数量(例如服务台的数量)和服务阶段的数量(例如整个服务过程中需要逗留几处)进行分类,分为单通道单阶段系统、单通道多阶段系统、多通道单阶段系统以及多通道多阶段系统。排队系统的基本特征包括需求群体、到达过程、排队结构、排队规则、服务过程。我们可以通过单通道排队模型和多通道排队模型来权衡提高的服务成本和随之降低的顾客等待成本,提供管理上的选择方案,从而改善顾客服务能力。

3.5　保障服务

3.5.1　信息技术与电子服务

　　信息技术包括计算机应用技术和通信技术,信息技术已经成为服务创新背后的基础力量。信息技术的普及、网络环境的出现,对传统服务产生了强烈的冲击,并且催生了电子服务这一全新的服务形式。服务逐渐从物理服务(Physical Service)转变为更加高效、便捷、低成本的电子服务。企业借助电子渠道这一虚拟路径改变了与顾客的交互方式,由传统的面对面交流转变为基于虚拟站点的沟通,企业利用网络提供复杂的信息和数据给客户,并提供各种各样新的服务。

电子服务与传统服务有着明显的区别,电子服务传递成本低,信息反馈更便捷、透明,而且能持续地获得改进和创新,由于电子服务的大部分活动发生在"后台",所以其外包程度高。电子服务在市场中有很多应用领域,例如,银行业作为金融服务的一部分,广泛应用网上银行资金转账、电子成像技术、ATM、支票磁墨字符识别读卡器等技术,以提高生产力,在其他服务领域也有很多类似应用。

3.5.2　服务质量管理

顾客会将接受的服务的感知与服务的期望相比较,当期望与感知一致时,服务质量是令人满意的,当感知超出期望时,服务被认为是具有特别质量的,当没有达到期望时,服务质量是不可接受的。因此企业要对服务质量进行有效的评价和管理。

顾客会从可靠性(Reliability)、响应性(Responsiveness)、保证性(Assurance)、移情性(Empathy)和有形性(Tangibles)五个基本方面对服务质量进行评价。通过将顾客基于上述 5 个服务质量维度所作的预期与其对实际服务感知到的差异相比较,从而将服务质量概念化,形成服务质量差距模型,通过模型可以测量服务差距、认知差距、标准差距、传递差距、内部沟通差距。服务质量是服务质量差距的函数,测量企业内部存在的各种差距是有效测量服务质量的手段,差距越大,顾客对企业的服务质量就越不满意,因此,差距分析可以作为复杂的服务过程控制的起点,为改善服务质量提供依据。

前文讲到电子服务日益兴起,所以对电子服务质量的评价也成为服务质量管理的重点。电子服务质量是对电子服务效率和效果的评价,Zeithaml 等(2001)的研究表明,在通过互联网与客户互动的公司中也存在类似的服务差距,并构建了电子服务质量差距模型。该模型中公司方面有三种潜在的差距——即信息、设计和沟通差距,可能发生在网站的设计、运营和营销过程中。这些差距导致了顾客方面的"实现差距",引发了一系列对感知电子服务质量、感知价值和购买/再购买行为的影响。

服务质量测量方法包括软性测量(Soft Measure)和硬性测量。软性测量是通过与顾客、员工或者其他人员交谈,收集他们的主观评价来测量服务质量。常用的方法有目标顾客群体访谈、顾客抱怨分析、售后调查、市场总体服务质量调查等。软性测量在工具上主要依赖服务质量量表（Service Quality，SERVQUAL）和步行穿越调查法。软性标准为员工提供了达到顾客满意的方向、指导和反馈，通过测量顾客感知和信念对软性标准进行量化。硬性测量和硬性标准是指可以通过检查进行计算、计时或测量的特征和活动。硬性测量通常指的是运营流程或结果，包括诸如正常运营时间、服务反应时间、服务失误率以及传递成本。

由于服务是异质的，不同的服务提供商、同一服务提供商的不同服务人员，甚至相同的服务人员，服务绩效都会存在差别。顾客承认并愿意接受该差别的范围称为容忍区（Zone of Tolerance）。不同的顾客、不同的服务类型，其容忍区域可能是不同的。如果出现服务失误或者是服务接触过程失败，那么，容忍区域就会缩小，乃至消失。面对服务失败的发生，顾客期望能够得到公平、充分的补救。企业服务补救首先是做顾客补救，采取行动，恢复与顾客之间的关系，然后企业要做问题补救，采取行动纠正问题，使其按照理想状态不再发生。

3.5.3　服务接触

服务接触是顾客与服务组织的任何方面发生直接接触和相互作用并对服务质量产生影响的事件。服务接触按照技术的介入程度分为人际交互型服务接触和人机交互型服务接触。

人际交互型服务接触，即发生在顾客和服务人员之间、以技术为辅助或促进手段的人际交互，共包含三类：不含技术的人际交互型服务接触、以技术为辅助的人际交互型服务接触、以技术为促进的人际交互型服务接触。在人际交互型服务接触中，服务人员和顾客是核心因素，他们的交互对服务质量有显著影响；技术是非核心因素，在某些情形下存在并与核心因素发生交互，对服务质量有一定的影响。

人机交互型服务接触，即电子服务背景下的服务接触，是发生在顾客和技术之间、以服务人员为辅助手段的人机交互。分为两类：以技术为媒介的人机交互型服务接触和以技术为终端的人机交互型服务接触。在人机交互型服务接触过程中，企业把自己的价值主张通过技术（通常表现为交互界面）呈现给顾客，企业必须依靠顾客掌握的知识和技能才能把服务传递给顾客，所以从顾客与交互界面发生接触的那一刻起，他们就成了价值共创的主导者或第一责任人。在电子服务失败情境下，顾客通过与服务补救界面的交互可以共同创造价值。

3.5.4　服务需求与供给管理

服务具有易逝性,企业不可能提前进行服务生产以应对后来的需求高峰。对每一个生产能力受限的服务企业来说,由于服务需求和供给是不平衡的,所以容易陷入需求与供给的困境。当企业清楚地知道生产能力的限制因素和需求模式后,它就要制定平衡服务需求和生产能力的策略。一般包括两种基本策略:改变需求以适应现存的供给能力;改变能力以适应需求波动,即调整生产能力满足不同需求。

基于以上两种基本策略,服务企业需要进行需求管理和供给管理。服务需求管理的基本方法:一是不采取任何管理措施,放任需求变化;二是采取行动影响需求水平;三是采用排队或预约系统管理需求。服务供给管理可以考虑增强现存的供给能力,不追加投入新的资源,将人力、设施和设备工作时间变得更长、强度更大,以适应需求;或者创造性地调整服务资源,例如需求低谷期间执行维护和翻修,以及提高顾客参与程度,将顾客作为合作生产者加以利用。

在平衡服务需求和生产能力时,企业同时要进行收益管理,即以合适的价格,分配最佳类型的产能给最适合的顾客以获得最大的财务回报。收益管理的评估方法是特定时期里实际回报与潜在回报的价值比。企业使用收益管理模型可以使产能被充分利用,达到最佳的平衡状态。收益管理的目的是在有限产能下产生最大的财务回报。

3.6　变革服务

3.6.1　服务创新

服务创新是现代服务业进行创新的重要活动,不仅关系到相关服务企业的利润,而且直接影响到国家的经济发展水平。服务企业意识到,只有不断地进行服务创新才能推动企业快速发展和保持长期竞争优势。

近年来,学者们对服务创新进行了大量的研究。他们分别从价值的角度,知识和学习的角度,以及经济、技术、社会、方法论角度对服务创新的内涵进行了界定。服务创新的特征在很大程度上来源于服务本身特有的属性,服务创新的特征主要表现为创新的无形性、创新的顾客导向性、创新形式的多样性、创新的适用范围。Johnson 等(2000)把服务创新分为突破性创新(Radical Innovation)和渐进式创新(Incremental Innovation)。Hertog(2000)提出了四维服务创新模型,服务创新包括相互联系的四种创新类型,即服务概念创新、界面创新、组织创新和技术创新。

　　服务创新过程一直是备受服务创新研究者们重视的问题,20 世纪 80 年代提出的服务创新过程模型在诸多方面受到了新产品开发研究成果的影响,但是,真正的服务创新过程必然不同于新产品开发过程,在使用这些服务创新过程模型前,必须先进行适用性评估,认真分析这些模型的应用条件。进入 20 世纪 90 年代以后,学者们从服务本身的特性出发提出了更加便于应用、高柔性的服务创新过程模型。进入 20 世纪以来,学者们对于服务创新过程的研究更加专业化,主要是基于不同视角提出具有高度适用性的模型,并着重强调资源在服务创新过程中的作用。

　　服务创新活动的高绩效将为组织带来巨大的利益,因此,衡量服务创新绩效也成为研究的重点。管理者一般习惯于利用财务标准(如收益、利润或边际利润等)或其他相关指标(如销售量或市场占有率)(Griffin 和 Page,1996)测量服务创新的绩效。Cooper 和 Kleinschmidt(1987)指出服务创新绩效是一个三维概念,三个相互独立的维度分别为财务绩效、机会窗口、市场影响力。Cooper 等(1994)对新金融服务业进行了类似的实证研究,他们用财务绩效、关系强度、市场开发三个维度共 14 个指标来测量服务创新绩效。Voss 等(1992)指出要对服务创新过程绩效(Process Performance)和服务创新结果绩效(Outcomes Performance)两方面进行测量,前者与效率有关,主要涉及服务创新的实施系统;后者与效能(Effectiveness)有关,主要关注服务创新的具体目标。

　　在学术界研究服务创新绩效测量与维度的同时,也有大量学者开始思考哪些因素对服务创新的绩效会产生影响。例如,Johne 和 Storey(1998)认为服务创新绩效的前因包含一系列因素,而且涉及多个方面,他们将其归纳为三大类:机会分析、项目开发、服务提供的组成,并指出服务创新管理人员必须全面掌控这些因素,使它们处于平衡状态,才能保证服务创新绩效位于较高水平。

3.6.2　网络平台机制驱动服务创新

　　以开放式网络平台为依托的服务创新模式包含平台企业、新服务内容提供商、能力提供者和新服务体验者四类参与者,各参与者在服务创新模式中扮演不同角色。

以开放式网络平台为依托的服务创新模式可分为设计、分析、开发、引入、全面投放和挖掘 6 个阶段,各阶段首尾相接构成服务创新过程的一个周期,一个服务创新项目通常需要经历多个周期才能完成。服务创新过程的各个阶段包含若干任务,这些任务指明了服务创新项目在不同时期的工作内容。

平台企业通过构建能力提供机制、知识整合机制、互动机制,帮助内容提供商分别从能力提供商、平台企业和新服务体验者处获取知识,进而提升了服务创新绩效。内容提供商并非具备开展服务创新需要的所有能力,有时会从能力提供商处寻求补给,由于网络的动态性、复杂性以及结构洞的存在,经常会出现能力供给与需求不匹配、交易成本过高等问题,为此,平台企业构建了以能力聚合、增值、传递为目的的能力提供机制。平台企业搭建了互动机制,为内容提供商与新服务体验者之间进行沟通提供了媒介,该机制主要体现为线上社区的形式(如综合讨论社区、玩家分享社区),有时也包含线下交流(如创新开放日、创新沙龙)。平台企业拥有关于平台生态圈(Platform Ecosystem)总体运营形势以及未来发展趋势的知识,构建了知识整合机制,具体体现为报刊、专题报告、服务创新项目分析、备忘录、新闻发布会等传播媒介的形式。知识整合机制可以帮助企业将自身能力与外界知识更好地结合,提高创新效率,创造出成功的新服务项目,推动企业创新绩效的不断改进。

本书遵循现有联盟文献勾勒出的"联盟机制—联盟成员知识获取—联盟成员创新绩效"这一逻辑脉络,同时借鉴服务创新领域学者所倡导的"镶嵌于网络中的知识对于服务创新开展者至关重要"的观点,构建了网络平台运营机制对内容提供商服务创新绩效作用机理的理论模型,帮助其从平台中的其他参与者处获取知识、提升服务创新绩效,实现了平台生态圈的可持续发展。

3.6.3 人机交互型服务接触驱动服务创新

本书旨在立足内容提供商的视角,以管理信息系统(Management Information System,MIS)领域的任务技术匹配理论(Task Technology Fit Theory)为核心理论基础,构建人机交互、网络平台服务质量与服务创新绩效的理论模型。在此基础上提出相关研究命题,从机理层面打开"以开放式网络平台为依托的服务创新模式"这一"黑箱",丰富服务创新领域在网络平台情境下的理论积累,推动相关概念及理论向网络平台情境繁衍与深化。

首先,揭示了内容提供商视角下人机交互的组成因素。内容提供商视角下的人机交互是一个涉及四个因素的有序统一体,在任务技术匹配理论的框架下,可以将三个基本因素界定为网络平台功能性、任务复杂性、内容提供商技术准备度(Technology Readiness),将一个核心因素界定为任务技术匹配。

其次,研究这些因素对内容提供商感知网络平台服务质量的影响路径。4个组成因素对内容提供商感知网络平台服务质量均有直接作用,其中,任务复杂性发挥负向作用,其他 3 种因素均发挥正向作用;任务复杂性与网络平台功能性的交互对内容提供商感知网络平台服务质量起正向作用,即二者相互补充,内容提供商技术准备度与网络平台功能性的交互对内容提供商感知网络平台服务质量既可能起负向作用,也可能起正向作用,即二者既可能相互替代,也可能相互补充;任务技术匹配在上述直接作用和交互作用中发挥着中介作用,总体上讲,本书构建的理论模型是一个被中介的交互效应模型。

最后,研究这些因素对内容提供商服务创新绩效的影响路径。网络平台服务质量正向影响内容提供商服务创新绩效。任务技术匹配作为人机交互的代表性因素正向影响内容提供商服务创新绩效,网络平台服务质量在其中发挥中介作用。

3.6.4　从商品主导逻辑到服务主导逻辑的变革与反思

商品主导逻辑(Goods Dominant Logic)形成于工业革命背景之下,那时,有形商品是国民财富的基本来源,但在当今的信息经济时代,许多企业产出的既不是单纯商品,也不是纯粹的服务,而是二者的综合体,要区分商品与服务变得非常困难。Vargo 和 Lusch(2004)建议遵循一种全新的服务主导逻辑来重新审视商品和服务,不要对两者进行主次或优劣区分,而是把两者统一到服务旗下,进而对市场交易、价值创造等问题进行重新思考。

1. 资源观变迁与主导逻辑重构

商品主导逻辑把有形资源(包括商品)、自然资源等对象性资源视为最重要的资源,并把这种资源的最终表现形式"商品"看作创造和积累国民财富的核心要素,而没有给予商品生产和销售过程中涉及的知识、技能等操作性资源应有的重视。服务主导逻辑根植于资源优势理论(Resources Advantage Theory)(Srivastava 等,2001)与核心能力理论(Core Competency Theory)(Prahalad 和 Hamel,1990;Day,1994),这两种理论把核心能力当作组织赖以生存和发展的高阶资源(High-order Resources)。因此,在服务主导逻辑下,以知识和技能为代表的操作性资源就成了最核心的要素。与对象性资源相比,操作性资源通常是无形的,但又是动态的、无限的。在服务主导逻辑中操作性资源充当了发掘对象性资源价值的角色。在服务主导逻辑中,商品与服务已经不是同一水平上的概念,因此,两者的争斗也就不复存在了。资源观的变迁导致了主导逻辑的重构,服务主导逻辑也就应运而生(Vargo 和 Morgan,2005)。基于操作性资源观,服务主导逻辑对商品主导逻辑下盛行的观点进行了彻底的批判性重构,并且顺应了当今后工业经济时代注重知识和技能的潮流。

2. 服务主导逻辑的理论框架与核心观点

Vargo 和 Lusch(2004)从操作性资源观出发,提出了服务主导逻辑的十个基本假设,形成了比较成熟的服务主导逻辑理论体系。这十个基本假设是:服务是一切经济交易的根本基础;间接交易掩盖了交易的根本基础;商品是服务提供的分销机制;操纵性资源是竞争优势的根本来源;所有经济都是服务经济;顾客是价值的共同创造者;企业并不能传递价值,而只能提出价值主张;服务中心观必然是顾客导向和关系性的;所有经济活动和社会活动的参与者都是资源整合者;价值总是由受益者独特地用现象学的方法来决定。

我们把这十个命题归纳为具有逐级递进的逻辑关系的四类。第一类命题是服务主导逻辑的基础,探讨了"资源与竞争优势"这一根本性问题,是操作性资源观的基本体现;第二、三类命题是核心,"市场交易机制"与"价值共创模式"相互影响,直接关系到市场运营的效果,是操作性资源观的延伸;第四类命题是归宿,服务主导逻辑的要义就是把不同参与者的交互空间塑造成"服务生态系统"(Service Ecosystem),并通过不同参与者的互动来不断提高服务生态系统的适应性和可持续性,这是对操作性资源观的进一步拓展。

3. 服务主导逻辑的发展走向和潜藏的研究机会

对于服务主导逻辑理论而言,前面提到的四类基本命题决定它的未来发展走向,围绕四类基本命题所规定的服务主导逻辑发展走向来探索未来服务主导逻辑的研究方向。

①操作性资源、竞争优势及其关系。Vargo 和 Lusch(2004)认为操作性资源包含知识和技能,在服务主导逻辑的理论框架中应该根据什么标准来对知识和技能进行细分是值得研究的方向。同样,竞争优势也是一个复杂的问题,具有情境依赖性,在某些情境下是优势,到了另一些情境中可能就变成了劣势。因此,未来服务主导逻辑下的竞争优势研究应该注意情境化问题。

②商品在市场交易中的作用。知识、技能等操作性资源在当今知识经济背景下具有极其重要的作用,但在现实的市场交易中离开了商品,操作性资源就可能变得虚无缥缈,因此,后续研究应该在强调服务作用的同时注重商品作

为操作性资源物质载体的作用。

③电子服务背景下的价值共创模式。信息通信技术(Information and Communication Technology,ICT)的飞速发展以及相关技术创新成果在服务中的应用催生了电子服务。在电子服务背景下顾客扮演着更加复杂的角色,发挥着更加重要的作用。后续相关研究应该结合电子服务的特征,深入研究顾客在价值共创方面扮演的角色和发挥的作用,考虑企业在电子服务背景下如何提出价值主张的问题,把服务主导逻辑中关于价值共创的命题扩展延伸到电子服务,提高相关命题在不同服务背景下的适用性。

④开展以服务生态系统为对象的学术研究。学者们可以采用服务生态系统观来解释相关领域中出现的新问题,验证和提高服务主导逻辑的解释力,从而促进服务主导逻辑的深化与发展。服务生态系统观可在基于开放式网络平台的服务创新、以服务生态系统为主导的市场营销两个领域有所作为。

3.7   服务管理绩效的评价标准——服务价值

顾客总价值由产品价值、服务价值、人员价值和形象价值构成,其中每一项价值的变化均对总价值产生影响。服务价值是指伴随产品实体的出售,企业向顾客提供的各种附加服务,包括产品介绍、送货、安装、调试、维修、技术培训、产品保证等所产生的价值。服务价值是构成顾客总价值的重要因素之一。

在现代市场营销实践中,随着消费者收入水平的提高和消费观念的变化,消费者在选购产品时,不仅注意产品本身价值的高低,而且更加重视产品附加价值的大小。特别是在同类产品质量与性质大体相同或类似的情况下,企业向顾客提供的附加服务越完备,产品的附加价值越大,顾客从中获得的实际利益就越大,从而购买的总价值也越大;反之,则越小。因此,在提供优质产品的同时,向消费者提供完善的服务,已成为现代企业市场竞争的新焦点。

思考题

1. 阐述服务管理的重要性。
2. 服务设计包括哪些内容?
3. 服务主导逻辑的主要思想是什么?

案例分析

沃尔沃村

　　沃尔沃村是独具一格的。它反映在沃尔沃授权经销商的两位前机械师试图以合理的价格为过了保修期的沃尔沃汽车提供高质量的维修服务所做的努力。基于他们在一起超22年的在沃尔沃经销店的培训和工作经历,他们赢得了令人尊敬的声誉,有了大批满意的顾客,这使得他们自立门户成为可能。沃尔沃村位于一座巴特勒(即预制金属结构)建筑物内,除了办公室、等候区和储藏室,还有四个作业区。

　　沃尔沃村的所有者认为,他们要为顾客提供当地经销商所没有的定制汽车维护服务。他们每周留出一定时间,为开车前来的顾客提供快速的日常服务,如调试和换润滑油。但是由于检查和特殊修理,他们鼓励顾客预约。

　　在预约的时间,机械师和顾客讨论顾客提出的问题。有时,机械师要和顾客一起试开一下车,以便确认问题所在。

　　对机械师来说,另一个信息来源是定制维护车辆档案(Custom Care Vehicle Dossier,CCVD)。沃尔沃村为每辆服务过的车都保留记录。这有助于机械师诊断问题,同时也为对上次修理提供担保服务提供了方便的记录。所有者正在考虑用CCVD来提醒那些需要进行日常维护的顾客。

　　在机械师做完初步检查后,服务经理告诉车主估算的费用,以及在没有意外的情况下修理完成的时间。公司的政策规定,除非双方同意,否则在进行任何维修前都要征询车主的意见。虽然在服务过程中顾客可能会与机械师交谈,但主要的接触点是服务经理。服务经理的职责是保证顾客了解初步诊断情况,向顾客说明所有未能事先料到的问题和费用,通知顾客车已修好可以提走。

　　沃尔沃村目前还没有为顾客提供其他交通工具。公司正在考虑提供每天2～3次的班车,因为所有者觉得地处郊区可能会失去部分顾客。等候室装备有电视机、舒适的椅子、软饮料自动售货机、杂志和当地报纸等。该设施几乎被在"随时服务"时间(星期三下午3点到5点,星期四上午8点到10点)前来接受快速日常服务(如调试)的顾客和前来查看旧车的买主完全占用了。

　　作为机械师在早晨7点到8点和下午5点到6点不修理汽车,因为这两个小时要与顾客进行大量接触。他们认为,在维修后向顾客交代做了哪些修理与在修理前和顾客讨论存在什么问题一样重要。在维修中,机械师记下车主将来需注意的问题(如风扇和发电机带旧了,再开6000英里就需要更换)。当顾客来提车时,提醒顾客将来注意的问题(可能是以给车主明信片的形式),同时将之记录在CCVD中以备将来使用。

所有替换下来的小的旧零部件全都装在车内一个干净的盒子中;替换下来的大的部件做上标记,放在一边以备顾客检查。在修理过程中,保持车体整洁。在顾客提车前,用吸尘器将车内打扫干净。修理完成后,要试开一段,然后停在停车场,等候顾客来提车。

沃尔沃村的主人认为,他们的职责远不止对顾客提供直接服务。他们与其他的服务提供者建立了一个网络,由那些服务提供者对用过的部件和废弃物回收处理,同时,对于自己不提供的服务,将顾客推荐给有关服务的企业(如车体修理、校正、车内再装饰),该企业正在考虑每月在一个星期六的早晨开设小课程培训顾客,让他们了解如何才能拿到沃尔沃20万英里奖章。

资料来源:[美]詹姆斯A.菲茨西蒙斯,莫娜J.菲茨西蒙斯.服务管理运作战略与信息技术[M].张金成,范秀成,杨坤,译.北京:机械工业出版社,2013.

问题:

1. 沃尔沃村的事例说明了服务企业的哪些特征?

2. 分别描述沃尔沃村服务活动的性质、顾客关系、定制和判断、需求和供给的性质以及服务传递方式。

3. 沃尔沃村是如何做到将自己有别于沃尔沃经销商的?

第二篇　设计服务

第二篇　故十眼参

第4章　服务设施选址

4.1　导入案例

沃尔玛的选址策略

沃尔玛,作为一家美国的世界性连锁企业,对我国大型商场的选址决策有许多可以借鉴之处。在短短四十多年时间里从一家默默无闻的小杂货店壮大成为世界最大的零售企业,沃尔玛的成功取决于其经营管理中的许多独到之处,其中之一就是它独特的选址原则。

①选择经济发达的城镇。据调查,有沃尔玛连锁店的城镇一般比没有沃尔玛的城镇经济发达。②连锁发展。沃尔玛设门店是从发展战略出发,综合考虑连锁发展计划,以防设店选址过于分散。③独立调整门店。沃尔玛一般不与其他大型零售店聚集在一起。在选址中注意与其他仓储式超市、大型综合超市以及批发市场等保持一定距离,至少在核心商圈不能重叠,以免引发恶性竞争。④选择城乡接合部。对以中小零售店和居民为主要目标市场的沃尔玛山姆会员店,一般选在远离市中心的城乡接合部、次商业区或新开辟的居民区中,在该商场周围要有20万至30万的常住人口,该地点土地价格和房屋租金要明显低于市中心,交通便利,并符合城市发展规划。

沃尔玛目前在中国已开设了多家购物广场、山姆会员店和社区店。其中,沃尔玛在北京的山姆会员店选址在石景山区,石景山区的居民均是中档收入以上的家庭。沃尔玛石景山店位于两条交通干道阜石路和石景山路之间,在交通上可以辐射到北边的海淀区。石景山位于城乡的过渡地区,只要价格合适,西边农村的零售商也可能成为沃尔玛的客户。石景山区的众多机关、企事业单位、石景山游乐场(外部有上百个停车位),另外还有一部分是从石景山和房山景点游玩后驾车回程的人们都是沃尔玛的潜在客源。这些恰好符合其以中小零售店和居民为主要目标市场、选择合适的城乡接合部的原则。

资料来源：http://www.docin.com/p-1474757751.html

思考：零售业超市的选址有哪些特点，与生产制造型企业有什么不同？

4.2 战略定位

4.2.1 什么是战略定位

战略定位就是令企业的产品、形象、品牌等在预期消费者的头脑中占据有利的位置，它是一种有利于企业发展的选择，也就是说它指的是企业做事如何吸引人。对企业而言，战略是指导或决定企业发展全局的策略。

从营销视角来看，服务定位着重于通过为顾客提供便利性（例如，快餐店通常选择在交通流量较大的街道边上）和地理位置的物理属性（例如，度假村建在美丽的海边）来吸引顾客。

4.2.2 战略定位的重要性

由于很多服务都具有无形性和经验性的特征，因此，明确的定位策略对于帮助潜在的顾客把注意力集中在一个产品上非常重要，否则顾客的注意力就会相当分散和漫无目的。如果不能在市场上选择一个适合的位置（并制定一个用来得到和巩固这个位置的营销行动计划），就可能导致以下几种不理想的结果：

①组织（或者产品）陷入要与更强大的竞争者针锋相对的竞争处境。

②组织（或者产品）陷入任何企业都会竭力避免的处境，顾客对组织（或者产品）根本不存在任何需求。

③组织（或者产品）的定位非常模糊，以至于没有人了解其竞争优势是什么。

一般而言，定位决策常常建立在直觉的基础上，成功的变数很大。尽管位置选择常常建立在诸如地点的可获性和有利出租这样的机会因素上，一定的数量分析对于避免严重的错误还是有用的。例如，无论租金如何低，作为废弃商场中唯一的店铺，无任何优势。

4.2.3　定位战略

1. 竞争集群

"竞争集群"是对消费者在众多竞争对手之间选择时所表现出来的消费行为的反应。当消费者购买像汽车这样的商品时,他们喜欢进行比较。为了便利,他们更乐意在众多竞争者集中的地区(即所谓的站区内)进行搜寻。

通过对一些汽车旅馆的对比发现,定位于众多竞争者集中地区的旅馆比相对孤立地区定位的旅馆有更高的客房入住率。对部分服务业来说,在竞争者附近场所定位以获得非常利润的策略是非常有效的。例如,一些汽车旅馆定位于省际高速公路交口处,这是因为他们的市场人群是来往乘车的那些人,而不是当地居民。

2. 饱和营销

美国学者 Fitzsimmons 在《服务管理》一书中提出了饱和营销的思想。Fitzsimmons 认为饱和营销是一种公司为发挥明显形象效应来吸引消费者注意力的独特的市场定位。该策略的指导思想是在城市和其他交通流动量大的地区集中定位许多相同的公司或商店,使消费者在这些地段能多次接触到企业的标志,给消费者留下深刻的印象,使消费者一旦产生消费的需求首先想到的就是该企业。例如,可口可乐公司在我国各个地方都有大量的经销店,随便在任意一个城市都可以见到大量的可口可乐贩卖机,可口可乐无时无刻不在我们的视野之中。

饱和营销有以下几个优点:

①降低广告费用。商店可以代替广告,就仿佛在每个街区上都有户外广告牌一样。

②便于监督。公司经理可以从一家商店步行走到另一家商店,在一天内察看当地所有的商店。

③便于顾客识别和吸引顾客。消费者喜欢在竞争者集中的地方进行搜寻,这种定位的商店更能在有限的时间内将顾客"拉"去购物或吃饭。

④品牌识别促进了公司的前进,有利于建立消费者忠诚。

⑤可以占据有利的竞争位置,起到竞争屏障和有效地阻止竞争对手进入有利地点的作用。

⑥减少供销矛盾。由于一些代销商很难对付,企业自己经营可以减少矛盾,降低费用。

4.3 地区选择

4.3.1 地区选择的决定因素

服务企业根据某一位置的收益和成本比较进行地区选择,具体考虑 9 个因素。

1. 消费者基础

企业所选位置以靠近消费者为原则,如零售店、医疗机构、剧院、银行、洗衣店、餐馆、房屋中介机构以及其他为个人服务的组织都要以消费者为基础进行选址。

2. 运营成本

企业选址的主要考虑因素是运营成本,如大多数专卖店、批发企业和商务机构位置选择的决定因素就是运营成本。

3. 竞争者位置

竞争者位置是指以竞争者的位置作为选址的重要参考,如服装街、家具城、纺织品交易中心、汽车经销中心、快餐中心、古董交易市场等一系列交易市场都是同行业竞争者密集的场所。靠近竞争者一方面可以关注对手的行动,另一方面也可以分享当地的有利资源。

4. 配套系统

配套系统是指以某个地区是否有完善的支持与配套系统作为选址的重要参考。例如,宾馆应建在商业区或大学、医院附近,游乐园应选在交通便利、供电有保障的地点,金银首饰店应选在治安环境良好的地段。

5. 地理环境因素

地理环境因素是指以地理环境作为选址的主要考虑因素。如海滨度假村、滑雪胜地、温泉疗养院等都设在具有特定资源的地理区域。

6. 经营环境

经营环境是指以经营环境的好坏作为选址的主要考虑因素。如保险公司、私立学校等基本不受其他因素影响,主要以当地经营环境的优劣作为选址标准。

7. 通信基础

通信基础是指以通信是否发达、信息沟通是否顺畅作为选址的主要考虑因素。如金融服务机构需要与其他企业、政府部门以及个人进行快速的信息沟通,因此大银行经常选择在电信系统发达、信息通畅的大城市开设分公司。

8. 交通基础

交通基础是指以交通便利作为选址的主要考虑因素。快递公司、快餐公司、邮购企业等选址的首要因素就是便利的交通运输网络。

9. 人力资源尤其是首席执行官人选

人力资源尤其是首席执行官人选是指以当地是否有合适的人力资源,尤其是总裁或首席执行官,这是作为企业选址的主要考虑因素。

4.3.2　地区选择的定量方法

运用定量方法进行地区选择的方法有 4 种:需求的地理评估法,因素加权法,重心法,服务区域范围(规模)确定法。

1. 需求的地理评估法

需求的地理评估是指分析、评价市场需求在地理单元上的分布状况,包括对企业的服务区域进行地理单元划分和预测每个地理单元的需求。需求的地理评估分为如下步骤。

(1)确定目标人群

这是指企业明确定义目标人群的特征。例如,要新建一个健身房,目标人群主要是中青年白领和高校学生;要建一个妇幼保健医院,目标人群是妇女和婴幼儿。

(2)划分地理单元

这是指按照一定的规则对市场需求进行地理单元的划分。它有两个限定条件:一是地理单元必须包含足够多的样本容量以充分评估需求;二是地理单元数量不能超过计算容量。一般采用人口普查的区域作为地理单元,这样便于统计居民的人口统计学特征,也可根据需要采用楼群、街区或网格划分的方法。

(3)评估需求的地理分析

这是指运用统计数据,采用统计方法,评估每个地理单元的需求量和分布状况。相关人口统计数据和企事业单位统计数据可以通过统计局、工商局、街道办事处等机构获得。

(4)绘制地理需求分布图

根据以上步骤的分析结果,结合地图绘制出需求的分布图,它是企业进行区位选择的基础。

2. 因素加权法

因素加权法是一个简单的数值方法,包含 6 个步骤:

①列出相关因素;

②给每个因素分配一个权重,反映其对企业目标的相对重要性;

③为各个因素确定一个评分范围(如 1—5、1—10 或 1—100 等);

④按照步骤 3 中的评分范围,让管理者为每个地区就这些因素进行评分;

⑤将每个因素的分数与权重相乘,加总后得到每个地区的总分;

⑥根据总分大小进行推荐,同时考虑定性分析的结果。

以滑雪场选址的因素加权法分析为例:某旅游集团欲在中国北方开发一个滑雪场,为进行选址,管理人员确定了 6 个重要但不易量化的因素,并设立了各自权重。初步确定可供选择的位置包括北京、长春、秦皇岛、天津。根据 6 个因素对每个位置进行打分,见表 4-1。最终的因素加权分析结果显示,长春的区位得分是 173,高于北京、天津和秦皇岛。

表 4-1 中国北方地区滑雪场选址的因素加权法分析

因素	权重	各个区位得分				加权得分			
		北京	长春	秦皇岛	天津	北京	长春	秦皇岛	天津
平均年降雪量	8	3	5	4	3	24	40	32	24
地形地貌	9	4	5	4	4	36	45	36	36
附近市场规模	8	5	4	3	4	40	32	24	32
交通状况	6	5	4	3	4	30	24	18	24
政府支持	3	5	4	4	3	15	12	12	9
竞争者数量及规模	4	3	5	3	4	12	20	12	16
总计						157	173	134	141

注:各个因素得分范围:5=非常好,4=好,3=一般,2=较差,1=差

资料来源:蔺雷,吴贵生.服务管理[M].北京:清华大学出版社,2008.

3. 重心法

重心法主要用于为大量零售商选择供货的中心(仓库)位置,它主要考虑位置所在的市场、货物运输量和货运成本等因素。重心法计算的前提是假设运输成本与距离和运输量成正比,因此在该方法下得到的理想区位应是仓库与零售网点之间的距离进行加权后的最小值(即重心),其中距离被运输量加权。

重心法第一步是将已存在的零售店位置放入坐标系。坐标系原点和尺度是任选的,只要能确定每个零售店位置即可。之后依据以下两式求出供货中心的位置。

$$C_x = \frac{\sum\limits_{i} d_{ix} W_i}{\sum\limits_{i} W_i} \qquad (4\text{-}1)$$

$$C_y = \frac{\sum\limits_{i} d_{iy} W_i}{\sum\limits_{i} W_i} \qquad (4\text{-}2)$$

式中，C_x 代表重心在 x 轴上的坐标；C_y 代表重心在 y 轴上的坐标；d_{ix} 代表位置 i 在 x 轴上的坐标；d_{iy} 代表位置 i 在 y 轴上的坐标；W_i 代表从位置 i 运入的货物量。

　　以华北某大型连锁超市的仓库选址为例：华北某大型超市在北京、唐山、天津和太原四地开有分店。该连锁超市的第一家分店设在天津，因此仓库最初也设在天津。目前四地都由天津的仓库集中供货，但这种仓库定位在地理区位、供货量、运输成本等方面已显示不足。超市管理层决定对供货中心进行重新定位。由于供货量很大，因此，会对运营成本产生很大影响。运输成本与距离和供货量之间是正相关关系。通过重心法得到的理想定位是仓库与各零售店之间的距离加权以后的最小值，表 4-2 是该连锁超市在四个地区分店的货物需求量。

表 4-2　某大型超市不同地区分店的需求量

分店的区位	每月的货运量（吨）
北京	2000
唐山	1000
天津	1000
太原	2000

资料来源：蔺雷，吴贵生. 服务管理［M］. 北京：清华大学出版社，2008.

　　将四家零售店的位置标注在坐标系中，坐标系原点和尺度任选，只要能确定每个零售店的相对位置即可。四个地区商店的坐标分别如下。

北京：$d_{1x}=30, d_{1y}=120, W_1=2000$

天津：$d_{2x}=130, d_{2y}=130, W_2=1000$

唐山：$d_{3x}=90, d_{3y}=110, W_3=1000$

太原：$d_{4x}=60, d_{4y}=40, W_4=2000$

　　套用公式（4-1）和式（4-2），计算出 $C_x=66.7, C_y=99.3$，这就是最终选定的供货中心位置，见图 4-1。将中国地图覆盖在坐标系上，能很快地找到该坐标代表的位置,它位于唐山附近。

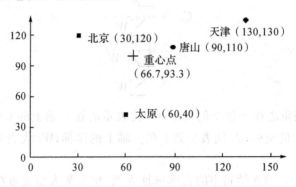

图 4-1　某大型超市的位置坐标

资料来源:蔺雷,吴贵生.服务管理[M].北京:清华大学出版社,2008.

4. 服务区域范围(规模)的确定

批发企业经常要面临在不同地区建立仓库并确定仓库规模的问题。解决该问题的关键,是确定一个仓库要为多少平方公里的地区提供服务,即服务区域。某一地区仓库越多,单个仓库承担的服务区域范围越小,仓库规模也越小。

仓库的位置选择是一个经济决策问题。仓库成本的决定因素包括两类:首先是运输成本,仓库所在区域内的运输成本与该区域面积(由运输距离决定)的平方根变化相关;其次是管理费用,单位仓库成本会随货物量的增加而减少,因为管理费用被摊薄。

设定变量(见表 4-3),求取仓库商品单位成本的最小值,即得到服务区域。

表 4-3　变量及其含义

变量代码	变量含义
C	某仓库内货物的单位成本之和
K	销售密度,即每平方公里内由该仓库提供的货物的销售额
A	仓库的服务区域(平方公里)
a	单位货物成本,它不受仓库库存和服务区域的影响(单位可变成本)
b	仓库运作的固定成本
c	随着与仓库之间距离变化而变化的可变成本

资料来源:蔺雷,吴贵生.服务管理[M].北京:清华大学出版社,2008.

得到仓库商品的单位成本为

$$C=a+b/KA+c\sqrt{A} \tag{4-3}$$

通过最优化方法求取最小成本，得到最终结果：

$$A=[2b/cK]^{2/3} \tag{4-4}$$

这就是批发服务企业应确定的某个仓库的服务区域。

4.4　地点选择

当确定要进入的城市或地区后，企业需要进一步确定具体的地理位置和建筑物，这就是地点选择。在进行地点选择时，服务企业首先要进行定性的微观分析，包括对商圈、建筑物、形象和投资收益等的分析；其次采用定量的方法确定地点。本节主要从地点选择的微观分析入手，具体的定量方法将于下节具体讲解。

1. 商圈分析

商圈是指店铺（选址点）吸引顾客的区域范围，是消费者方便购买的行为空间。以店铺为中心，商圈可以分为三个层次：核心商圈、次级商圈及边缘商圈。一般来说，50%～70%的顾客来自核心商圈，15%～25%的顾客来自次级商圈，其余小部分顾客来自边缘商圈。店铺商圈的大小和划分，取决于店铺的规模大小和服务业务类型。商圈分析是指对围绕服务企业选址点周围所进行的围观区域分析，主要有如下内容：

①调查、预测商圈的市场潜力和机会，进行可行性分析；

②分析商圈内的竞争状况，确认新开店是否会造成过度竞争，采取何种竞争策略；

③分析选址点的地理位置特点，了解其可见性、可达性和附近建筑（商业建筑、事业单位办公设施、居民小区等），确定促销策略；

④了解周边社区的态度和社会治安状况，确认社会环境是否适宜开店；

⑤确认在选址点开店是否会影响商圈内本公司的其他店铺，了解加盟协议中（如果是加盟店）关于商圈保护的条款。

2. 建筑物分析

建筑物分析是指确定选址点后，对建筑物的选取和确定，它主要由表 4-4 所示的 4 组因素决定。

表 4-4　建筑物的 4 组决定因素

方便与可达性	物理条件
建筑物的可见性	建筑物周边的公共基础设施
建筑物的步行可接近性	土地的承载能力
建筑物附近可停车	现有的建筑和道路
建筑物接近的写字楼、购物区和休闲区	建筑样式
建筑物周围的人口数量和构成	建筑物外部轮廓与周边地形地貌
当前竞争状况	
法律规定	成本与收益
对建筑物的相关法律法规（已有的和正在制定的）	建筑物周边的租金和相关税收
	劳动成本
对建筑物的防火要求	保险费
营业执照的管理要求	水、电、暖、气等费用
建筑物的外部标识管理规定（尤其是在交通站点地带）	预期的获利能力和现金流

资料来源：蔺雷，吴贵生.服务管理[M].北京：清华大学出版社，2008.

3. 投资收益预测

除了商圈和建筑物分析外，还要对服务设施的选址点进行投资收益分析，其目的是找到一个投资小、风险低、利润高的投资项目。投资收益分析运用的财务指标一般有：投资总额、年营业额、年运营成本、年管理成本、年利润、投资回收期、投资回报期等。

4.5　常用的技术和方法

常用的微观地点选择的定量方法有 4 类：中值法、哈夫模型法、因素加权法、多地点定位法。不同的方法针对不同类型的地点选择问题。

4.5.1　中值法——对单一设施的定位

中值法是一种适用于对单个设施进行定位的方法，其决策原则是成本最小化或利润最大化。中值法包括在直线上和在平面中的单一设施定位两类，不同的定位方法要采用不同的地理位置距离测量方法。下面首先介绍地理距离的测量法，再介绍两种中值法。

1. 地理距离的测量方法

地理距离是指在地理平面上，由一个位置移动到另一个位置的实际路径的距离。移动方式的不同，导致距离测量法的差异。地理距离测量方法有向量距离测量法、直角距离测量法和节点距离测量法三种。

（1）向量距离测量法

这是通过计算两点之间的直线（向量）距离来测量地理距离的方法，又称欧几里德距离，见图 4-2(a)。$i(x_i,y_i)$ 到 $j(x_j,y_j)$ 的向量距离计算公式为

$$d_{ij}=[(x_i-x_j)^2+(y_i-y_j)^2]^{1/2} \tag{4-5}$$

例如，测量两个城市之间的航空运输距离，可以采用向量距离测量法。

（2）直角距离测量法

这是指在笛卡尔直角坐标系中，通过计算以两点之间线段为斜边构成的垂直三角形的两条直角边之和来测量地理距离的方法，见图 4-2（a）。$i(x_i,y_i)$ 到 $j(x_j,y_j)$ 的直角距离计算公式是：

$$d_{ij}=|x_i-x_j|+|y_i-y_j| \tag{4-6}$$

例如，从城市的一个位置走到另一个位置，往往按照街区行走，此时可以按照直角距离计算两个位置间的距离。

（3）节点距离测量法

这是指通过计算网络图中两点之间的最短距离来测量地理距离的方法，见图 4-2(b)。网络图中有许多节点，从一个点到另一个点有多种移动路径，节点距离是其中的最短距离，它等于最短路径中所有相邻两点距离之和。图 4-2(b)中从节点 1 到节点 7 之间的最短路径是 1—2—5—7，节点距离为 45。

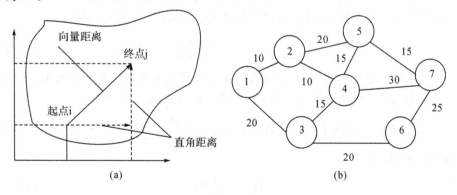

图 4-2　三种地理距离测量法

资料来源：蔺雷，吴贵生. 服务管理［M］. 北京：清华大学出版社，2008.

例如,出租车司机在将乘客送达目的地时,就要在复杂的城市公路交通网络图中选择最短距离。

2. 在直线上定位的中值法

在直线上进行定位是中值法最基本的应用,下面通过实例说明。东部某沿海度假胜地拥有较长的海岸线(可视为直线),旅客分布住宿在沿途的各旅馆中。管理者准备在海岸线上的某个点建立海滨浴场,选址依据是使居住在不同旅馆的游客到达海滨浴场的平均行走距离最短。图 4-3 是沿海岸线的顾客需求分布状况,柱形的高低代表需求量的分布,它取决于旅馆大小和分布密度。

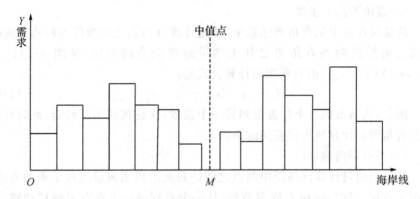

图 4-3 沿海岸线的顾客需求分布图

资料来源:蔺雷,吴贵生.服务管理[M].北京:清华大学出版社,2008.

"平均行走距离"在本例中是指游客总的行走距离最短,它是一个加权距离,与顾客分布密度、需求点与定位点之间的距离有关。目标函数为

$$\min Z = \sum_{i=0}^{m} w_i(m - x_i) + \sum_{i=m}^{n} w_i(x_i - m) \qquad (4\text{-}7)$$

式中,m 代表定位点(即海滨浴场的位置),x_i 代表海岸线上第 i 个需求点(旅馆)的位置,w_i 代表海岸线上第 i 个需求点的权重(旅馆大小)。

通过微积分方法求目标函数的最小值。由 $\dfrac{\mathrm{d}Z}{\mathrm{d}m} = \sum_{i=0}^{m} w_i + \sum_{i=m}^{n} w_i = 0$ 知,中值 M 的坐标为

$$M = \sum_{i=1}^{m} \frac{w_i}{2} \qquad (4\text{-}8)$$

因此,海滨浴场的最佳位置点应选择在需求密度分布的中间,即定位点 m

左边的需求总量与右边的需求总量一样，M 称为中值。

3. 在平面上定位的中值法

(1) 直角距离测量法

在采用直角距离测量地理距离时，目标函数为

$$\min Z = \sum_{i=1}^{n} w_i(\mid x_i - x_m \mid + \mid y_i - y_m \mid) \qquad (4\text{-}9)$$

经过变换、整理，目标函数表示为

$$\min Z = \sum_{i=1}^{n} (w_i \mid x_i - x_m \mid + w_i \mid y_i - y_m \mid) \qquad (4\text{-}10)$$

其中，w_i 代表第 i 个需求点的权重（用需求量度量），x_i 和 y_i 代表第 i 个需求点的坐标，x_m 和 y_m 代表服务设施定位点 m 的坐标。

由式(4-10)可知，为求得目标函数 Z 的最小值，只需 $\sum\limits_{i=1}^{n} w_i \mid x_i - x_m \mid$ 和 $\sum\limits_{i=1}^{n} w_i \mid y_i - y_m \mid$ 两部分均为最小即可。此时，平面中的选址问题转化为在横、纵坐标上进行的直线选址问题，分别求出横、纵坐标的中值，就得到定位点的坐标。定位点要符合两个条件：在 x 方向，x_m 位于 w_i 数值的中间；在 y 方向，y_m 位于 w_i 数值的中间。x_m、y_m 的数值可能唯一，也可能在一个范围内变动，因此最佳位置可能在一个点、一条线上或位于一个区域内。

(2) 向量距离测量法

当采用向量距离测量法测量地理距离时，目标函数变为

$$\min Z = \sum_{i=1}^{n} w_i [(x_i - x_m)^2 + (y_i - y_m)^2]^{1/2} \qquad (4\text{-}11)$$

式中，w_i 为第 i 点的权重，x_i、y_i 是第 i 个需求点坐标，x_m、y_m 为服务定位点的坐标，n 为需求点数目。对 x_m 和 y_m 求解，得到下面一对确定最佳定位点的公式：

$$x_m = \frac{\sum\limits_{i=1}^{n} w_i x_i / d_{im}}{\sum\limits_{i=1}^{n} \dfrac{w_i}{d_{im}}}, \quad y_m = \frac{\sum\limits_{i=1}^{n} w_i y_i / d_{im}}{\sum\limits_{i=1}^{n} \dfrac{w_i}{d_{im}}} \qquad (4\text{-}12)$$

式中，$d_{im} = [(x_i - x_m)^2 + (y_i - y_m)^2]^{1/2}$。由于公式两端都包含 x_m 或 y_m，因此无法直接求解，只能利用试算法，直至 x_m 和 y_m 之间的区别可以忽略不计为止。在采用向量距离测量地理距离的情况下，中值法得到的最佳定位点是唯一的位置点 (x_m, y_m)。

4.5.2 哈夫模型法——对零售商店的定位

哈夫模型由戴维·L.哈夫开发,它主要用于评估零售商店等商业企业的定位选址,如家具店、大型商店、大型超市、家用电器专卖连锁店等。这类商业企业的选址目标是实现利润最大化,企业管理者要对不同定位点进行评估,以寻找利润最大化的定位点。

"引力模型"可用来估测消费者需求。这个模型是以物理类比为依据的。也就是说,两个物体之间的万有引力与它们的质量大小成正比,而与它们之间的距离成反比。对于某一服务来说,设施的吸引力可表示为:

$$A_{ij} = S_j / T_{ij}^\lambda \tag{4-13}$$

式中,A_{ij}——设施 j 对消费者 i 的吸引力;S_j——设施 j 的大小;T_{ij}——消费者 i 到设施 j 的时间;λ——一个用经验估计的参数,它反映了各种购货顾客行走时间的效应(例如,一个大规模的购物中心其 λ 值为 2,而一个便利店的"λ 值为 10")。

哈夫利用"引力模型"建立一个零售场所定位模型来预测一名消费者从具体特定规模和位置的商场所能获得的利益。由于必须考虑其他竞争商店的吸引,他提供了一个比率 P_{ij}。假设有 n 家商店,表明了一个来自 i 统计地区的消费者到特定购物场所 j 的可能性或概率。

$$P_{ij} = A_{ij} / \sum_{j=1}^{n} A_{ij} \tag{4-14}$$

估测值 E_{jk} 表示在某一商店,所有消费者每年在产品等级的产品上所有的消费支出总和,它可以用下式估算:

$$E_{jk} = \sum_{i=1}^{m} (P_{ij} C_i B_{ik}) \tag{4-15}$$

式中,P_{ij}——顾客从特定地区 i 到设施地 j 的可能性,可通过式(4-14)计算;C_i——i 地区的消费者数量;B_{ik}——i 地区的消费者消费等级为 k 的产品的平均总预算值;m——统计地区数值。

于是,M_{jk} 表示商店 j 在 k 类商品上的销售份额

$$M_{jk} = \frac{E_{jk}}{\sum_{i=1}^{m} C_i B_{ik}} \tag{4-16}$$

我们可以用一个可重复程序来计算在某一位置上,各种潜在的各种规模的预期年利润。税前净经营利润用根据商场规模调整的销售额的百分比来计

算,其结果是得出一系列某一规模的商场具有最大利润的潜在定位点。

4.5.3　因素加权法

因素加权法除了应用于宏观位置定位,在微观地点定位时同样有效。具体示例如表 4-1 所示。

4.5.4　多地点定位法

很多服务企业需要在同一个城市中进行多地点、多设施的定位选址,如中国移动公司的营业厅、物流公司的仓库、中国银行的不同分理处、中石油的加油站等。这就涉及多设施的定位问题。在一个城市中进行多地点定位需要考虑距离、时间以及成本。采用多地点定位的定量方法能大致判断如何以较少的营业网点覆盖某一特定的市场,又能符合一系列显示要求。多地点定位可以分为定位覆盖和最大化覆盖两种情况。

1. 定位覆盖

这是指在某一特定的服务时间和距离的情况下,利用最少的服务点和最少的服务设施满足所有顾客需求的一种定位方法。该方法的应用见下例。

某地区配备先进救护车的设点决策:某地区正计划为已有的救护中心点配备更先进、设备更齐全的救护车,目前有 5 个点可选。管理者的目标是尽量缩短救护车处理急救事件的时间。图 4-4 是目前 5 个点的分布情况,以及附近各主要路段和它们之间的行驶时间。

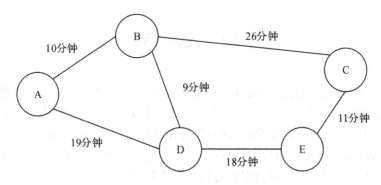

图 4-4　某地区 5 个急救点的关系

资料来源:蔺雷,吴贵生.服务管理[M].北京:清华大学出版社,2008.

管理者面临的问题是选择在哪个点配备最先进的救护车,设点的标准是对紧急情况做出最快的反应。可根据表 4-5 所示的思路考虑。

表 4-5　设点方案比较

5 个点	10 分钟之内	15 分钟之内	30 分钟之内
A	A、B	A、B	A、B、D
B	A、B、D	A、B	A、B、C、D、E
C	C	C、E	B、C、D、E
D	B、D	B、D	A、B、C、D、E
E	E	C、E	B、C、D、E
满足限时要求的可能的区位安排	B、C、E	B、C 或 B、E	B、D

资料来源:蔺雷,吴贵生.服务管理[M].北京:清华大学出版社,2008.

若目标是在 30 分钟内到达,只要在 B 或 D 区设一个点配置救护车就可以了。若目标是 15 分钟内到达,应选择在 B 或 E 区同时配备救护车。若目标是 10 分钟内到达,则必须在 B、C、E 区同时配备救护车。

2. 最大化覆盖

定位覆盖的另一种形式是最大化覆盖,其目的是在需要服务的区域内,尽量使最多的人群得到满足。该方法的第一个选址标准是在一定距离内服务对象的最大化;第二个选址标准是剩余人口中服务对象最大化。以此办法不断重复进行,直到最后一个选址确定后能满足服务对象人数的标准为止。

4.6　总　结

对于服务行业的公司,通过对竞争的灵活程度、竞争地位、需求管理以及集中化产生影响,设施定位在此类公司决策中起到很重要的作用。例如,竞争集群战略通常应用于商业购物,饱和营销在小型零售商铺的运用上比较成功。

对设施定位技术的讨论始于单一设施问题。其中,哈夫利用引力模型揭示了具有不同规模和位置的商店对顾客的不同吸引力。哈夫认为,一家欲谋求利润最大化的单一零售店的定位是一个非常重要的决策。对于多设施的定位问题,集合覆盖的定位思想是理解多点定位的许多方法的中心。

思考题

1. 选择一种特定服务,试列举在定位问题上的缺陷。
2. 对于一家分支银行来说,如何利用哈夫零售定位模型靠经验估出参数?

Athol 家具公司

Athol 家具公司是一家正在成长壮大的地区连锁店,主要经营旧家具和大型家具。该公司已经制定了下一个目标,在布拉夫湖城这样的小城市开设小零售店。尽管此城的总人口仅有 21000 人,由于该城市周围山区采矿业的增长,预计下一个 10 年内,该地区将迅速得到发展。公司的营销部门已经对进入布拉夫湖城潜在的市场扩展做了一个综合的分析,把该店最佳选址的任务交给 Carlos Gutierrez 先生。在获得了关于布拉夫湖城的市场数据后,Gutierrez 先生决定利用哈夫模型为公司管理层提供一个参考建议,这是因为有几个现存的竞争者和几个潜在的位置可供考虑。

公司会通过铁路将设施从 800 英里外的地区仓库运达该市,表 4-6 给出了每个街区群的家庭数量、每家年均收入、每家家具或大型家庭设施的年消费额。

表 4-6 市场数据

街区群	家庭数量	年平均收入(美元)	每户家居年平均消费(美元)
1	730	65000～70000	180
2	1130	45000～50000	125
3	1035	80000～85000	280
4	635	150000 以上	350
5	160	25000～30000	75
6	105	20000～25000	50
7	125	20000～25000	60
8	470	40000～45000	115
9	305	30000～35000	90

续表

街区群	家庭数量	年平均收入（美元）	每户家居年平均消费（美元）
10	1755	85000～90000	265
11	900	75000～80000	215
12	290	150000 以上	370
合计	7640		

Athol 家具公司现存两个竞争者的位置。表 4-7 表明了销售面积接近 5000 平方英尺已存店的规模。Carlos 感觉 Athol 家具公司零售店的可能所在位置有三个，分别是 X、Y、Z。表 4-8 给出了任一潜在定位位置的最大限制规模。

表 4-7　竞争者商场的规模

商场	销售面积（平方英尺）
A	10000
B	15000

表 4-8　公司在不同位置上商场的最大限制规模

位置	最大销售面积（平方英尺）
X	15000
Y	20000
Z	10000

在分析从城市计划部门得到的各主要街道和高速公路速度的基础上，Carlos 提出了现存以及潜在零售店位置到各人口群行进时间的矩阵模型，行进时间数据在表 4-9 中已经标明。

表 4-9　以分钟为单位表示的商店到居民区的行进时间

位置	街区群											
	1	2	3	4	5	6	7	8	9	10	11	12
A	7	5	5	9	1	3	4	5	7	10	14	17
B	10	8	8	10	7	3	3	2	1	2	2	5
X	16	14	14	16	13	8	7	6	4	4	2	2
Y	12	10	10	12	9	4	3	2	2	4	2	5
Z	7	5	5	7	4	2	1	4	6	10	10	13

　　通过 Athol 家具公司以往定位的经验,Carlos 先生已经给出了商场规模与边际销售额、费用以及税前净经营利润之间关系精确的描述,这些描述信息已标在表 4-10 中。

表 4-10　商场规模与边际销售额、费用以及净经营利润的关系

销售面积 （平方英尺）	经营数据		
	边际销售额/美元	费用/美元	税前净利润（占销售额百分比）
10000	16.2	12.3	3.9
15000	15.6	12.0	3.6
20000	14.7	11.8	2.9

　　资料来源:[美]詹姆斯 A.菲茨西蒙斯,莫娜 J.菲茨西蒙斯.服务管理运作战略与信息技术[M].张金成,范秀成,杨坤,译.北京:机械工业出版社,2013.

　　问题：

　　1. 利用哈夫定位模型($\lambda=1.0$)的数据表版本,为 Athol 家具公司制定商场的定位及规模。假设 Athol 家具公司不考虑销售面积小于 10000 平方英尺的商场,为每个潜在位置估计达到最大销售面积的商场规模(以增加 5000 平方英尺为基础)。

　　2. 你建议筹建的商场,其每年税前经营净利润是多少? 市场占有率是多少? 试说明你建议的根据。

　　3. 试给定另外两个 λ 值(例如 0.5 和 5.0),测量你推荐定位的顾客成行的敏感性。

　　4. 简述哈夫模型的局限性。

第5章　服务设施布局

5.1　导入案例

哪里，我们将去哪里

机场是世界各地的人们进行伟大冒险的通道。然而，寻找通道本身就是冒险。

据《华尔街日报》报道，Brian观察了机场外的标志，她引用了几个存在问题的例子，例如，缺乏必要或有用的标号、不明确的词或成语、不够醒目的标志、放置不适当的符号。这些不适当标志的结果是导致坏心情、错过航班、造成交通事故和死亡。

为处理这些问题，有人提议，建立美国机场标志的国家标准。如果被采用，这些标准将代表一个重要的服务突破。到达飞机场只是冒险的一部分，而机场内的标志对旅客来说是一个挑战。假设两位经验丰富的旅行者在达美航空公司预订了从加利福尼亚的奥克兰到德克萨斯州奥斯汀的机票。他们到达奥克兰国际机场后，达美公司代理处通知他们，他们即将乘坐的奥克兰到达拉斯的航班已经取消了。代理处给了他们一张美国航空公司的票，并说明他们依旧预订了达美公司的达拉斯到奥斯汀的班机，一个30分钟的航行。接着他们来到美国航空公司登记柜台，在那里他们领到了登机牌。航班一直平安无事，直到他们到达达拉斯沃思堡国际机场。两位旅行者抵达了C区的22号门，他们马上发现，出发和到达显示器里只显示了美国航空公司的班机，而机场地图只显示了A、B、C三个区，没有任何其他区的存在。前往另外两个区的列车标记将两位乘客带到了低层的有轨电车站。他们发现，A区和B区也只有美国航空公司航线的入口和监视器。除了美国航空公司，他们没有发现任何航线或机场运输服务的标志。最后，他们向A区的美国航空代理处询问，得知他们需要从对面的 21A 口离开,下楼搭乘机场的列车(不是美国航空公司的列车)去 E 区。楼下没有标志,而区域出口处的人英文又不够好。他们终于找到了一个电梯,到达了较低的一层,而且发现他们必须离开这所建筑以到达车站。然而,车站是关闭的,标记指出向右可以进入下一个车站。他们根据指引出发,尽管他们看不到另一个车站。已经是夜间了,路上没有人,直到一个安全员出现。他说下一站在相反的方向。从美国航空公司入口到达美公司的入口不超过 10 分钟路程,但是由于缺乏适当的标志和有知识的工作人员,导致了这次换乘超过一个小时。

资料来源:[美]詹姆斯 A.菲茨西蒙斯,莫娜 J.菲茨西蒙斯.服务管理运作战略与信息技术[M].张金成,范秀成,杨坤,译.北京:机械工业出版社,2013.

思考:机场的服务设施布局应考虑哪些方面?

5.2　服务设施布局的目标

地区和地点都选定后,应该进行设施的布局设计。布局问题即在时间、成本和技术的具体约束下,寻找布置服务系统实体组件的最好方案。设计良好的布局应满足的目标如下。

①人、材料和文书资料的移动距离必须尽可能小——在许多批发商的仓库内,成本的最大组成部分之一就是材料的处理和移动。

②空间利用率高,预留扩张手段——应该预留增长空间,这些空间的利用率可以较低,或者建造该建筑时考虑以后可以方便地增加新的翼或层。

③允许重新布置、满足服务变化和增长的灵活性——产品或服务的变化、产出要求的变化、布局的改善,使得布局总能满足需求。

④使员工满意的物理环境——包括良好的照明、温度控制、低的噪音、食堂、休息室和出口。固定设备,如锅炉,应该处于工作区之外。

⑤服务过程中顾客的便利性。

⑥办公室布置使管理层和顾客感到美观——例如在银行和办公室内利用花盆、绿植隔离不同区域。

根据企业的布局设计是针对流程、商店、仓库、装配线,还是办公室等,有多种布局策略可供管理层选用。表 5-1 提供了五种类型的服务布局。

表 5-1　几种服务布局策略

	产品	流程	办公室	零售	仓库
例子	食堂服务线	保险公司	医院	零售店	配送商
问题	平衡一个服务站到下一个服务站的工作	要频繁联系的员工彼此应靠近工作	服务流程随患者的不同而变化	把高利润产品和易冲动购买的商品摆放在出口处	降低存储和材料搬运的成本

资料来源：[美]森吉兹·哈克塞弗，巴里·伦德尔.服务管理：供应链管理与运营管理整合方法[M].陈丽华，王江，等译.北京：北京大学出版社，2016.

5.3　环境心理和定向

定向是人们进入一个地方时的第一行为需要。它包括地点定向问题（如"我在哪里"）和功能定向问题（如"这个组织是怎样运作的，我下一步该做什么"）。当进入某一环境时，顾客可以利用空间线索以及先前的经验获得控制，确定他们在哪里、将要去哪里，以及他们需要做什么。如果空间线索不存在或者先前经验无法用来避免定向力障碍，可能会导致人们焦虑和无助。Wener认为服务环境中的定向力障碍可以通过合并如下各项设施设计来减弱，如先前经验、设计的易识别性和定向帮助的影响。

通过服务设施规划，可以有效地去除定向力障碍带来的焦虑，顾客可以确切地知道该做什么了。假如假日饭店进一步运用了这个概念，它宣称客人在任何一个下属连锁饭店都不会感到陌生，并利用亲近融洽来吸引回头客。在设施设计的帮助下，定向能使顾客穿越空间进行观察。银行和宾馆的布局经常采用在入口处设置中厅的形式，使整个空间可以被一眼看到并表达出它的概念。另外，这种布局允许顾客观察其他人的活动以获得行为方面的线索。

诸如标有"你在这里"的地图一类的定向帮助和标志，如果恰好能够在使用者的视野内（如标志的"上部"刚好在使用者的正前方）并且完全与地标成排，也是有效的。有策略地放置植物和艺术品能够起到参考点的作用。带有颜色编码的地铁路线与相应颜色编码的箭头标志在自助服务（Self-Service）和提高交通流量方面有突出作用。

5.4 服务设施布局需要考虑的问题

本节简要地讨论在解决服务布局问题之前需要考虑的六个要素。Muther 提出了五要素法来解决工厂布局的问题。针对服务加以调整后我们可以归纳出的六个要素,叫作 OPQRST 要素。

O——公司目标:与布局相关的目标有多样化目标、成本目标、扩张目标等。

P——人与服务:属性和数量。企业是提供单一服务还是混合提供多种服务、与顾客接触的程度和个性化程度都将对布局产生影响。

Q——需求数量:服务系统的流通量大小将对布局产生影响。

R——路径:业务流程、设备、材料、信息、流程中顾客的参与度。

S——空间和服务:可用空间或理想空间的面积、体积、形状(长方形、正方形、L形)对布局决策很重要。服务的类别和地点也是考虑因素。

T——时机:应对未来变化的灵活性和把握更多空间需求的时机。

5.5 服务场景

5.5.1 服务场景的概念与类型

服务场景(Service Scape),也称服务环境,是指用来支持服务设施的物质环境,它是经过布局和装饰设计后的服务设施。服务场景会对顾客和员工的行为、感知产生影响,因此在创造服务体验和传递顾客满意的过程中发挥着重要作用。设计良好的服务场景有助于加强顾客的服务体验,传递公司的目标形象,巩固顾客和员工的预期反应,并支持服务的运营和产出。例如,医院、酒店、餐厅和商场的服务场景构成了企业整体价值的主要组成部分。

按照不同标准,可以将服务场景划分为不同类型。

1. 按"服务场景的参与者"和"服务场景的复杂程度"划分

按照以上两个标准,可以将服务场景划分为如表 5-2 所示的 3 类,其中自助服务和远程服务是两个极端。

表 5-2 服务场景的类型

服务场景的参与者	服务场景的复杂程度	
	高	低
自助服务(只有顾客)	运动场馆、电影院	邮局报摊、ATM
交互服务(包含顾客和员工)	银行、酒店、机场、医院	折扣商店、美发厅
远程服务(只有员工)	专业服务、通信服务	电话订购、在线技术支持

资料来源:Bitner M J. Servicescapes: The impact of physical surroundings on customers and employees [J]. Journal of Marketing, 1992, 56 (2): 57-71.

在自助服务中,顾客承担了绝大部分活动,服务员工只起到有限的作用,例如 ATM、电影院、自助餐厅、体育馆等。服务供应商必须根据顾客的需要安排专用设备,服务环境的使用标志(如方向指示牌和座位标识)和界面的直观设计(如 B2C 网站上的搜索条和信息提示栏)对引导顾客行为具有重要作用。

在交互服务中,顾客和服务供应商同时置身于服务环境之中,两者之间有紧密接触,服务环境必须促进这种交互作用。酒店、银行、学校、医院是这类服务的典型场所。交互服务的环境设计必须同时对顾客和员工产生吸引力,使他们满意并促进双方的活动与沟通。因此交互服务的服务环境设计最复杂和最富挑战性。例如北京"欢乐谷"游乐园的服务环境为顾客营造了一种娱乐和幻想的经历,这需要高超的设计技巧。

在远程服务中,顾客实际并未到达服务现场,例如通信、呼叫中心等都是远程服务,并且都属于后台服务。因此,保持高效的运作效率、激励员工士气、提升员工满意度是这类服务环境设计的主要目标。

不同复杂度的服务场景,其设计也要有所不同。复杂度较低的服务场景应该布局简单、地理范围(或人员活动范围)较窄、交互作用较少。如 ATM、加油站等都属于低复杂度的服务环境。复杂度较高的服务环境中,顾客、员工、设备之间形成了复杂的动态交互关系,因此要精心设计。

2. 按不同业态划分

不同服务行业形成了不同的细分市场,不同的细分市场代表了不同的业态。例如,零售行业出现了杂货店、百货商店、超市、便利店、大卖场等不同业态,餐饮业出现了家常菜、豪华餐厅、火锅店、中式快餐、西式快餐、主题餐厅等。为突出业态之间的区别,每一种业态的服务企业逐渐形成了适合该业态经营需要的服务场景。例如,火锅店和西式快餐、家常菜馆和豪华餐厅就有截然不同的服务场景。

5.5.2　服务场景的功能

服务场景在服务传递过程中发挥着四方面的重要作用:包装、辅助、交际、区别。

1. 包装作用

服务环境"包装"服务并对顾客进行服务形象沟通,这对形成初步的顾客印象和建立用户期望的意义重大。恰当的服务场景能创造可靠的企业形象,增强顾客体验与回忆。顾客在消费服务之后,会通过服务场景要素进行回想。例如,星巴克咖啡馆、老舍茶馆等通过精心设计有形环境来传递企业形象和品牌。包装作用的实质是服务场景作为信息提供的媒介。

2. 辅助作用

服务场景最能作为辅助物为身临其境的顾客和员工提供帮助。设计良好的场景能促进服务环境中活动的进行,让顾客方便舒适地消费服务,让员工愉快地工作,从而使顾客和员工更容易达到各自目标。例如,餐厅恰当的座位安排能帮助顾客更好地享受食物,独立的吸烟区能避免对不吸烟人士的打扰,宽敞而便捷的通道能让员工更为高效地工作,避免作业瓶颈(如拥堵)的发生。

3. 交际作用

服务环境的设计有助于服务员工和顾客双方的交流,帮助顾客与员工传递期望的角色行为和关系。例如,专业服务机构中的新员工会通过观察自己办公室的位置、大小和家具质量来了解自己在公司中的地位。再如,银行柜台通道口处的密码门意味着只有银行工作人员可以进入,顾客只能在规定的区域接受服务。

4. 区别作用

有形环境的设计可以将一个组织同其他竞争对手区别开来,并表明该服务的市场细分定位。正因如此,服务企业可以调整服务环境去重新定位服务或开辟新的市场。例如,麦当劳根据不同国家顾客的需求而做相应的改变:麦当劳在悉尼被设计成历史建筑的一部分;在沙特阿拉伯,麦当劳为家庭消费安排独立的座位;在土耳其,麦当劳又被建设成现代建筑式样。此外,有形环境的设置也是将同一个服务组织中的不同区域分开的有效方法。例如,大饭店可以同时提供几种不同档次的宴会,其中的差异就是通过环境设计体现。

5.5.3　服务场景的设计要素

服务场景的设计要素可以划分为三类:气氛(周边条件);空间布局;标识、

符号和制品。顾客倾向于从整体上感知这些要素,因此服务环境设计的关键在于不同要素间的相互协调与适应。

1. 气氛(周边条件)

气氛(周边条件)指服务环境内生活条件的舒适性,服务环境向顾客和员工传递舒适性,具体要素包括照明、颜色、音乐与噪音、气味、温度与湿度等。

照明:自然光是最舒服的光源,而人工照明经常用于创造效果。例如,暗淡的灯光经常与浪漫相联,滤光灯常常用于酒吧和迪厅以鼓动和引起兴奋,而有色光或闪烁的光线会让顾客和员工心烦,较差的照明效果会引起顾客不满。

颜色:颜色对人的感知有很大影响,它经常与灯光混合使用。颜色首先可以用于控制环境的温暖程度,如在蓝色墙壁的基础上加点橙色,会使它看起来感觉更暖一点;其次,颜色会影响人的情绪,如冷色调(淡绿色、蓝色等)让人轻松和安静,暖色调(红色、橙色等)会刺激和鼓舞人。

音乐与噪音:音乐对消费者的感知和行为有很大影响,它必须与服务主题一致。例如,餐厅或服装大卖场通过播放快节奏的音乐加快顾客进餐和购买服装速度,使顾客减少逗留时间,慢节奏和低音量的音乐会使顾客停留的时间较长,如咖啡馆和休闲场所。背景噪音会干扰人们的注意力,不同环境中每个人对噪音的理解和反应也会有所不同。间歇、不熟悉的噪音比连续、熟悉的噪音更易打搅人。服务管理者必须辨别和控制潜在的噪音源,使其符合服务节奏或消除噪音。

气味:气味遍布整个服务环境,它会对顾客的感知和服务评价产生很大影响。例如,医院里的消毒药水气味向病人传递清洁卫生的信息,爆米花的甜味会令游客在游乐园游玩时感到轻松。服务供应商必须监控服务环境的气味,预防不良气味的出现。同时,顾客能从不同途径感受气味,因此要对顾客进行分类,如将吸烟人士与不吸烟人士分开,将素食人士与非素食人士分开。这为通风设施和空气循环的设计指明了方向。

温度与湿度:温度与湿度会影响人的舒适度和工作效率,极端情况下,温度与湿度的波动将严重影响舒适度。一些服务环境依赖于天然气氛(如温泉疗养地、九寨沟、黄山旅游点等),另一些服务环境则需要对温度与湿度加以控制,如冷饮店、高档餐厅、售票大厅等。

2. 空间布局

空间布局包括设施的布局、装修及两者的关系,它们会影响顾客的购买行为和满意度,以及服务设施的功能发挥。空间布局的指导原则是满足顾客需求,创造良好的服务环境,使顾客安心使用。服务供应商要准确识别顾客与服务环境的内部和外部接触点。

环境布局的优劣会影响顾客满意、商店业绩和顾客搜寻商品的行为,例如,对于自助服务,环境的空间布局、服务设备的易用性等功能对顾客独立完成活动非常重要。再如,自助餐厅的自动饮料机放在柜台和桌子之间,冷热菜食物放在中间位置,废物箱放在出口处。对零售店而言,布局的合理性、在美学上的灵巧性、座位的舒适性等都会使顾客感知到较高的服务质量。

3. 标识、符号和制品

标识、符号和制品在服务环境中起着重要作用。首先,它们能为顾客在服务环境中引导方向,包括东西摆放的位置指示、服务各部分地点指示和负责人指示;其次,它们提供了服务的线索。

服务环境中的标识会通过清楚明确的方式将其含义传递给服务使用者,以传递信息或说明顾客应遵循的行为规范,如公司标牌、商店名称,大型超市的入口和出口标志,医院和超市中的"禁止吸烟""请照看好孩子""请勿随地吐痰"等标识。

服务环境中的象征或人工制品不像标志那样可以直接交流,但它会向顾客暗示诸如地点、行为准则等信息,其含义经常以文化的形式体现。例如,建筑物的材料质地、艺术作品、出席证、墙壁上的照片、地板材料等都能创造出一个整体美学的印象。餐厅中,白色的台布和柔和的灯光暗示着全套服务和相对较高的价格,而自取的柜台服务、塑料器具和明亮的灯光所暗示的信息则正好相反。

由于物理环境会引起消费者的情绪反应并影响顾客行为,因此,服务设施的设计要有意识地塑造参与者的行为,避免高刺激性的因素出现(如噪音、混乱和刺激等)。

5.5.4　服务环境设计工具

服务企业可以通过运用以下工具,有效地设计服务环境。

①环境调查。运用意见箱和焦点小组访谈等调查工具,从基层员工和顾客处收集反馈意见和各类创意。

②试验法(现场观察)。通过经理、员工等对消费者行为以及他们对服务环境的反应进行敏锐的试验和现场观察来设计环境。例如将不同类型的音乐与气味搭配,关注消费者在这样的环境中所消费的金额、停留时间及满意程度;在实验室中采用幻灯片模拟真实的环境,检验在真实环境中难以实现的设计因素所带来的影响,包括检验不同的颜色风格、空间设计和家具类型对顾客

的影响。

③服务蓝图。运用服务蓝图方法描绘服务环境中的实体因素,顾客在服务传递过程中每一阶段所涉及的实体因素都能够被有效识别。

5.6 办公室布局

办公室布局的目的是解决信息的传递和交流问题,包括人的交流和文件的交流。办公信息交流包括如下几种模式:面对面交流;电话或网上交流;邮件、文件交流;小组讨论或开会交流;对讲机交流。若所有工作通过电话或通信设备完成则办公场所配置就会很简单。

进行办公场所布局要考虑如下因素:

①考虑团队(部门)内部员工之间以及不同团队(部门)之间发生的频繁交流;

②设置会议室,尤其是那些向客户提供专业服务的企业;

③一部分服务在自己办公室中进行,另一些服务适宜在敞开式的房间(牛栏式办公室)中进行;

④若顾客会光顾工作场所,则该场所应比普通办公室布置得更美观一些;

⑤办公室走廊要专门设计,以方便员工进出,同时避免穿越他人办公区;

⑥单个办公室的设计应通过办公室大小、朝向以及位置反映出该人的工作地位;

⑦公用设备(如文件柜、公用复印机、传真机、碎纸机等)应放置在方便使用的地方,同时为文具、易耗品的存放留出场地;

⑧办公室应设置接待区,要求既舒适又能提供方便;

⑨有必要时要配置卫生间和衣帽间;

⑩办公室应配备一个计算机信息交流中心。

办公室的布局取决于整个办公室的面积、形状、工作的流程以及员工间的关系。每个员工要有自己的工作区间(Workstation),其设计应使该员工完成工作和整体工作的效率都实现最大化。不同的工作需要配置不同的工作环境、工作设施、空间以及不同的私密化程度。各种不同的工作区间配置如下:全开放式的环境,其中办公桌并排相连;利用书架、花草、文件柜的分隔形成办公区;利用金属、合成板、玻璃器材等分隔形成办公区;从地板到天花板完全隔开的办公区。

5.7　零售布局

零售商的目标是实现每平方米营业面积的利润最大化。零售业的销售量与顾客接触到的商品量有直接关系,商品的覆盖面越广,销售业绩越好,投资回报率越高。零售业管理者可以运用以下两个步骤对零售店进行布局:第一,对商店进行整体布局,确定商店的流动模式;第二,对该模式下的各类商品进行空间分配。

对零售店的整体布局应遵循如下基本原则:

①沿商店四周放置热销商品。

②在显眼位置摆放高利润商品和诱人商品,如家用器皿、化妆品等。

③尽量减少顾客走捷径的机会,货架长度要与售货厅长度保持一致,确保顾客从商店的一头进,从另一头出。

④使用过道末尾定位法,因为该区域顾客光顾得较多。

⑤谨慎选择主要商品的定位,这是树立商店形象的关键。

5.8　仓库布局

仓库布局的目标是找到库存处理成本和库存空间的最佳平衡点,即在保持以低成本处理存货的基础上,充分利用仓库空间,使仓库的总体积利用率达到最大。其中,库存处理成本包括进货、储藏、出货在内的所有成本支出,涉及设备、人力、存货种类、监管系统、保险、货物变质、缺损和折旧等因素。除商品自身的变质和损耗外,管理者要设法使搜索和搬运商品的费用降到最低。实现仓库布局最优的关键是储存的商品种类以及提取商品的数量。商品种类少,存放密度就可以大,反之存放密度应缩小。

5.9　总　结

服务布局即在时间、成本和技术的具体约束下,寻找布置服务系统实体组件的最好方案。合理的设施布局能有效地去除定向力障碍带来的焦虑。在对服务设施布局时,需要考虑公司与布局相关的目标、人与服务、服务系统的流通量大小、业务流程中顾客的参与度、可用空间或理想空间的情况、应对未来变化的灵活性和把握更多空间需求的时机等六个方面。服务场景会对顾客和员工的行为、感知产生影响,因此在创造服务体验和传递顾客满意的过程中发挥着重要作用。本章对服务场景的类型、作用、设计要素进行了阐述,并详细介绍了办公室布局、零售布局和仓库布局。

思考题

1. 从美学的角度比较你拜访过的不同的接待室,讲述你的情绪如何受不同环境的影响。

2. 选择一项服务,讨论如何对设施进行设计和布局,以满足以下五个要素:组织的目标和性质、土地的可利用性和空间要求、柔性、美学、社会与环境。

案例分析

台湾亚都酒店的设计

一个旅馆不能只有富丽堂皇的屋子,而该营造出一种独特的"人"的味道,因此,当我面对亚都,思考的第一个问题便是如何包装这个旅馆。

1979 年 12 月 3 日是亚都大饭店正式创立开幕的日子。这 30 年来,不断有人问起我关于亚都的经营理念,我总是不自觉地一再想到当年亚都开幕员工培训的结训典礼上,我曾对大家引用了一位外国旅馆专家的话:A hotel is made by men and stone,一个旅馆是由人和石头建立起来的。倘若一家旅馆只有富丽堂皇的石头及屋宇结构,它只成就了一半,再好的硬体也是一半而已。

当年的亚都,可以说是在政府的鼓励下创建的。1976 年,台湾观光市场突然成长,旅馆房间一下子供不应求,几乎有 20% 的旅客因为订不到旅馆而无法来台。观光局鉴于此,便颁布了一个奖励措施,包括有五年的免税、开放住宅区经营,同时亦有一些低利贷款的办法。亚都虽然搭上了这个便车,但是也面临了市场上有十四家旅馆同时要营建开张的剧烈竞争的事实。凭心而论,坐落在台北市民权东路二段的亚都,在地点、环境各方面都不算是顶尖的,我相信决胜的唯一条件只能靠"人的管理"。

那时岛内弥漫着一片抢市场商机的心态,大多的旅馆都是由建筑商来经营,总以为只要赶紧把旅馆盖起来,就自然能招徕顾客,所以根本不重视市场推广,也完全没有引进专家管理的观念,更没有人关心旅馆设计经营的问题。当我看到了这个问题,第一个思考的方向便是如何包装这个旅馆。

(1)争取明天的客户

我到了亚都饭店之后,发现它和十几家竞争对手比起来,地点和环境都不好。我该怎么让这家条件并不理想的旅馆变成成功的产品?当时台湾大部分产品的规划和包装都是模仿以前成功的例子,我却用了一个从美国运通领悟到的新观念:不要只看今天的客户,要看明天的客户。那时候到台湾住旅馆的客户大概有 80% 是观光,只有 20% 是商务。但是我研判台湾经济会持续成长,商务客户 20% 的比例一定还有成长的空间。换句话说,未来会有更多做生意的人到台湾来,然而当时却没有专为生意人准备的旅馆。此外,我也进一步试着了解世界旅馆发展的趋势,结果发现 70 年代正是世界旅馆走向大型且综合经营的模式,当时所有旅馆经营者都开始跳脱传统旅馆只经营住宿及饮食的项目,而开始将旅馆经营成为一个城市的交谊中心,这类旅馆大都有大型的会议设备、各类餐厅,而大厅则是壮丽的廊柱、喷泉,还有大型的演奏乐队热热闹闹的,像大都会中的小都会。经过自我的评估,我深知凭着亚都的规模与主客观环境,我们没有条件与人家比大、比豪华,于是我确定亚都必须创造出自己独特的风格。

有了这样的观察,我决定把亚都包装成专为商务人士服务的饭店。当时许多人看到做旅馆很好,就盖一间想要争取所有顾客的旅馆;我却刚好相反,只专心经营一种特定的客人,并且仔细研究他们期待的是什么。我发现观光客人和商务客人对旅馆的期待是不一样的:观光的客人往往是一整个团起,心情很高兴,他们多半会期待一个又大又热闹的地方,最好有吃也有玩。可是商务的客人却不是这样:他可能已经来过台湾三十次,每次都是来验货,即使不想也还是得来,他的表情可能是愁眉苦脸的。加上远离家乡,他的心情往往也很寂寞。对商务旅客而言,他们也许一年中有一半的时间都在旅行,也有一年中大半时间都在全球各地公干,那种羁旅的落寞与空虚,所需要的是喧闹还是一种单纯的温馨?事实上,他们最希望的应该是一种回到家的感觉,而大型的旅馆因为功能多,必须兼顾团体与个人,也因此降低了可以为每一位客人提供个别服务的能力,由此我为亚都找到了一个开创独有风格的方向。于是我毅然决定:亚都不接待团体旅客,放弃多数的旅游观光人口,只诉求那 20% 以洽商为旅行目的、渴望精致服务的客源。

（2）打破人与人之间的界限

我分析出商务客户需要两样东西：首先是一个离开家的家，因为他们离家很寂寞，我必须创造一个像家的环境；其次是一个离开办公室的办公室，比方说他在公司有帮忙打字、接电话的秘书，到了旅馆却必须一切自己动手，我必须创造一个像办公室的环境。我相信，假如能满足这两项需求，就可以推出一项成功的产品。当时我做的第一个包装，就是找一位从来没设计过旅馆的人，把亚都全部做成非旅馆的设计。在亚都，没有柜台，为的是要给客人一种回家的感觉。把柜台打掉，也等于把服务的界限打开了。为了带来回家的感觉，我在饭店的硬件规划上做了很大的突破。我看到所有台湾的饭店，尽管外观上有所不同，但一进大厅都有一个很大的柜台，客人要站在柜台前报到排队拿钥匙。我个人很不喜欢这样的感觉。柜台其实是一个很冷的设计，像一堵墙将客人与服务人员分隔在两边，形成一种对立的关系。所以我主张不设柜台，把柜台打掉了，也等于把服务的界限打开了。于是我们拆了原本设计师设计的柜台，改为在大厅铺上了一块颜色沉稳华丽的地毯，并在其上安置了两张三十年代设计的书桌，几把坐起来觉得舒适轻松的座椅，当客人来到时，由接待人员引领入座，让旅途的劳顿在这儿就获得松弛，从容而泰然地办理住房登记等业务。

另一方面，我也希望饭店能营造出一种氛围，也就是所谓的"内敛的优雅气质"。这样的风格在当时很冷门，而这样的气质在目前的台湾社会依然缺乏。什么是炫耀的？满天的手表、名牌的服饰，从头到脚的珠光宝气，生怕别人看不出他的身份的，这就是炫耀。而什么是不炫耀的？发自内在的内敛的整体气质，散发出亲切与舒适，不造成别人的压力，而以暖暖内含光的气质吸引别人，这就是不炫耀的。为了以这种内敛的气质作为包装亚都的重点，我放弃了当时最流行的法国洛可可式强烈夸张、雕琢华丽的美感，也不愿意过分追逐现代感，所以选择了具有典雅品味的30年代的装饰艺术。

Art Deco的设计风格，大胆地使用灰色、枣红色、黑色与银色，这样的设计与配色在那个年代可说是绝无仅有的，但谁也没想到，在几十年后的今天，却成了"主流"的设计概念。当然，这是有形的部分，而无形的优雅气质，则要由培养员工的气质开始。没错！旅馆的从业人员是服务业者，但我一直为员工灌输一个观念，那就是：你不是一个服务生在侍候高贵的人，而是一个绅士与淑女在为另一个绅士与淑女服务，有了这样的自尊，气质便会逐渐展露。

其次，服务有许多种，而我们培养员工的服务气质时，特别强调的是服务于无形之中。有形的服务是不断地在客人身边叨念：您要的盘子给您拿来啦！

您还要加点水吗？今天的菜色怎么样？要给您叫辆车吗？但我们要求的是：懂得察言观色，即时的反应，客人想要的东西很快地拿过来，但是又要给客人空间，没有任何压迫感，这才是真正的所谓服务于无形之中。

资料来源：严长寿.总裁狮子心[J].平安文化,1997(12).

问题：

1. 亚都酒店服务场景设计的主要依据是什么？

2. 使用什么要素(服务证据)来实现设计思想？

3. 观光市场和商务市场对酒店服务场景设计有什么不同要求？

第6章 服务传递系统设计

6.1 导入案例

国内网络游戏提供商与网吧的合作策略：网吧渠道

单机游戏是产品，靠卖单机游戏产品获利；网络游戏是数字化服务，靠服务获取利润。单机游戏与网络游戏在商业属性上的显著区别，导致两者在中间商选择上有不同要求，从而使网吧逐渐浮出水面，取代了传统游戏或软件分销商，网络游戏企业与网吧之间形成了一种合作关系。

1. 网吧帮助网络游戏运营商传递服务

单机游戏需要软件专卖店或其他形式的中间商帮助转移产品所有权，游戏由开发商通过代理商和分销商卖给消费者。网络游戏缺乏所有权，游戏过程不能重复交易，如玩了一个小时的《传奇》后，不能把这一个小时的"游戏过程"再次有偿转让出去，但可以转让使用权。网吧作为中间商可以帮助网络游戏运营商转移服务的使用权。在国外执行这个功能的中间商是电信宽带运营商，它与网络游戏运营商合作，将网络游戏作为宽带增值服务内容提供给消费者。但中国早期的家用宽带接入价格很高，网络游戏企业难以实现与中国电信企业的合作。中国网吧的出现推动了宽带化的进程，到2001年前后，网吧数量已达10万家左右，七成以上的网吧安装了宽带，其价格低廉并能保证网络游戏运行所需的速度。在当时国内个人电脑普及率不足5%、家庭宽带费用昂贵的情况下，网吧弥补了中国消费者对电脑和宽带网络的需求，成为最重要的传递网络游戏服务的中间商，同时成为主要的网络游戏实物充值卡和虚拟充值卡的分销渠道。

2. 网吧参与网络游戏运营商的生产过程并发挥相应职能

单机游戏作为产品，中间商不参与生产过程，只负责销售。网络游戏的客户端程序和服务器端程序的生产过程虽然也不需要中间商参与,但是网络游戏一旦投入运营,就需要中间商参与到网络游戏运营商的生产过程中去,替网络游戏运营商发挥一些职能,从而成为服务系统的一部分。这些职能包括两个方面。

(1)网吧作为中间商能为网游消费者提供时间和地点来推动消费

在网吧玩游戏不受时间限制,能保证网速,并且很有氛围。网吧作为中间商使网络游戏运营商可以在更多地方和更长时间内为网络游戏玩家提供服务,帮助网络游戏运营商为潜在的玩家在玩家认为方便的地点和时间提供服务。这推动了网络游戏在广大玩家中的消费。

(2)网吧作为中间商能够为网络游戏消费者提供信息来引导消费

没有玩过《传奇》的潜在消费者不了解这个游戏的特点,虽然网络游戏供应商可以通过网络媒体、平面媒体、广播等方式来进行沟通宣传,但仍存在风险。网吧在这种情况下可以帮助网络游戏供应商向潜在消费者提供相关信息。例如,网吧中的一个潜在的消费者看到邻桌的消费者玩《传奇》时的画面、玩家的神态和言语等,会受到影响而加入游戏,从而实现了潜在消费者与网络游戏运营企业之间的沟通,引导了消费。

网吧与网络游戏运营商之间的合作关系由网络游戏特性和中国现实情况决定。网吧作为数字化服务中间商,在中国网游行业中的独特地位短期内无法被替代。

资料来源:蔺雷,吴贵生.服务管理[M].北京:清华大学出版社,2016.

思考:网吧在整个服务传递系统中发挥了什么作用?

6.2　服务传递系统的战略定位

服务传递系统是将服务从后台传递到前台并提供给顾客的系统。企业的服务传递系统是通过对服务过程的描绘来揭示企业运营的主要特征的。设计服务传递系统是一项富有创造性的工作,需要对企业的生产作业流程和服务资源状况有准确的认知,从而提供一种与竞争对手有所不同的服务概念和战略,最大程度地使消费者满意,同时能够有效提高服务组织的运营效率和控制运营成本。

服务传递系统的战略定位是基于服务所需求的复杂性和多样性制定的。流程中的步骤和顺序显示了服务传递结构的复杂程度。服务人员提供定制服务时所能用到的判断和自由程度便是每个服务步骤中所允许的差异化程度。

6.3 服务传递系统的表达方式——服务蓝图

大多数的流程图仅仅简单描述现有的程序,但完整的流程图内涵包括:整个程序的流动方向;从某一个步骤到下一个步骤所需要的时间;每一个程序的步骤内所包含的成本;每个步骤所建立的存货数量;该系统的瓶颈所在。一般针对服务作业的流程图,通常称为服务蓝图。服务蓝图是我们用来设计创新服务或是对旧有服务进行重新设计的一种常用方法。我们可以称其为复杂版的流程图。服务蓝图通常会详细指出服务程序应该如何进行,同时也明示顾客的所见以及潜在可能的失误点所在。由于服务常包含和顾客的互动,营销人员必须清楚了解服务的作业,而服务蓝图便是一种取得服务作业相关详细信息的系统性方法。服务蓝图可以让营销人员知道操作系统的哪一个部分是顾客可见的,而这一可见部分便是服务生产系统的一部分。顾客对于服务质量的感知便是通过这一部分来形成的。

图 6-1 是根据"人身的处理""所有物的处理""心灵的处理""信息的处理"等四类服务类型所绘制的简单服务流程图。

在绘制服务蓝图时,首先必须指出所有创造与传达服务的主要活动,以及这些活动之间的联结。重点是要从整体面来看到大图像。然后,可以针对任一活动去进行细部分解,以获得更精细的部分。

服务蓝图的一个主要特性是将顾客所体验的前场活动与后场的支持与员工活动分开。在这两者之间存在着一条可视线(Line of Visibility)。作业导向的服务厂商通常会比较专注于后场活动的管理,而忽略顾客对前场的观点。因此经常会导致对于后场建立了相当详细的标准作业程序(Standard Operation Procedure,SOP)和相关文件,但对于前场却缺乏完整的作业方法与标准规定。

服务蓝图有助于厘清顾客与员工间的互动,以及这些互动如何受到后场的活动与系统的支持。通过厘清员工角色、作业程序、信息科技与顾客互动,服务蓝图可以整合服务厂商内部的营销、作业与人力资源管理。

服务蓝图也可协助服务厂商找出潜在失误点,这些潜在的失误点可能会影响服务质量,并导致事情出现差错。当服务厂商知道这些潜在的失误点时,它们可以采取防范措施并事先准备应变计划。利用服务蓝图,服务厂商也可

人身的处理——就诊

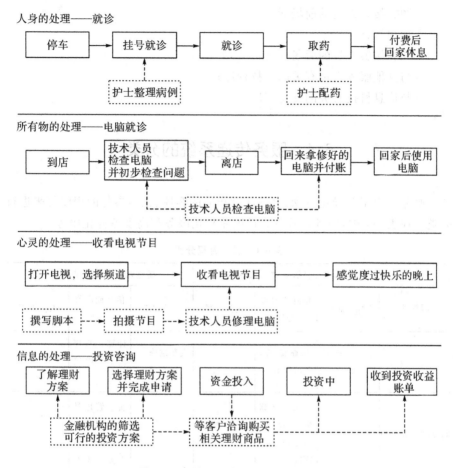

图 6-1　各种服务类型的简单流程图

资料来源:[美]克里斯托弗·洛夫洛克,约亨·沃茨.服务营销[M].韦福祥,等译.北京:机械工业出版社,2014.

以指出在服务过程中的哪些阶段顾客必须等待。对于每一项活动,服务蓝图必须指出执行标准,包括完成任务的时间、最大顾客等待时间、脚本与角色的定义等。

服务蓝图中的主要因素包括:

①针对每一项前场活动来界定其标准;

②与前场活动有关的实体场景与其他场景;

③主要的顾客活动;

④互动的点;

⑤顾客接触人员的前场活动；

⑥可视线；

⑦顾客接触人员的后场活动；

⑧与其他服务人员有关的支持程序；

⑨与信息科技有关的支持程序。

6.4 服务传递系统的分类

服务流程用差异化概念、服务活动指向的客体、顾客参与的程度等来进行分类。在表 6-1 中，服务大致分为低度差异化服务和高度差异化服务。

表 6-1　服务流程分类

服务接触的程度	低差异性服务（标准服务）			高差异性服务（定制服务）		
	产品加工	信息或形象处理	人员处理	产品加工	信息或形象处理	人员加工
无顾客参与	干洗，自动贩卖机	检查流程，还信用卡		汽车维修定制衣服	计算机程序设计，建筑设计	
间接的顾客参与		用家庭计算机订货，电话账户余额确认			航空管理员监督飞机着陆，电视拍卖会上出价	
直接的顾客参与 — 顾客与服务工人间无交互（自助）	操作自动贩卖机，组装预制家具	从自动柜员机中提取现金，在无人照相厅里拍照	操作电梯，乘坐自动扶梯	便餐车提供正餐样品，把货物装包	在医疗中心处理病例，在图书馆搜集信息	驾驶一辆租用的汽车，使用健康俱乐部设备
直接的顾客参与 — 顾客与服务人员间有交互作用	餐馆用餐服务，汽车清洗	召开讲座，处理常规银行交易	提供公用交通，为群众种疫苗	家庭地毯清理，景观美化服务	肖像绘画，提供顾客咨询	理发，做外科手术

资料来源：Wemmerlov U. A taxonomy for service processes and its implications for system design [J]. International Journal of Service Industry Management，1990，1(3)：20-40.

6.5　服务传递系统的设计方法

6.5.1　生产线方法

我们倾向于把服务视为个体行为：即一个人直接为其他人服务。这种人文主义的理解具有极度的限制性，因此可能会阻碍对服务系统设计的创新。例如，有时我们会从高技术的服务传递系统中受益。制造系统的设计时刻都在考虑对过程的控制。产出受机器速度的影响，每份工作都有明确的任务和职责。为提高生产效率，要使用许多特殊的工具和设备。采用这种生产线方式的服务企业可以获得成本领先的竞争优势。

麦当劳公司是将生产线方式应用到服务业的典范。原料（如汉堡包调料）在别处经过测量和预包装处理，员工不必为原料的多少、质量和一致性而操心。此外，专门有储存设施来处理半成品，在服务过程中不需要对酒水饮料和食品提供额外的存放空间。

法式薯条的生产表明了对细节设计的关注。薯条经过预制、半加工及冷冻。用于烹制的锅的尺寸被设计为可以炸制准确数量的薯条。薯条的数量不能太多，否则会使存放的薯条变得潮湿，也不能太少，以免过于频繁地需要烹制新批次的薯条。薯条要放在靠近柜台的一个大且平的浅盘里，这样设计是为防止装得过多的薯条掉到地板上造成浪费，以及弄脏环境。使用一个特制的宽嘴的温勺来保证售货数量的恒定。这样细心的设计可使员工既不弄脏手，又不弄脏薯条，还保持了地面清洁，并且每份数量都大致一样。最后，看起来十分丰盛的薯条由一位面带微笑的员工快速高效地送到顾客手中。

这套系统的整体设计从开始到结束，即从汉堡包的预包装到能使顾客方便清理餐桌上的废料盒，每一个细节都进行了仔细的策划与设计。服务系统设计的生产线方式试图将成功的制造业观念引入服务业。下列一些特征是这种方法成功的关键所在。

1. 个人有限的自主权

汽车装配线上的工人任务明确并使用指定的工具来完成工作。员工拥有一定程度的自主权会生产出更具个性的汽车，但会丧失汽车总体的一致性。标准化和质量（被定义为规格上的一致性）是生产线的优势所在。对于标准化的常规服务，服务行为的一致性受到顾客关注。例如，消音器替换和害虫控制等专业服务,广告中宣传在任何一个特许经营店都能获得同样高质量的服务。因此,顾客便希望在任何一个特许场所能获得相同质量的服务(如巨无霸汉堡包彼此一致),就像同一厂家生产的产品是无差异的一样。然而,如果需要更多的个性化服务,对员工的授权就变得十分必要。

2. 劳动分工

生产线方式建议将总的工作分为许多简单的工作。这种工作分类使得员工可以发展专门化的劳动技能(即并不是每一位麦当劳员工都需要成为厨师)。另外,劳动分工的同时实行按劳取酬。当然,这会招来不少批评,许多服务工种被认为是工资最低、没有前途和低技能的就业机会。例如,一种医疗概念,病人要经过一系列诊断病情的固定的医学检查,这些检查是由医师使用复杂的仪器进行的。由于整个过程分为若干常规工作,因此,不需要报酬昂贵的医师便可完成。

3. 用技术代替人力

逐步对人力的系统替代已经是制造业取得发展的源泉。这种方法也可以被应用于服务中,例如人们对自动取款机替代银行柜员的接受。然而通过系统的"软"技术可以实现很多事情。例如在飞机的厨房放置镜子的用处。这个有利的装置为飞机上的乘务员提供了一个提醒物和机会,使他们能够保持令人愉快的外表和客气的方式。另一个例子是贺年卡展览,它有一个内置的存货补给和再订货装置,当存货变少的时候,带颜色的卡片会显示出来以提醒再订货。使用电脑,投资代理可以使他们的建议个性化,并且阐明货币价值的累积。

4. 标准化服务

麦当劳有限的菜单保证了其汉堡包的快速供应。有限的服务选择为公司创造了预测和提前准备的机会;服务成为了一个由定义明确的常规任务和有序的顾客流组成的过程。由于过程比较易于控制,所以标准化也能够帮助提供一致的服务质量。特许服务能够从标准化中获益,建成一个全国性组织,从而克服需求被局限于服务场所周围地区的问题。

6.5.2 顾客参与法

对于大多数服务系统,当顾客出现时,服务才能开始。顾客并不是被动的旁观者,当需要的时候,顾客也可成为积极的劳动力,这样就有可能通过将某些服务活动转移给顾客而提高生产率(即将顾客变成合作生产者)。此外,顾客参与也可以提高服务定制的程度。例如,比萨饼屋公司的午间自助餐允许顾客自己选择沙拉和按角(而不是整张)选购比萨饼。厨师们接连不断地烹制卖得好的比萨饼,而不需要按照每位顾客的要求烤制。如果一家公司把目标集中在那些愿意进行自我服务的人群,那么,让顾客参与到服务过程中来便能以某种程度的定制来支持成本领先竞争战略。

按照顾客参与的程度,我们可以提出一个从自我服务到完全依赖服务提供者的服务传递系统连续图谱。以房地产代理服务为例,业主个人有出售房屋的选择权,还有将此权利完全委托给代理而自己置身事外的权利。一种折中的选择是房屋展示。例如一套公寓,业主可将房子的情况在展台中展示,购房者可以根据需求参观展览室,并根据爱好来选择房子的图纸及询问房子的具体情况。如果业主与买方定下了会晤时间,接着就要安排面谈日程了。买主负担自身的交通费用,业主展示房屋,房地产代理人负责完成最后的交易及安排付款等。这样,通过劳动分工提高了效率。房地产代理商需要专门的训练和技能,而业主和买方共同分担其他的活动。

下面几个方面表明顾客对服务传递过程的贡献。

1. 自助服务

以顾客劳动来代替个性化的服务劳动是减少经营成本的一个方法。例如,阿拉斯加航空公司转向采用自助服务技术来应对来自于低成本的西南航空公司对其太平洋海岸网络的侵犯。阿拉斯加航空公司是第一家采用自动登记亭和网上售票的航空公司。

今天的顾客已经成为服务的合作生产者,他们通过自己的劳动从方便中获益。有趣的是,一部分顾客实际上很欣赏这种自助服务。例如,沙拉吧台的流行就是允许顾客根据个人爱好选择沙拉的数量和种类的结果。最后,因为在需要的时候顾客提供了额外的服务,从而合作生产也减轻了供求不平衡的矛盾。

2. 理顺服务需求

服务能力随时间消逝。例如,对诊所而言,衡量服务能力的合适标准是会诊时间而不是医生数目的多少。这种方法强调:如果没有顾客的需求,就会造成服务提供者的服务能力的永久损失。然而,服务需求明显地随时间变化。一天中随小时变化(例如餐馆),一周中随日期变化(例如剧院),一年中随季节变化(如滑雪胜地)。如果能够理顺需求变化,就可以降低所需的服务生产能力,并更加充分和系统地使用服务能力,最终使服务生产率得以提高。

要实施理顺服务需求策略,顾客必须参与进来,调整他们的需求时间使其与可获得的服务相匹配。要达到这种目的,典型的方式是预约或预订,以减少顾客的等待时间。也可在服务需求低谷期通过价格刺激以吸引顾客消费（例如，在下午 5 点以后降低电话费或在滑雪胜地每周中期对各种门票和缆车费打折）。

如理顺需求的努力失败，也可通过要求顾客等待来达到较高的服务能力利用率，因为顾客等待有助于更大限度地利用资源。或者可在等候厅写下如下标语："你们的等待会是我们低价的保证！"

我们希望顾客能够通过参与服务而获得价格上的回报，但是"免费的"或"预先支付"的政府服务又如何呢？在这种情况下，等待避免了可能收取的费用。政府将有限的公共服务分配给公众，高效地利用服务能力。然而，把顾客等待时间作为服务过程的投入，可能会招来一些非议，因为每位顾客的时间价值观是不同的。

要作为服务过程积极的参与者来承担新的、更具独立性的角色，顾客需要"培训"。服务提供者应扮演"教育"的角色，这在服务业还是一个全新的观念。从传统来看，服务企业往往只依赖服务人员，而忽略了顾客。

虽然服务变得日益专门化，顾客也要承担诊断角色。例如，汽车噪音过大时，是否需要注意变速器或者消音器？此外，懂行的顾客也许会提供质量控制单，这在专业服务中是特别缺乏的。因此，服务效率的提高要依靠有知识和有自信的客户。

6.5.3 顾客接触方法

制造业的产品是在受控的环境中生产的。其过程设计着眼于在没有顾客参与的条件下建立一个连续高效的生产系统。通过库存，生产企业可以将生产过程与顾客需求的变化分离开来，由此可以按照满负荷能力编制生产计划。

当顾客参与到服务过程中时，服务经理应如何安排计划以达到高效率的生产呢？Chase 提出了一个极具说服力的观点。他认为，服务传递系统可以分为高顾客接触和低顾客接触的作业。低接触或后台办公室如同工厂一样运行，在这里，所有的生产经营观念和自动化设施均可使用。将作业活动进行这样的分类可以让顾客感受到个性化的服务，同时又可通过批量生产实现规模经济。

这种方法的成功取决于服务生产过程中需要的顾客接触的程度以及在低接触作业中分离核心技术的能力。从前面介绍的服务过程分类方法看，这种服务设计方法似乎最适合于产品处理情况（如干洗店服务是作用于顾客的衣物的）。

1. 顾客接触程度

顾客接触是指顾客亲自出现在服务系统中。顾客接触程度可以用顾客出现在服务活动中的时间与服务总时间的百分比表示。在高度接触的服务中，顾客通过直接接触服务过程而决定了需求的时机和服务的性质。服务感知质量在很大程度上由顾客的感知决定。而在低接触系统中，顾客因不在过程中直接出现而不会对生产过程产生直接影响。即使在高度接触系统中，我们也有可能将那些像工厂一样运作的部门封闭起来，不让客户接触。例如，公共运输系统的维修和医院的洗衣房都是一个服务系统中类似工厂的部分。

2. 高度与低度接触作业的区别

将服务系统分成高度与低度接触之后，每一个领域都可以单独设计，以达到改进服务的目的。对高度与低度接触的不同考虑见表 6-2。需要注意的是，高度接触的活动要求雇员具有较高的人际技能。在这些活动中，服务的水平和任务是不确定的，因为顾客决定了服务的需求并在一定程度上决定服务本身。同时要注意的是，低度顾客接触作业可以与高度顾客接触作业在实体上完全分离。不过，其中仍有沟通的需要，以便跨越可视线跟踪顾客订单及财

表 6-2　高度与低度接触作业主要的设计思想

设计思想	高度接触作业	低度接触作业
设计地址	接近顾客	接近供货、运输、港口
设施布局	考虑顾客的生理和心理需求及期望	提高生产能力
产品设计	环境和实体产品决定了服务的性质	顾客在服务环境之外
过程设计	生产环节对顾客有直接影响	顾客不参与大多数处理环节
进度表	顾客包括在生产进度表且必须满足其需要	顾客主要关心完成时间
生产计划	顾客需求不能被搁置，否则会丧失许多的生意	出现故障或顺利生产都是可能的
工人技能	直接的服务人员构成了服务产品的大部分，因此必须具备各种知识以便很好地与大众接触	工人只需一种技能
质量控制	质量标准取决于评价者，是可变的	质量标准是可测量的，固定的
时间标准	由顾客需求决定，时间标准不严格	时间标准严格
工资支付	易变的产出要求按时计酬	固定的产出要求按件计酬
能力规划	为避免销售损失，生产能力以满足最大需求为准设计	储存一定的产品以使生产能力保持在平均需求水平上
预测	短期的，时间导向	长期的，产出导向

资料来源：Chase R B. Where does the customer fit in a service operation？[J]. Harvard Business Review, 1978, 56 (6)：137-142.

产的发展与变化情况（例如，一个小售货亭设置的收鞋处堆放着等待运往远处的工厂修理的鞋子）。由于后台活动可以按工厂方式安排作业而高效使用生产能力，于是将前台和后台分离的好处便凸显出来。航空公司在其运营中有效地利用了这一方法。地勤人员和机组人员着装统一，并就如何为乘客提供更好的服务接受培训。行李处理人员很少能见到，而飞机的维修保养在一个很远的地方进行，像工厂一样运转。

6.5.4 信息授权

现在是信息时代，无论你喜欢与否，我们都是其中的一份子。ICT 不再仅仅是微机技术，ICT 每天都与我们发生关系。ICT 能帮你处理稻田和麦田，帮你播种、收获、运输谷物，甚至帮你处理和包装到市场和餐桌上（在家和市场之间的这些交通灯是由信息技术控制）。必要的服务，如火警和报警，都要应用ICT。家中的电力和自来水也是 ICT 带给我们的。事实上，ICT 已成为全世界日常生活的基本组成部分，要找到 ICT 未涉及的领域恐怕很难。

当然，没有 ICT，当今的任何服务都不能生存。成功的管理者会发现，ICT 所能提供的并不仅仅是方便地保存记录，实际上，ICT 最重要的作用是员工和顾客授权。

1. 员工授权

ICT 最早应用于保存记录。一个企业可能已经建立了包括顾客姓名和地址等的计算机数据库，也可能建成了包含供应商姓名和地址的数据库。利用这些各式各样的数据，企业能较容易为股东和税务局提供查阅服务。虽然可以更快、更精确地保存记录，但是秘书仍旧只是录入数据，采购员只是订购货物和服务，一线服务人员、生产人员依旧如常。高层决策者有责任将这些工作综合起来。

然而，相关数据库的发展改变了这一切。关系或整合数据库意味着每个人都可以使用一项业务的方方面面的信息。一位生产经理可以看到销售额并立即知道下一个工作期间要计划生产多少商品，一位生产人员或前台工作人员可以从存货清单上申请必要的供应，甚至起草一份订单来取代存货清单，而不必通过采购办公室。员工授权的时代已经到来。

当然，计算机是保存数据的关键。计算机是一种功能强大的记录姓名与数字的工具。但是，当它们开始彼此"对话"时，便出现了新的革命。现在，员工可以通过计算机接口互相影响，甚至可与其他公司的员工实时联系。例如，当某航空公司的航班取消时，它的代理人不仅可以通过终端将耽误的乘客安排到本公司其他航班上,还可以安排到其他航空公司的航班上。代理商和乘客不必再为一个座位急匆匆地从一个柜台跑到另一个柜台。

2. 顾客授权

在前面的讨论中,我们可以看到计算机和 IT 技术如何向员工授权,使其更好地服务顾客。顾客也可以直接由计算机授权。将全世界联系在一起的互联网是一种强有力的工具。顾客不再完全依赖于本地的服务供应商,一个人可以在世界范围内寻求治疗方法,以及在全球购物。

ICT 使顾客以其他的方式积极地参与到服务过程中。例如,我们进入顺丰快递公司的主页,然后输入由该公司承运的包裹清单号码,就可以查到包裹现在确切的位置。如果包裹已被运到,我们可知道谁取走了包裹。我们现在可在网上预订旅行航线,得到有关目的地的信息,由此扩大旅游的范围。

我们的日常生活越来越受到 ICT 的影响,并且这种影响将以日或周而不是以年来衡量。目前,在许多超市中,顾客可以通过自己给选中的产品称重及贴上标签来加快结账时间。例如,顾客把粘在黄瓜上的条形码标签揭下来,多功能结账机会自动称重、读数,给出价钱。另外一种情况是,顾客将柠檬放在货品架的秤上,柠檬上的标签给出了它的项目号,购买者输入这个货架的标号,这时机器会吐出一个粘贴标签,并标出全部价钱。有些电子秤对顾客十分方便,已经在不同商品的按钮上贴好标签,因此,客户并不需要记住各种商品货架的代码。很快,大多数人就会掌握全部的购物经验:除了为商品称重和定价外,顾客可浏览整个超市和查看信用卡,并将物品打包。

6.6　总　结

本章主要探讨了服务传递系统设计的战略定位、表达方式(服务蓝图)、分类以及设计方法。我们发现,服务研发比产品革新更具有挑战性。无论是根本性的服务创新还是渐进型创新通常都源于技术进步。随着服务的开发,服务传递系统设计可以用服务蓝图表示。本章还讨论了设计服务传递系统的四种方法:生产线方法、顾客参与法、顾客接触法和信息授权法。由于顾客将服务流程看成产品,因此新技术的介绍需要注意顾客参与。服务业的自动化范围很广,而且在前台后台都可以使用。

思考题

1. 服务的生产线方法有何局限性?
2. 在服务过程中,顾客过多参与有何缺点?

案例分析

高尔夫史密斯

你是否愿意在潮湿的草丛中艰难行进几英里,搜寻潜伏在膝盖那么高的灌木中的小目标?你需要注意疼痛的肘部,随时出现的凹陷的障碍,还要对付无赖的洒水装置的袭击。如果你愿意,这项运动就是为你准备的,我们还有专门帮助你享受这一运动的业务。总部在德克萨斯州奥斯汀的高尔夫史密斯国际公司是世界最大的高尔夫球用品的分销商。这家公司成立于1967年,最初只通过邮购提供其产品给俱乐部成员,后来它开始通过邮购或者在美国和加拿大的样品陈列室提供所有的高尔夫球相关产品和所有可能的服务。陈列室还提供额外的服务,那就是将公司和它的竞争者区别开来。

近几年,高尔夫球变成了一项大众的而不仅仅是社会或财经要人的运动。高尔夫球童和凯迪拉克的拥有者同样渴望进入美国职业高尔夫球协会(Professional Glofer's Association,PGA)。这就形成了一个变化多端的巨大的新市场,主要包括那些希望自己创立俱乐部和购买现成的俱乐部的人们。但是,像"老虎"伍兹,杰克·尼古拉斯这些职业选手,需要的是质量高且价格合理的装备,高尔夫史密斯为他们提供了这样的商品。

1. 竞争者/市场

高尔夫史密斯公司的主要的直接竞争对手包括像Dynacraft高尔夫球用品公司和Ralph Maltby's GolfWorks这样的公司,它们都坐落在俄亥俄州的尼沃克。直接竞争者是那些与高尔夫史密斯公司为相同的细分市场内的顾客而竞争的公司。Dynacraft的主要业务是配合顾客成立自己的俱乐部。这个公司以热线的形式提供技术协助并创建了一所学校。Dynacraft俱乐部创立学院,提供"俱乐部创立技术的实践训练"。Dynacraft还为俱乐部创立者提供发行书籍、录像和季刊的指导。

GolfWorks和Dynacraft也一样致力于设立俱乐部,提供技术帮助和发行。这家公司最近获得计算机辅助设计(Computer Aided Design,CAD)/计算机辅助制造(Computer Aided Manufacturing,CAM)技术和计算机数值控制(Computer Numerical Control,CNC)加工的使用权,可以用于设计创新。GolfWorks 还经营了一家职业商店,出售高尔夫球场和职业高尔夫球运动中的修复车。高尔夫史密斯公司和其他公司之间是一种间接的竞争,它提供诸如职业高尔夫课程业务、运动用品商店和出售已建成的俱乐部及附属物。

2. 高尔夫史密斯公司的新近发展

我们注意到,高尔夫史密斯公司是在 30 年前开始它作为高尔夫球俱乐部供应商和装配商的生涯的。业务进展迅速,并且由于较高的技术发展水平赢得并完成订单,令其在邮购业务领域建立了优势地位。订单接受员将订单输入计算机系统,转变成一个条形码标签。针对某一项订货的标签被贴在一个大塑料桶上,这个桶沿着传送带系统传送,会有一系列的条形码扫描仪发送信号给"机器人",使其从货架上取下适当的产品放在桶里。命令结束时,所有的物品都已装箱且放在一辆正在等待的 UPS 的卡车上,而这个桶则等待着下一过程的巡回。一个订单从接受到装运可以在几分钟内完成。自动化和高效的系统为高尔夫史密斯公司创造了巨大的竞争优势。

高尔夫史密斯公司并没有完全依赖早期的成功,它为所有的高尔夫球爱好者扩大目标市场,而不仅仅是需要定制俱乐部的顾客。公司目前在美国和加拿大经营着 25 家商店,包括奥斯汀和洛杉矶的大型超级市场和总部的设施。在奥斯汀,占地 41 英亩的总部是高尔夫史密斯公司学习和实践的基地,它包括与隐藏击球位并列的 100 个练习位、一片 5000 平方英尺的铺设绿地、2400 平方英尺的小片绿地和两个沙坑。这些设施是高尔夫史密斯公司的 Harvey Penick 高尔夫研究院的基地,吸引了来自世界各地的高尔夫球手。高尔夫球场边的池塘、瀑布、断崖和本地的植物形成了令人赞赏的环境。

3. 高尔夫史密斯公司的转变

近年来,高尔夫史密斯公司从只出售产品和装配工具转变为筹建与维修高尔夫球场、营销以及销售高尔夫球配件。公司的目录已包括从顾客定制的高尔夫球到电子距离测量仪的所有用品。

在 32 年里,高尔夫史密斯公司装配高尔夫球用品并运输到 90 多个国家,已经成为世界最大的高尔夫球用品和配件邮购供应商。高尔夫史密斯公司目前有 1800 名员工,包括 26 名职业高尔夫球选手,每天处理大约 8000 份互联网和邮购目录订单。公司每天要接听超过 14000 个电话。

4. 高尔夫史密斯的家

高尔夫史密斯公司的总部和学习实践设施共占地 41 英亩。总部办公楼控制整个公司业务,包括公开办公区、250 个电话订单接受点、仓库和订单装配设施、一个大型零售陈列室、俱乐部会所咖啡厅。在咖啡厅,顾客可以买到饮料和小吃,还可以在不同的电视频道观看高尔夫球节目。门口就有一名身着高尔夫球装的员工对来访者进行热情的接待。在需要时,还有专家根据顾客需求对顾客提出建议。高尔夫史密斯公司的所有员工,包括电话订单接受员,他们的高尔夫球知识都十分渊博而且可以流利地运用"高尔夫球术语"。

所有的设施让来访者感受到一种共同的文化。办公区,甚至管理者的办公室都是敞开的。在这种环境中,跨职能的交流是很容易的。所有的员工都能接触管理者,甚至订单接受电话也会避免传递一种匿名的感觉。要让和高尔夫史密斯公司接触的每个人都感觉到活着的、呼吸的、说话的高尔夫球是公司的最高宗旨。公司对于顾客服务有坚定的承诺,员工的高水平专业技能和热情形成了独一无二的氛围。

资料来源:[美]詹姆斯 A. 菲茨西蒙斯,莫娜 J. 菲茨西蒙斯. 服务管理运作战略与信息技术[M]. 张金成,范秀成,杨坤,译. 北京:机械工业出版社,2013.

问题:

1. 为高尔夫史密斯公司绘制服务蓝图。

2. 高尔夫史密斯公司说明了哪类一般的系统设计方法? 这种设计提供了哪些竞争优势?

第7章 服务能力规划

7.1 导入案例

急诊室病人太多:如何管理急诊部门中的能力约束和过量需求

能力和需求问题最鲜明的例子是全美近5000个医院急诊部门(在医学领域偏好使用"急诊部门"这一术语,而不是传统所称的"急诊室")。在一个典型的急诊部门,诊室里都是人,走廊也站满排队等待的病人,排队等待时间从15分钟到8个或10个小时不等。救护车常常掉转车头去找其他医院,这被称为"转移"。许多专家称这些问题为医疗系统的危机。急诊部门是医院的前门,也是许多病人常去的地方。为什么急诊部门病人拥挤的问题如此严重?有许多因素在起作用,包括日益高涨的需求和服务能力约束。

急诊部门某种程度上是其成功的牺牲品。公共医疗运动要求人们在紧急情况下拨打911,几十年来在教育人们如此行事方面一直非常成功,但在急诊部门,情况与此截然不同。许多人确实有危及生命的紧急情况需要急诊部门来处理,但是在急诊部门排队等待的其他一些病人却是因为没有医疗保险,在美国这样的人有4300万,急诊部门是他们的唯一选择,而且依照法律,急诊部门必须照顾他们。但是拥挤到急诊部门就医的还不仅仅是无保险和有生命危险的病人,还包括有保险的病人,这些病人或者没有及时预约医生,或者认为急诊部门是他们到达病床的最快途径。病人及其大夫知道在急诊部门能相对迅速地得到复杂的护理。因此,对于急诊部门的服务需求日益高涨。

引起急诊部门过度拥挤的原因不仅仅是需求的增加,还在于关键能力的同时收缩。在私人诊所,医生被过度预约,因此不愿意等待的病人转向了急诊部门。急诊部门也缺少愿意随叫随到救治病人的专家。这导致等待时间延长,因为等待接受专业护理的病人在急诊部门占用病床的时间长于必要时间。

另外一个关键的能力约束是医院的病床数量。过去这些年来,由于财务原因,全国关闭了许多医院,可用的病床数量减少。因此,急诊部门的病人经常不能立刻得到病床(即使他们需要),这又增加了他们和他人的等待时间。护士也是短缺的,医院的病床在被占用之前需由一位护士管理。在20世纪90年代,因为人们转向更加有吸引力的职业,参加护士项目的入学人数骤减,目前注册护士的平均年龄为45岁。许多医院有20%的护士缺口。病床可能空着,但排队等待的病人只有在这些病床得到清理之后才可使用。

资料来源:[美]瓦拉瑞尔 A.泽斯曼尔,玛丽·乔·比特纳,德韦恩 D.格兰姆勒.服务营销[M].张金成,白长虹,等译.北京:机械工业出版社,2014.

思考:如何管理急诊部门中的能力约束和过量需求?

7.2 服务能力规划的要点

7.2.1 定义服务能力

服务能力是每单位时间内可实现的产出水平(例如,一个忙碌的银行出纳员每天的交易量)。注意,对服务供应商的产能测景是基于一个忙碌的员工的业务量,而不是设备的产出量,而且前者一定要少于后者,下一节会具体讲到。但是,服务能力仍然叫作配套设施,例如宾馆的床位数量或者航空公司的可供座的公里数。我们知道产能会被很多因素限制,以航空公司为例,如按技能分类的可用劳动力(飞行员、客舱服务员、地服人员和维修人员)、飞机(数量和飞机的型号)和可用的登机口,航空公司的例子仍然表明一般的服务运营所面临的是对不同网点的调配能力的挑战。

7.2.2 服务能力规划策略

服务能力规划策略的基本思路是通过改变、扩展现有能力,达到与顾客需求相匹配的目的。通过改变限制服务能力的各种因素,在需求高峰期扩展能力,在需求低谷期压缩能力,以免丢失顾客和造成资源浪费。具体的能力规划策略见表7-1。

表 7-1　能力规划策略

策略 1:扩展现有能力	策略 2:使能力和需求保持一致
延长时间	雇用临时工
增加或改善设施	交叉培训员工
增加或租用设备	从外部获取资源
改变雇用人员	租赁或共享设施与设备
提高顾客参与度	在需求低谷期间安排休整时间

资料来源:[美]詹姆斯 A.菲茨西蒙斯,莫娜 J.菲茨西蒙斯.服务管理运作战略与信息技术[M].张金成,范秀成,杨坤,译.北京:机械工业出版社,2013.

1. 扩展现有能力

企业可以适当扩展服务资源的现存能力以适应需求,增加或延长人力、设施和设备的工作时间,加大强度。

(1)延长时间

在特殊的环境或服务需求增加的时期,服务组织通过延长经营时间来增加服务产出,以此满足服务需求。例如,春节购物的高峰期,大型商场经常通宵营业;夏天和周末游乐场所延长某些受欢迎项目的时间;在春运期间,长途客车站 24 小时发车。

(2)增加或改善设施

服务组织通过增加或整修设施,提高生产力,扩大产出水平。例如,增盖新的建筑设施,增加照明、安装空调、改进取暖设备;电影院、餐厅和教室增加桌椅;公交车增设站立车厢满足顾客需求。

(3)增加或租用设备

仅增加员工数量不足以提供足够的服务产出水平,服务企业通过增加计算机、维护设备等,能在最大能力范围内短期满足顾客需求。若增加员工只是暂时的现象,从经济的角度考虑,企业不应该添置设备,而应租用必要的设备。例如航空公司在春运期间或旅游旺季时,从其他航空公司或货运公司租赁飞机。

(4)改变雇员人数

该策略是改变生产能力的中期策略,它适合于企业在中期(如 3～12 个月)的计划期内使用。通过预测需求增加或减少的趋势,服务管理者可以逐渐增加或减少雇员数量来适应服务需求变化的趋势。

(5)提高顾客参与程度

在服务供给中,顾客是十分有价值的资源,服务组织可以巧妙地将顾客作为合作生产者加以利用。顾客参与程度的提高可以减少企业的劳动投入、加快服务的速度,从而提高服务产出水平。这样,服务能力直接随需求发生变化。例如,很多快餐店已经取消了端送食物的服务员,所有食物都由顾客自己选择和取用,甚至由顾客自己来拌沙拉或制作食物(如比萨饼)。由于服务经理无法完全控制顾客参与的质量,因此提高顾客参与程度也存在一定风险。例如顾客操作不当导致原材料浪费,散装食品(如大米、蜂蜜、花生酱等)的自助服务由于顾客污染容器而造成浪费等。

在使用上述策略时,服务组织需要认清资源的特性以及服务潜在的低质量。这些策略的使用时间不宜过长,以保证设备和设施的维护,以及使超负荷工作的员工恢复精力。

2. 使能力和需求保持一致

(1)雇用临时工

服务组织的人力资源应与需求相适应,包括正式(长期)职工和临时工。当业务持续高峰较长且可以预测时,雇用兼职员工可以显著提高服务规模的伸缩性,补充正式员工的不足,管理者可以更好地控制服务的供给。例如,快餐店、网络书店的图书配送人员、快递公司的快递员等都是企业通过增雇临时工使生产能力与服务需求保持一致的有效方法。此外,服务机构若能预测到季节性的服务需求高峰或低谷,即可按照季节的长短来雇用工人。该策略的最大不足是雇用、培训、解雇临时员工的成本很大,而且难以培育雇员对企业的忠诚。

(2)交叉培训员工

许多服务组织提供的服务作业项目多种多样,而每一项服务的需求量不是恒定不变的,当一种作业繁忙时,另一种作业可能会闲置。如果员工可以被跨部门交叉培训并能承担多种工作、胜任不同的岗位,就能创造出灵活的能力来满足高峰需求,在需求增大时转移到最忙碌的服务环节(即"瓶颈点")提供服务,由此增加服务供给量,提高整个系统的效率。例如,快餐店在繁忙时员工专注于一项工作,工作小组人数较多;在需求低谷时,工作小组人数大幅缩减,每个人同时从事几种不同的工作。再如,超市员工可以在出现结账排队等候时充当收银员;在客流较少时,从事货架管理和货物包装等工作。

(3)从外部获取资源

对不能满足的临时性的服务需求高峰,企业可以选择从外部获取服务资源,通过向外部的专业化公司获取相关的服务功能作为暂时性的解决方案,而不是雇用和培训额外的员工来获取该服务功能。例如,很多企业没有相应的能力满足相应的技术支持、网页设计及软件开发等方面的服务需求,就可以将这些服务功能外包给高技术承包商。

(4)租赁或共享设施与设备

为节省固定资产投资,服务企业可以在需求高峰时期租赁额外的设备或设施,具有互补需求模式的企业可以与提供出租物的企业签订正式协议。例如,快递服务在假日运输的高峰时期租用配送车辆,因为自己购买车辆在需求低谷期会闲置。有些需求受限的服务组织可以将服务设施与其他组织共享。

(5)在需求低谷期间安排休整时间

为保证企业在高峰时期能提供 100% 的服务能力,在需求低谷时,要对服务能力(包括人力、设备、设施等)进行维护、维修与更新,员工的休假也应安排在需求低谷期。此外,对员工及其活动进行合理安排会提高产出水平,如合理安排护士的工作、航空公司机组人员的工作等。

7.3　基本的排队系统结构

服务系统通常根据拥有的通道数量(例如服务台的数量)和服务阶段的数量(例如整个服务过程中需要逗留几处)进行分类。排队系统的基本特征包括需求群体、到达过程、排队结构、排队规则、服务过程。典型的单通道单服务台服务系统包括只有一个柜台的免下车银行(Drive-in Bank)或者是提供免下车服务的快餐店。但是,如果银行有多个柜台在服务,顾客都在一个队列里等待第一个可用的通道,那么我们称这种系统为多通道排队系统。现在大多数银行都是这种类型的系统,同样大多数的理发店、机场售票台和邮局也采用这种系统。

单阶段服务系统里,顾客只需在一个地点接受服务,然后就离开系统。在快餐店里,全程都是一个服务员帮你点菜、上菜和收钱,那么这就是一个单阶段服务系统。同样,在驾照办理处,如果同一个职员接收你的申请,给你的测试打分并收取办理费用,那么这也是一个单阶段服务系统。但是如果一个餐馆让你在一个地方点餐,在另一个地方付费,在第三个地方取餐,那么这就是一个多阶段服务系统。同样,如果驾照办理处很大或者很忙,你可能就必须排队提交申请(第一个服务点),接着排队进行测试(第二个服务点),最终到第三个服务台交费,这也是一个多阶段服务系统。为了更好地理解通道和阶段的概念,图 7-1 展示了四个可能的结构。

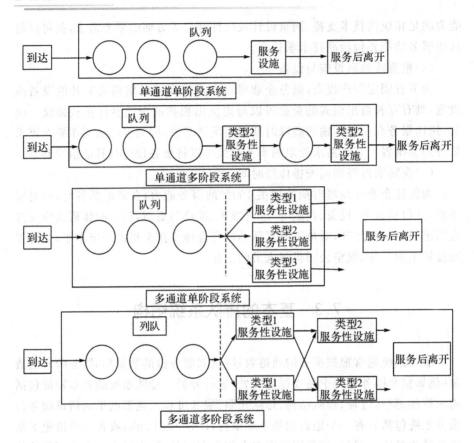

图 7-1　基本的排队系统结构

资料来源:[美]森吉兹·哈克塞弗,巴里·伦德尔.服务管理:供应链管理与运营管理整合方法[M].陈丽华,王江,等译.北京:北京大学出版社,2016.

7.4　排队系统的绩效评价

排队系统帮助管理人员在合适的服务产能成本和顾客等待成本之间进行平衡。下面列出了排队系统常用的一些度量指标:

①每个顾客或者对象平均花费的排队时间;

②平均等待队列长度;

③每个顾客在系统中平均花费的时间(排队时间加上服务时间);

④系统中顾客的平均数量,服务设施闲置的概率;

⑤系统的利用率；

⑥给定数量的顾客在系统中出现的概率。

7.5 单通道排队模型

排队问题中最常见的是单通道，或者单服务台模型。在这种情形下，到达的顾客排成一队并在一个服务台接受服务（参见图 7-1）。在这种模型中，通常有以下假设：

①服务的规则是先到先服务，并且到达的每位顾客都要接受服务，无论队列有多长。

②顾客的到达前后彼此独立，但是一段时间内到达的平均顾客数量（到达率）不变。

③顾客的到达服从泊松分布，而且潜在的顾客数量是无穷的（或者非常大）。

④服务于每位顾客的时间不同且独立，但是平均服务率是已知的。

⑤服务时间服从负指数分布。

⑥平均的服务率高于顾客平均到达率。

当满足以上条件时，可以得出表 7-2 中的公式。通过这些公式可以计算出之前提到的七项度量指标。需要注意的是，所有的计算都是基于单位时间的平均到达顾客数量（λ）和单位时间的平均服务顾客数量（μ）。下面将介绍如何使用单通道模型。

表 7-2 单通道排队模型的公式

λ＝单位时间的平均到达顾客数量
μ＝单位时间的平均服务顾客或对象数量
L_s＝系统（队列＋服务）中顾客或对象的平均数量＝$\lambda/(\mu-\lambda)$
W_s＝顾客或对象在系统中花费的平均时间（等待时间＋服务时间）＝$1/(\mu-\lambda)$
L_q＝队列中顾客或对象的平均数量＝$\lambda^2/\mu(\mu-\lambda)$
W_q＝顾客或对象在队列中等待的平均时间＝$\lambda/\mu(\mu-\lambda)$
ρ＝系统利用率＝λ/μ
P_0＝系统中顾客或对象数为 0（即系统闲置）的概率＝$1-\lambda/\mu$
$P_{n>k}$＝系统中顾客或对象数 n 大于 k 的概率＝$(\lambda/\mu)^{k+1}$

资料来源：［美］森吉兹・哈克塞弗，巴里・伦德尔.服务管理：供应链管理与运营管理整合方法[M].陈丽华，王江，等译.北京：北京大学出版社，2016.

黄金消音器店——琼斯是黄金消音器店的机械师,他 1 个小时平均可以安装 3 个消音器(大约 20 分钟 1 个),但具体花费在一个消音器上的时间服从负指数分布。店里每个小时到达的顾客平均数是 2 个,并服从泊松分布。先来的顾客先接受服务,而且潜在的顾客有巨大的数量。

根据以上描述,我们就可以得到黄金消音器店排队系统的一些运营指标。

到达率:$\lambda = 2$(辆/每小时)

服务率:$\mu = 3$(辆/每小时)

系统中汽车的平均数量:$L_s = \lambda/(\mu - \lambda) = 2/(3 - 2) = 2$(辆)

汽车在系统中平均花费的时间:$W_s = 1/(\mu - \lambda) = 1/(3 - 2) = 1$(小时)

队列中汽车的平均数量:$L_q = \lambda^2/\mu(\mu - \lambda) = 2^2 3 * (32212/2) = 1.33$(辆)

汽车在队列中等待的平均时间:$W_q = \lambda/\mu(\mu - \lambda) = 23 * (32212/2) = 40$(分钟)

系统利用率:$\rho = \lambda/\mu = 2/3 = 66.6\%$

系统中汽车数为 0 的概率:$P_0 = 1 - \lambda/\mu = 1 - 2/3 = 0.33$

系统中汽车大于 3 的概率:$P_{n>k} = (\lambda/\mu)^{k+1} = (2/3)^{3+1} = 0.198$

计算完排队系统的一些运营指标后还需要对这些指标的影响进行经济分析。之前提到的等待队列模型对于预测等待时间、队列长度,系统闲置时间等有很大的帮助,但是并不能得出最优的决策或者把成本因素考虑进来。如前所述,要解决排队问题,管理人员需要对提高的服务成本和随之降低的顾客等待成本进行权衡。

7.6 多通道排队模型

接下来需要了解的就是多通道排队系统,这种系统中有两个及以上的服务台或者通道为顾客提供服务,顾客全都排在一个队列中,等待最先可用的服务台。例如,现在的银行中大多都是多通道单阶段等待队列。当形成一个队列后,排在前面的顾客最先接受最先空闲的服务台的服务(请参考图 7-1 中的多通道结构)。

此处讨论的多通道系统假设顾客到达服从泊松分布,服务时间服从负指数分布。服务规则是先到先服务,并且假设所有服务台的服务效率是相同的。还有之前在单通道系统中列出的那些假设也同样适用。

关于这个模型的一些公式如表 7-3 所示。这些公式明显比单服务台的公式更复杂,但是它们的使用场景和提供的信息与单通道模型是一样的。

表 7-3　多通道排队模型的公式

M = 服务中的通道数

λ = 单位时间的平均到达顾客数量(到达率)

μ = 单位时间的平均服务顾客或对象数量

P_0 = 系统中顾客或对象数为 0(即系统闲置)的概率

$$= \frac{1}{\left[\sum_{n=0}^{M-1} \frac{1}{n!}(\frac{\lambda}{\mu})^M\right] + \frac{1}{M!}(\frac{\lambda}{\mu})^M \frac{M\mu}{M\mu-\lambda}} (M\mu > \lambda)$$

L_s = 系统(队列 + 服务)中顾客或对象的平均数量 $= \dfrac{\lambda\mu(\lambda/\mu)^M}{(M-1)!(M\mu-\lambda)^2}P_0 + \dfrac{\lambda}{\mu}$

W_s = 顾客或对象在系统中花费的平均时间(等待时间 + 服务时间)

$$= \frac{\mu(\lambda/\mu)^M}{(M-1)!(M\mu-\lambda)^2}P_0 + \frac{1}{\mu} = \frac{L_s}{\lambda}$$

L_q = 队列中顾客或对象的平均数量 $= L_s - \lambda/\mu$

W_q = 顾客或对象在队列中等待的平均时间 $= W_s - 1/\mu = L_q/\lambda$

资料来源:[美]森吉兹·哈克塞弗,巴里·伦德尔·服务管理:供应链管理与运营管理整合方法 [M].陈丽华,王江,等译.北京:北京大学出版社,2016.

重访黄金消音器店 —— 黄金消音器店决定再增开一个修理台,再雇用一位机械师来安装消音器。顾客的到达率是每小时 2 辆汽车($\lambda = 2$),在一个队列中排队。每位机械师安装消音器的速度是每小时 3 个($\mu = 3$)。

为了将该系统与单通道系统进行对比,下面计算了 $M = 2$ 时的双通道系统的一些运营指标,并将结果与之前的例子进行比较。

系统中汽车数为 0 的概率:

$$P_0 = \frac{1}{\left[\sum_0^1 \frac{1}{n!}(\frac{2}{3})^n\right] + \frac{1}{2!}(\frac{2}{3})^2 \frac{2*3}{2*3-2}} = \frac{1}{2}$$

系统中汽车的平均数量:

$$L_s = \frac{2*3(2/3)^2}{(1)!(2*3-2)^2} * \frac{1}{2} + \frac{2}{3} = \frac{3}{4} = 0.75(辆)$$

汽车在系统中花费的平均时间:

$$W_s = \frac{L_s}{\lambda} = \frac{3}{8} = 22.5(分钟)$$

队列中汽车的平均数量:

$$L_q = L_s - \lambda/\mu = \frac{3}{4} - \frac{2}{3} = \frac{1}{12} = 0.083(辆)$$

汽车在队列中等待的平均时间：

$$W_q = L_q/\lambda = \frac{0.083}{2} = 0.0415(小时) = 2.5(分钟)$$

我们可以对上述指标进行总结，并对单通道模型的结果进行比较(表 7-4)。

表 7-4　结果对比表

指标	单通道	双通道
P_0	0.33	0.5
L_s	2 辆车	0.75 辆车
W_s	60 分钟	22.5 分钟
L_q	1.33 辆车	0.083 辆车
W_q	40 分钟	2.5 分钟

资料来源：[美]森吉兹·哈克塞弗，巴里·伦德尔.服务管理:供应链管理与运营管理整合方法[M].陈丽华,王江,等译.北京:北京大学出版社,2016.

新增的服务能力几乎对所有的指标都产生了显著影响。尤其是排队等待的时间从 40 分钟缩短到了 2.5 分钟。这与图 7-1 中的权衡曲线是一致的。

7.7　总　结

要想富于创造性地思考管理服务系统的方法，首先要很好地理解排队现象。本章还介绍了排队系统的基本特征，包括需求群体、到达过程、排队结构、排队规则和服务过程。对每一项特征的深刻理解都将有助于我们更好地理解排队现象，并提供管理上的选择方案，从而改善顾客服务能力。当解析排队模型的假设条件满足时，它们可以通过预测等待时间的统计数字，帮助服务系统管理者评估可能的行动方案。这些模型还有助于我们理解下述排队现象，如集合、有限排队对已实现的需求的影响、增加服务台对等待时间的影响不成比例、通过减少服务时间差异性可以看出控制需求的重要性。采用什么方法进行能力规划取决于使用何种系统绩效准则。另外，由于排队模型可以用来预测系统绩效，所以在分析时十分有用。但是，如果排队模型的假设条件不满足，或者系统过于复杂时，就需要使用计算机模拟模型。

思考题

1. 排队系统的特征有哪些？试以食堂就餐的排队为例，对其特征进行说明。

2. 试阐述几种排队结构的特点,根据自己的排队经历,为每一种排队结构寻找一个合适的例子加以说明,并分析能否用其他的排队结构改进原有排队结构。

节俭租车公司

节俭租车公司是最大的地区性租车公司,它已经逐渐发展成为美国西南部的几大租赁机构之一,在 5 个州的 19 个城市设有办事处和业务机构,主要在几大干线城市的机场提供远程租车服务。节俭租车公司可提供租车服务的车辆几乎囊括了所有节能型微型汽车和超微型汽车。无论是否经过预约,顾客都可以从公司的任何一个业务机构处租到旅游或办公用车。在节俭租车公司,顾客想要的车型偶尔也会没有,因而失去顾客。但是这种"缺货"的情况不超过 10%。

节俭租车公司的服务柜台十分简单。在公司员工触手可及的地方摆着一个文件架,里面放有各种表格。如今,这些文件架和表格已经让位于一些现代化办公设施的计算机终端。服务台的数目由当地市场规模和特定时间内的需求水平决定。在较小的市场,公司可能只需要在服务柜台安排 3 名员工,但是在最大的一个市场,每当需求高峰来临时,则需要 8 名员工。通常,这些需求高峰与机场的到发航班时刻表一致,当高峰期来临时,就有一名或多名员工专门负责接待那些已提前预约过的租车或还车的顾客。这时,这些员工所在的服务台上方就会挂起相应的标志,向顾客提示他们所提供的特殊服务项目。因为服务速度是节俭租车公司保持竞争优势的一个重要因素,所以公司管理层和全体员工一直都致力于确保不使任何一位顾客做无谓的等待。

节俭租车公司得以保证其竞争地位的另一个重要因素是,迅速使归还的车辆做好准备迎接新顾客的能力。一辆车从归还到重新投入使用,需要经过以下几个步骤:①确定里程表的读数;②加油并确定汽油容量;③检查可见的损坏;④优先性评估;⑤内部清洁;⑥维修评估;⑦维修并结账;⑧外部清洁及擦亮;⑨加油并分类停放;⑩租给新顾客。

在任何一个办事处,当顾客归还租用的车辆时,公司的一名员工就会先确定里程数,然后把车开到大约 200 米远的服务地点,并确定还需要向油箱中加多少油。有时,公司员工可以用手提电脑处理所有信息,这样,顾客就不必在办公地点排队了。在一些现代化程度稍低的办事处,该员工会将信息立即传递给所有的服务人员,以便顾客能够尽快结账离开(如果该员工发现车的内部或外部有某些损坏,就会通知值班经理。发生这类情况时,顾客必须解释清楚自己的责任,这可能会导致一些拖延)。检查损坏状况的步骤完成后,车队负责人根据公司一贯的(某种)要求和车辆储备政策(为未经预约的顾客需求做准备),确定被归还的车辆的优先级别:在6小时内即将使用的车辆优先处理,其他均为一般处理。优先车辆可以得到优先的服务。

首先彻底清洁车辆内部,并且喷洒一些气味淡雅的空气清新剂。之后,由一名修理工检查车辆的维修记录,做一段驾驶测试,在表格上填写他认为必要的维修工作。节俭租车公司制定有一系列阶段性正常维修政策,例如更换油料和过滤器、更换轮胎并平衡、添加润滑剂、更换冷却剂,还有对发动机进行调整。如有需要,还会对车辆做一些特殊维修,如修理刹车、修理或调整变速器,或者是修理空调和暖气。

节俭租车公司系统内的修理车间都采用标准的三个相邻工作台的设计:两个工作台只进行正常维修,第三个工作台既可以做正常维修,又可用来进行特殊维修。第三个工作台20%的时间用于特殊维修。公司通常在每个修理车间配备五名修理工:一名维修技师(修理车间经理),两名熟练修理工,还有两名学徒工。学徒工负责除调整发动机以外的一切正常维修任务,为两侧工作台上的车辆提供服务,也轮流为中间工作台上的车辆服务。熟练修理工负责其他一切维修工作,他们也轮流为中间工作台上的车辆提供服务。

维修完毕之后,车辆从修理车间开到清洗区,那里有两名工人负责清洗、冲刷和擦亮车体,确保车辆的外观良好。因为清洗过程中使用了蜡与液体的混合物,所以这些车辆经过清洗后,通常不需要再做费时的打蜡工序。此时,汽车的油箱也已经加满了油,可以开往停车地点存放。当接待员呼叫车辆时,会有一名司机将车开到租车地点,交给顾客。

资料来源:[美]詹姆斯 A. 菲茨西蒙斯,莫娜 J. 菲茨西蒙斯. 服务管理运作战略与信息技术[M]. 张金成,范秀成,杨坤,译. 北京:机械工业出版社,2013.

问题:

1. 描述一下节俭租车公司的业务流程。

2. 结合你的个人经历,分别说出在顾客服务柜台、修理车间和汽车清洗区,其排队系统的五个基本特征。

第三篇　保障服务

第8章　信息技术与电子服务

8.1　导入案例

苹果公司的电子服务

苹果公司(Apple Inc.)是美国一家高科技公司,由史蒂夫·乔布斯、斯蒂夫·沃兹尼亚克和罗·韦恩等人于 1976 年 4 月 1 日创立,并命名为美国苹果电脑公司(Apple Computer Inc.),2007 年 1 月 9 日更名为苹果公司,总部位于加利福尼亚州的库比蒂诺。

苹果公司创立之初,主要开发和销售个人电脑,截至 2014 年致力于设计、开发和销售电子、计算机软件、在线服务和个人计算机。该公司硬件产品主要是 Mac 电脑系列、iPod 媒体播放器、iPhone 智能手机和 iPad 平板电脑,还有依托开放式网络平台提供的在线服务包括 iCloud、iTunes Store 和 App Store 等。

服务是苹果公司的第二大收入来源,仅次于 iPhone。多年来,苹果服务收入一直稳步增长。2017 年,苹果的服务收入为 310 亿美元,占总收入的 13%。正如苹果公司的财务文件所披露的,苹果的服务业务包括五类:数字内容(主要包括 App Store 和 iTunes)、iCloud、AppleCare、Apple Pay 和授权。这些服务通过互联网这一虚拟渠道传递给顾客,从而为顾客带来了各种超值体验。

苹果管理层最近重申了到 2020 年服务收入实现约 500 亿美元的目标。苹果实现这一目标的最可能的途径是增加与数字内容相关的收入。App Store 收入每年增长约 30%。假设 Apple Music 收入的增长超过了付费音乐下载量,苹果未来两年的数字内容收入将至少增长 150 亿美元。这将促使苹果公司在 2020 年前非常接近其 500 亿美元的服务收入目标。这些计算并没有考虑苹果公司再提供任何新的内容订阅服务。

苹果目前在其服务领域拥有超过 2.7 亿的付费用户,比去年增长了 1 亿多。这些订阅中很大一部分是内容订阅。苹果目前正在开发两种新的付费内容服务:Apple Video 和 Apple News。每项服务都可能有一个长期目标,即至少有 1 亿付费用户。此外,苹果公司也能从 Netflix、HBO 和 Hulu 等视频流媒体服务的发展势头中获益,"苹果总有一天会在它的服务上拥有 5 亿付费用户"的说法并不夸张。

如今,苹果公司电子服务的受众也不再局限于某个区域或某个用户年龄段,而是涵盖全球众多的消费群体,这是传统服务所无法比及的。从本质上讲,苹果公司以互联网等信息技术为媒介向顾客所提供的 App Store 等服务就属于电子服务。

资料来源:[美]詹姆斯 A.菲茨西蒙斯,莫娜 J.菲茨西蒙斯.服务管理运作战略与信息技术[M].张金成,范秀成,杨坤,译.北京:机械工业出版社,2013.

思考:信息技术对苹果的服务带来了哪些变化?

8.2 信息技术对服务业的影响

有人说,企业界在 21 世纪初目睹了两大壮观景象:一是商品经济向服务经济的转向;二是技术,尤其是 ICT,这两大壮观景象共同开启了服务业的新纪元。信息技术包括计算机应用技术和通信技术。计算机技术包括基于硬件和软件的,主要是用于处理与存储数据及信息;通信技术包括设备和软件,主要是用于声音、数据和信息传播。随着全球化的进程不断加深,信息技术对服务的影响是当今这个领域最为深远的趋势。

8.2.1 新服务的出现

近年来,技术已经成为我们认为理所当然的服务创新背后的基础力量。自动语音系统、交互语音答复系统、传真机和其他普遍的服务都是由于新技术的产生而成为可能的。

同时,互联网在全球范围的迅速扩张,引发了一系列的新服务。像亚马逊和 eBay 这种基于互联网的公司所提供的服务在以前是闻所未闻的。已经建立的公司也开始利用互联网作为提供新服务的一种方式。例如《华尔街日报》就开始提供一种交互的版面编辑方式,允许顾客根据个人的偏好和需求组织报纸的内容。

许多新技术服务即将出现或已经出现。例如,车联网项目可以在旅途中为人们提供各种各样已有的和新的服务。在旅途中,系统可以提供天气预报;在夜晚需要休息时,系统会帮忙预订一个附近的旅馆,推荐一个饭店,而且进行预约。其他一些技术的进步使得医学专家可以远距离监控病人的情况,甚至通过专业技术界面使提供医疗诊断、治疗和手术指导成为可能。同理,大型的设备制造企业,如约翰迪尔、卡特彼勒和通用电气,可以通过远程监控并提供设备服务,更好地利用网络提供复杂的信息和数据给他们的客户。

8.2.2　新的提供服务方式

技术除了为新服务创造机会外,还为现存的服务更易于获得、更便利和更具效率提供了支持。技术加速了基本的顾客服务职能(支付、问询、核对账目记录和跟踪订货)、交易(不仅包括零售,还包括 B2B 业务),以及学习或者信息搜集。

技术也通过提供直接媒介加速了购买业务。在金融服务领域,Schwab将自己从传统的经纪人变成一家在线金融服务公司,目前有超过 70% 的顾客业务是在线完成的。荷兰银行和 ING Direct 推动了网络银行的全球成长,是该行业在美国的领军人。ING 经常能从更大的竞争对手那里争取到存款。技术改变了许多 B2B 公司的服务交付和业务。技术巨头思科公司利用技术为其企业客户提供了所有顾客服务和订货职能。

技术(特别是互联网技术)为顾客学习、研究和合作提供了一种非常简单的方式,存取信息变得非常简单。例如,有超过 2 万个网站目前可以提供与健康相关的信息。许多网站为某些特定的疾病、药物和治疗问题提供答案。关于在线医疗信息使用的调查中,Pew 公司发现在上网的美国人中,有 80% 会在互联网上寻找健康或者药物方面的信息。

最后,技术使得服务从传统的人员接触转变为机器对服务人员的替代,或者转变为随时随地都可以实现的电子服务。

8.2.3　服务类型的变化

对于顾客而言,服务接触是体验服务质量的重要途径;对于公司而言,服务接触是展示服务质量的“关键时刻”。由于技术水平的限制,早期的服务具有生产与消费不可分离的特征,服务人员与顾客必须同时出现在物理现场,此类服务被称为"物理服务"。

传统上,服务是发生在物理环境中的顾客与服务人员之间的人际交互,而随着以互联网为代表的信息技术的发展,服务逐渐从物理服务转变为更加高效、便捷、低成本的电子渠道。企业借助电子渠道这一虚拟路径改变了与顾客的交互方式,由传统的面对面交流转变为基于虚拟站点的沟通,从而在很大程度上摆脱了时空的限制,供需双方可以通过互联网自由联络,这对于传统服务业是不可想象的。也就是说,基于网络环境的电子服务已经开始取代传统的物理服务而逐渐占据主导地位。

8.2.4　服务效率的提高

信息技术的运用提高了顾客和员工在获得与提供服务方面的效率。顾客能够更有效地进行自助服务。通过网上银行,顾客可以了解其账户信息、查看余额、在线转账等,这些操作都不需要银行员工的参与。网上购物通过互联网和智能手机完成,已经深刻地改变了消费者的生活习惯。信息技术同样对员工提供支持。例如,顾客关系管理系统和销售支持系统为一线员工更好、更有效地为顾客服务提供帮助。表 8-1 列举了自助服务在服务业使用的例子。

表 8-1　自助服务的进展

服务业	相关接触人员	机器辅助服务	电子服务
银行	银行出纳员	ATM 机	网上银行
杂货店	结账员	自我结账系统	网上预订/取货
航空公司	票务代理	检票亭	打印登机卡
餐馆	服务员	自动售货机	网上预订/交付
电影剧院	售票员	自动售票	为图像付费
书店	库存信息员	库存信息终端	网上销售
教育	教师	计算机辅助教学	远程教育

资料来源:蔺雷,吴贵生.服务管理[M].北京:清华大学出版社,2008.

8.3　什么是电子服务

8.3.1　电子服务的四个视角

目前,学术界主要关注电子服务在各行业中的应用,对它的现实意义已经达成共识,但不同学者对电子服务的理解仍见仁见智,并且基于不同的视角界定电子服务概念。综观现有研究文献,我们总共发现了四种不同的视角。

1. 视角一:虚拟化与实体化并存

Dabholkar 等(2009)一些学者把电子服务理解为"自助服务",他们认为基于网络平台等虚拟站点以及 ATM 机、自动售货机等实体站点均可提供电子服务,服务内容也可通过互联网等数字化渠道以及传统的物理渠道传递给顾客。

Hassan(2011)认为电子服务定义为"服务企业和制造企业通过电子网络向顾客提供增值服务的过程",它包括访问服务站点(包含实体站点和虚拟站点)、提出购买意向、配送商品、传递售前及售后服务等一系列活动。

上述学者的定义包含服务站点形态、服务传递渠道形态以及所涉及商品的形态三个维度,并认为虚拟化与实体化可以在各维度并存。基于商品主导逻辑,认为电子服务是"虚拟化与实体化并存的服务"。

2. 视角二:站点完全虚拟化

Baida(2011)认为,电子服务是传统服务在互联网条件下的变体。电子服务包括两种情形:一是电脑等实体商品,部分环节需借助物理渠道才能完成,如物流配送、辅助性安装等;二是音乐、程序等虚拟商品,商家通过虚拟渠道即可传递服务,无需顾客出现在服务提供的物理现场。此观点还是遵循了商品主导逻辑,只是将服务站点虚拟化了。

3. 视角三:站点、渠道完全虚拟化

Voss 和 Surjadjaja 等(2007)认为电子服务就是依靠虚拟化站点,通过虚拟网络为顾客提供服务的过程。这种视角下,所涉及商品具有虚拟和实体两个形态,站点和渠道是完全虚拟化的,但商品主导逻辑在这一视角下仍然没有改变。

例如,苹果公司通过 App Store 提供部分免费软件(虚拟商品),据此来吸引顾客。但是,这些软件必须安装在同为苹果公司推出的"i"系列产品(如

iPhone、iPad、iTouch 等)上才能使用,因此,顾客的注意力就会随之转移到苹果公司的"i"系列产品(实体商品)上。

4. 视角四:站点、渠道、商品完全虚拟化

还有部分学者认为,电子服务完全是在互联网等虚拟环境中完成,通过万维网(Web)站点与电子渠道将服务内容传递给顾客,此过程不涉及实体商品。这一视角比第三个视角更进一步,认为所涉及的商品完全虚拟化才能算得上电子服务,因此,该视角下,站点、渠道与商品完全虚拟化,但此视角依然遵循商品主导逻辑。

8.3.2　电子服务的定义

本书基于服务主导逻辑把电子服务界定为:服务提供者和顾客通过整合和共享资源提出一整套数字化解决方案,并通过虚拟站点和渠道进行交互,从而不断增强服务生态系统适应性和持久性的价值共创过程。

这个概念包含五层含义:第一,电子服务所需的工具性和对象性资源(前者用来创造价值,而后者则用来传递服务)既可来源于服务提供者和顾客所属的服务系统,也可来源于公共部门、合作伙伴、投资者等其他网络伙伴所属的服务系统;第二,服务提供者和顾客共同提出的解决方案是数字化直接服务和间接服务(商品)的复杂组合体;第三,解决方案可以通过虚拟站点和虚拟渠道在服务提供者与顾客之间进行交互;第四,提供电子服务的目的就是提高整个服务生态系统(不同服务系统的集合)的适应性和持久性;第五,电子服务是一种价值共创过程。

这一概念修正了商品主导逻辑下"把服务视为商品的附属品"的观点,把过去的"商品"与"服务"二元对立统一到整合"商品"和"服务"的解决方案上来,并着重强调顾客及各种资源在服务过程中的作用,进而体现了企业与顾客共同创造价值这一本质,这是对电子服务概念逻辑前提的根本性重设,也是此概念与原有概念最根本的区别。

同时,此概念也注意到原有概念三个维度的合理之处,并批判地加以继承,从而形成了此概念所涵盖的三个维度,分别为解决方案的形态、解决方案传递渠道的形态以及服务系统间交互站点的形态,并对这三个维度均做了"虚拟化"限定,以此来界定电子服务的形态。

8.4 电子服务的特征

8.4.1 电子服务与传统服务的比较

以互联网技术为代表的信息技术的广泛应用,使得明显有别于传统服务的电子服务蓬勃发展,而电子服务与传统服务有着明显的区别,同时在线购物与传统购物也都有各自的优势和劣势。具体见表 8-2。

表 8-2 电子服务与传统服务的比较

特征	虚拟服务	传统服务
服务接触	面对显示屏	面对面
可得性	任何时候	标准工作时间
销售地点	在家中	到服务现场
市场区域	全世界	当地
环境	电子界面	实体环境
竞争差异化	方便	个性化
隐私	匿名	社会交互

资料来源:[美]詹姆斯 A.菲茨西蒙斯,莫娜 J.菲茨西蒙斯.服务管理运作战略与信息技术[M].张金成,范秀成,杨坤,译.北京:机械工业出版社,2013.

互联网的出现,使得在线购物成为可能,表 8-3 列举了在线购物和传统购物的优劣势。

表 8-3 在线购物与传统购物的比较

	在线购物	传统购物
优势	方便 节省时间 冲动性购买少	购物者直接面对产品 触发记忆 有样品供参考 与服务人员进行社会交互
劣势	难以控制价格和产品选择 依赖计算机和网络 高额配送费用	花费时间和精力 排队等待 冲动性购买多 需要亲自将所购物品运回家 安全问题

资料来源:[美]詹姆斯 A.菲茨西蒙斯,莫娜 J.菲茨西蒙斯.服务管理运作战略与信息技术[M].张金成,范秀成,杨坤,译.北京:机械工业出版社,2013.

8.4.2　电子服务特征

传统服务具有无形性、不可分离性、异质性和易逝性。由于受时代背景的限制,这四种特征所描述的服务概念均是以商品主导逻辑为前提的传统服务。但是,信息技术的普及、网络环境的出现,对传统服务产生了强烈的冲击,并且催生了电子服务这一全新的服务形式。本书将电子服务的特征归纳如下。

1. 传递成本低

首先,虚拟网络环境为顾客获取电子服务提供了便利条件,顾客足不出户就可以通过虚拟站点发现他们所需的服务主张,短时间内形成服务采纳决策,这一过程完全在虚拟环境中完成,不存在顾客的物理转移,也不需要顾客付出大量的搜寻、谈判成本。其次,电子服务企业通过广泛应用信息技术等高新技术得以从劳动密集型向知识密集型转变,传递服务无需专人监控,智能化服务提供系统可以根据顾客发出的指令完成企业与顾客的互动,最终通过虚拟渠道把数字化解决方案传递给顾客。因此,企业的人力资源成本、时间机会成本大幅下降。最后,顾客通过企业提供的网络平台可直接链接自己的账户并完成支付,这种远程支付方式减少了供需双方之间的交易成本,从而大大降低了电子服务的传递成本。

2. 便捷、透明的信息反馈

在电子服务过程中,顾客不必出现在服务提供的物理现场,即可通过虚拟站点把自己的反馈信息传递给服务提供者,完全不受时空的限制。此外,网络环境使得顾客的信息反馈公开、透明,电子服务的其他参与者可在短时间内知道顾客的反馈信息,并把它们作为自己的决策依据,从而提高决策效率。

3. 持续的改进

电子服务凭借其天然"虚拟化"的属性,可通过互联网在全球范围内进行快速传递,且无需提供者承担高额成本,这无形之中为竞争对手模仿电子服务企业的服务理念和服务模式提供了良机。因此,电子服务企业必须更加注重电子服务的开发速度,缩短开发或升级周期,只有这样才能始终居于行业领先地位,保证自己不被竞争对手所超越。此外,电子服务具有很高的可获得性,这为顾客提供了大量的选择机会,也导致了顾客偏好的多样性和易变性。因此,电子服务企业必须随时掌握市场动态,不断创新,与顾客共同创造具有吸引力的数字化解决方案,这样才能留住顾客,构建可持续竞争优势。

4. 外包程度高

电子服务的大部分活动发生在"后台",顾客无须出现在服务的物理现场,当他们需要体验服务时,只须在"前台"的虚拟站点发出指令,即可通过虚拟渠道便捷地享用服务。在此过程中,传统服务的"不可分离性"特征完全被颠覆,服务提供者无须与顾客面对面地、完全同步地参与服务提供过程,他们在电子服务发生之前就可以对服务内容进行系统分解,并依据所掌控的资源把部分电子服务环节外包给全球范围内最恰当的合作伙伴,服务提供者只须完成最终的集成,或者由合作伙伴通过虚拟路径直接将其承包的服务内容传递给顾客。

8.5　电子服务在企业内部的应用

8.5.1　信息系统

信息系统在计算机以及信息通信技术发明以前就存在于所有组织中。如今,在发达国家和发展中国家中,没有这些信息系统的企业是很少见的,甚至无法想象。

很多研究人员和商业观察员都同意美国和其他发达国家的经济是"知识和信息的服务经济",很多经济活动都要求信息作为一种输入。信息在服务中发挥着关键作用。几乎所有服务项目都要求信息作为一种输入,并且作为服务的一部分,几乎所有服务项目都产生信息,甚至对于有些服务,信息就是其产出。没有信息,服务就无法进行。信息是通过信息系统从数据中产生的。

信息系统可以定义为:由收集(或检索)、处理存储和分发信息的各部分紧密联系起来的,用于支持一个组织的决策、协调和控制的系统。信息系统也能帮助管理者和员工分析问题、可视化复杂的对象和创造新的产品。信息系统包括三个基本活动:输入、处理和输出。事实、数字、词汇、字符串,或者待解释的观察结果都是数据。数据就是输入,或者说是信息系统的原材料。信息是信息系统的输出,即已转换成对人类有用和有意义的格式。将数据转换成信息就是信息系统的处理功能在发挥作用。

大多数服务组织都有多套信息系统。这些系统往往是在不同的时候为达到不同的目标而建立的。因此,一个服务组织内运营、营销、财务、会计和人力资源这些不同的职能可能有各自的信息系统。不同的组织层次也可能有不同的信息系统:交易处理系统(运营层面)、管理信息系统、决策支持系统(Decision Support System,DSS)(中级管理层)和主管支持系统(Executive Support

System,ESS)。图 8-1 总结了各种可能的情况。

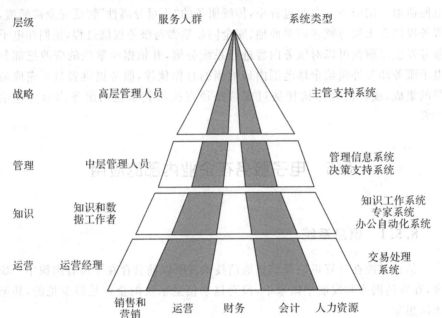

图 8-1 信息系统类型和服务人群

资料来源:Laudon K C, Laudon J P. Management Information Systems: New Approaches to Organization and Technology (5th ed.) [M]. Upper Saddle River, NJ: Pierson Prentice Hall, 1988.

1. 运营层系统

运营层系统通过提供每日运营和交易的信息来支持运营层次的管理者,包括销量额收据、现金存款、工资单和材料采购。这些系统称为交易处理系统。它们收集必要的数据,为基层管理者提供信息以帮助他们进行日常活动并做出常规决定。这个层次的业务流程是高度结构化和明确化的。比如,对于是否同意提高某位客户的信用卡额度,基层管理者通过简单地查看这位客户是否满足预设的条件即可做出决定。

2. 管理信息系统

管理信息系统支持中层管理人员。MIS 使用交易处理系统产生的数据来提供关于一家企业的基础运营的周度、月度或者年度的总结报告。现在大部分这样的报告都可以在网上获得。MIS 通常为预先设定的常规问题提供答案。

3. 决策支持系统

这些系统也为中层管理人员服务，为他们提供职责内诸如规划、控制和非常规决策支持。决策支持系统比管理信息系统更进一步，主要表现在它可以帮助管理者做决定而不仅仅是提供信息。这些系统是交互式、用户易于使用的基于电脑的系统，同时使用系统内部和外部的数据及数学模型来帮助解决非结构化的或者半结构化的问题。用户可以在考虑一个决策的各种假定潜在情景会产生什么样的结果（称作"假设分析"，"What if"analysis）时询问 DSS，这也是 DSS 的一个重要属性。

4. 主管支持系统

主管支持系统是为高层管理人员服务的，目的在于跟踪发现策略性问题和长期趋势，比如需求模式、材料成本和雇用水平。高层管理人员处理和关注与组织长期发展相关的问题，包括外部问题和内部问题。ESS 处理非结构性决策，同时提供组织内部和外部客户的信息。这些系统使用高级图表和交流软件，并且是用户友好的。

8.5.2　企业系统

企业系统被用于解决同一类型数据由不同系统收集和存储，且来自这些不同系统的信息通常存在不一致的问题，企业系统为整个组织及其各个功能和部门建立整合性的信息系统，将不同来源和功能的信息进行整合，以提供无缝的完整信息。有四种不同的企业系统：企业资源计划（Enterprise Resource Planning，ERP）系统、供应链管理（Supply Chain Management，SCM）系统、客户关系管理（Customer Relationship Management，CRM）系统和知识管理（Knowledge Management System，KMS）系统。

1. 企业资源计划系统

企业资源计划系统包括"一系列整合的商业应用程序，或者模块。每一模块都发挥特定的商业功能，包括应收账款、应付账款、总账会计、存货控制、材料需求计划、订单管理和人力资源等"。一个企业资源计划系统使用公共的数据库和数据定义，因而它的各个模块可以互相沟通。企业资源计划系统的各个模块构成一个整合的系统，如果一个交易在某一模块领域内得到处理，这个交易的影响就会在所有相关模块领域中体现出来。例如，如果一个订单被接收和处理了，所有相关的领域，例如会计、存货、生产安排和采购都会记录下这次交易，并且相应数据都会更新。

企业资源计划系统很重要的特征是它们要求组织沿用一个特定的经营模

式。企业资源计划系统所采用的业务流程通常反映了相应领域的最新潮流，并体现了最好的行业实践。因而在企业资源计划系统运行之前，组织必须改变它的商业实践，并按照系统设定的模式经营，而拒绝做出改变通常会成为系统实施过程中最大的障碍。

2. 供应链管理系统

供应链管理系统帮助企业处理和供应商、运输商以及顾客之间的关系。它们使得企业可以和供应商、批发商和物流公司共享其订单、生产安排、存货水平和发货安排的信息。及时准确地共享信息可以帮助供应链中所有的成员提高绩效。

3. 客户关系管理系统

客户关系管理系统用于维持企业和客户之间的紧密关系。它为企业提供了一个和顾客在业务中的方方面面进行沟通的整合方案，如销售、市场营销和支持等方面。客户关系管理系统旨在最大化客户满意度和客户忠诚度。

4. 知识管理系统

任何进行研发的组织都会涉及知识创造问题。一些组织把新的知识转变成新的服务和产品。例如，制药企业每年都花费数十亿美元来研究、开发和测试新药物。如果药物是有效的，并得到食品和药物管理局的批准，那么新药物就代表着知识向产品和相关服务的转化。制药企业也会生产药物，但是，最重要的是，它们是创造知识的企业。企业创造新知识还有很多其他的方式。大体上所有的高科技企业，比如谷歌、微软、苹果、摩托罗拉，都是在创造新知识，它们的市场价值主要取决于它们的"知识资产"。显然，创造知识也属于服务行业。

"知识管理系统帮助个人和组织增强学习能力，提高绩效，并且最好能产生长期的、可持续的竞争优势。简单来说，知识管理系统就是用来管理组织知识的系统。"知识管理系统收集所有相关的知识和经验，并且进行信息传播或者使需要的信息随时随地都可以得到。许多信息系统都是用来为知识工作者服务的，其中一些系统根据他们所支持的特定功能在图 8-2 中列举出来。

用在服务组织中的另一个知识层次的系统是专家系统（Expert System, ES）。简单来说，专家系统就是一个能够捕获一个确切界定的特定领域内的专家知识和经验的计算机程序。专家能解决困难的问题，解释结果，从经验中学习，重新构建自己的知识，以及在决策过程中确定特定数据信息的相关性。在解决问题或者做决策时，一个设计良好的专家系统会模仿专家在解决特定问题时的推理过程。专家系统能被专家当作训练工具或者知识丰富的助理。专家系统几乎在所有的行业和功能领域都得到了应用。

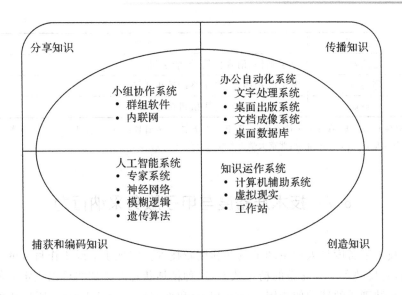

图 8-2　支持知识工作者的信息系统

资料来源：Laudon K C，Laudon J P. Management Information Systems：New Approaches to Organization and Technology（5th ed.）［M］. Upper Saddle River，NJ：Pierson Prentice Hall，1988.

8.6　电子服务在市场中的应用

电子服务在市场中有很多应用领域。例如，银行业作为金融服务的一部分，广泛应用网上银行资金转账、电子成像技术、ATM 机、支票磁墨字符识别读卡器等技术，以提高生产力，在其他服务领域也有很多类似应用，具体如表 8-4所示。

表 8-4　电子服务在服务业中使用的例子

服务行业	举例
银行业	支票存取、查询余额、电子转账、移动支付、ATM 机
教育业	远程学习、多媒体展示、交互式智能黑板、课程管理系统
政　府	异地办理身份证、医疗保险服务、养老金发放
餐饮业	POS 机结账、网络点单、排队叫号系统

续表

服务行业	举例
通信业	电子邮件、语音信箱、智能手机
零售业	条形码扫描器、电子终端销售系统
航空业	网上预定系统、自主值机台

资料来源：[美]森吉兹·哈克塞弗，巴里·伦德尔. 服务管理：供应链管理与运营管理整合方法[M]. 陈丽华，王江，等译. 北京：北京大学出版社，2016.

8.7　技术准备度与电子服务采纳行为

技术准备度是人们主动采纳并利用新技术去实现生活或工作目标的一种倾向，它反映了一种完整的精神状态，这种精神状态源于那些可以决定人们新技术采纳素质的精神使能因子（Enables）和抑制因子（Inhibitors）所构成的心理完形（Gestalt），与人们操控技术的能力（Competence）无关，在一定环境下和时间内是稳定的。一个组织有效地使用技术向客户营销和为客户提供服务的能力取决于客户和员工的技术准备程度。

技术准备度包含乐观性（Optimism）（认为技术使人们在生活中具有更强的控制力、柔性和效率）、创新性（Innovativeness）（认为自己倾向于成为新技术的倡导者与新思潮的引领者）、不适性（Discomfort）（感觉无法有效操控技术且经常受其困扰）、风险性（Insecurity）（对技术缺乏信任，对其能否妥善完成工作存有疑虑）4 个维度，其中，乐观性与创新性是技术准备度的贡献因子（Contributors），而不适性与风险性则是技术准备度的阻碍因子（Inhibitors）。这 4 个维度代表了个人对于技术所持的基本观点，它们是技术准备度的外在体现形式。

当顾客的技术准备度处于较高水平时，他们对于技术持有乐观的观点，倾向于创新，且不会时常感到技术给自己带来的不适及风险。顾客对于技术所持有的这些观点将有助于他们对于电子服务的交互界面所传递的信息进行深入地挖掘、消化、加工及整合，在此基础上，他们还会从主观上出发，十分积极地驾驭这些信息，从而帮助自己完成相应的任务。可以说，当其他条件相同时，技术准备度越高，他们采纳电子服务的行为就越可能发生。相对的，对于技术准备度水平较低的顾客而言，他们在技术面前通常会显示出胆怯、退缩、保守的心态，对于技术的使用动机不如高技术准备度的顾客那样强烈，那么他们采纳电子服务的可能性也比较低。

8.8　总　结

本章首先探讨了信息技术对服务业的影响,信息技术将传统服务转变为电子服务。由此,讨论了电子服务的定义与特征,并将电子服务按企业内部与企业外部(市场)进行分类说明,最后对技术准备度与电子服务采纳的关系进行探讨。在过去的 30 年里,服务业和制造业企业在信息技术上投资巨大但在服务业中的生产力并没有明显的提高。对这个"生产力悖论"的一个最可能的解释是技术对生产力和利润发挥的作用取决于管理者和服务员工是如何使用它们的。或者说,技术不是可以被糟糕的设计和低效的系统或流程挥动的魔法杖。最近的研究显示这种益处并不能立即被观察到,而需要至少 3～4 年的时间。

思考题

1. 学者们从哪四种不同的视角理解电子服务?
2. 电子服务的特征是什么?
3. 阐述电子服务在企业内部的应用情况。

案例分析

中国工商银行电子银行服务

1. 中国工商银行简介

中国工商银行,全称:中国工商银行股份有限公司(Industrial and Commercial Bank of China Limited,ICBC),成立于 1984 年,是中国最大的商业银行,是中国五大银行之首。2006 年,工商银行成功在上海、香港两地同步发行上市。

经过 30 余年的艰苦奋斗,今天的工行已成长为一家效益良好、可持续发展的全球化企业。截至 2015 年末,全行总资产已突破 22.21 万亿元,总负债 20.41 万亿元,已发行超过 7.5 亿张银行卡,卡片年度消费总额 8.84 万亿元,年度净利润 2777.2 亿元。在国际化方面,中国工商银行拥有 404 家境外分支机构,战略布局遍及 42 个国家和地区,其中在"一带一路"国家和地区中开设的分支机构已达百余家。此外,工商银行始终坚持履行社会责任,秉承"服务客户、回报股东、成就员工、奉献社会"为工作目标,先后荣获"年度最具社会责任金融机构奖""关注气候变化与环境保护最佳实践奖""中国最受尊敬企业"等多个奖项。

2. 中国工商银行电子银行业务发展历程

20 世纪 90 年代,伴随着互联网技术在国内的高速发展,工商银行也渐渐意识到金融电子化、信息化的重要性,开始逐步在营业范围内引进自动取款机,以方便客户办理现金取款业务,在随后的时间里,工商银行还先后建立了门户网站和电话客服中心,绘制了电子银行业务的早期蓝图。世纪之交,工商银行更加笃定地继续加大对电子银行业务的开发力度,并在业内率先将电子银行业务划归为战略层面,通过在总行设立电子银行办公室,以达到对行内电子银行业务的规范化经营的目的。

千禧年到来之际,工商银行将原本下设在各地区分支机构的电话客服中心进行上收管理,建立了统一的热线电话——95588,实现了客服中心到电话银行的转变,这也标志着工商银行电子银行从此走上了规范化经营之路。2004 年,工商银行开始探索在移动终端上提供金融服务,WAP 手机银行和短信银行的问世又将工行电子银行带入了新的高度。2014 年,工行又投产了自有的电商平台融 e 购,在为客户提供全方位、立体化金融服务的同时,也为自身构建互联网金融新格局奠定了坚实的基础。

3. 中国工商银行电子银行业务简介

工商银行所规划的"e-ICBC"战略,其目的在于建立一个集银行业务、电子商务、信息通讯、交易支付、贷款融资、投资理财等功能于一体的互联网金融生态圈。主要有三大平台:直销银行平台融 e 行、电商平台融 e 购以及即时通讯平台融 e 联。

融 e 行是工商银行推出的一种全新模式的电子银行服务模式,它打通了传统手机银行和网上银行之间的阻隔,以崭新的姿态、全面的功能迎接每一位客户的使用,即便是未曾在工行开户的客户,也可以通过直销银行平台注册虚拟电子账户,进而享受各种银行服务,所有环节均可在线办理,无需客户前往工行网点。目前,工行融 e 行直销银行平台主要提供存款、投资以及交易三大业务模块:存款模块主要包括定期存款、通知存款、节节高等产品;投资模块包含了理财产品、基金等产品;交易模块则包含了各类账户商品和积存金等产品,力争满足客户全方位金融需求。

　　融e购是工商银行在 2014 年 1 月 12 日推出的电子商务平台,其商品种类涉及了金融产品、手机数码、服装鞋帽、家具家装、汽车汽配、房产等十余个行业,上架商品总数量已达数十万件。融e购坚持"名商、名品、名店"的定位,在客户和商户之间建立联系,同时带动支付和融资的需求,最终实现对物流、资金流和信息流的高效利用。此外,融e购电商平台的问世也为客户的综合积分提供了消费渠道,客户可用综合积分充当现金通过融e购平台购买所需商品,在给客户提供心仪商品的同时还增加了客户黏性。

　　融e联是工商银行推出的即时通讯平台,客户不但可以通过各种公众号及时获取金融信息或银行公告,还能在线与朋友或银行服务人员进行沟通。

　　根据工行总行网讯的数据,截至 2016 年 4 月,工银融e行平台注册客户数量已接近 140 万户,交易金额超过 482 亿元;融e购 B2C 交易总金额达到 1007.86 亿元,B2B 交易总金额已达 980.6 亿元;融e联消息推送用户数量已达 4777.1 万户。

　　早期的网上银行业务主要功能仅限于账务查询、转账汇款等传统金融服务,而现在的网上银行已经将服务范围扩展至客户的日常生活,如:医院挂号、生活缴费、网上纳税等服务,甚至如今的工行网银还嵌入了融e购电商平台,力争将客户的金融需求进一步生活化。

　　4. 未来展望

　　当前环境下,我国商业银行尽管面临着来自诸多方面的挑战,但在危机来临之际也并存发展的机会,传统银行业务由于受限于时间、空间、技术等因素,制约了商业银行的前进动力,因此只有采用适当的方式进行创新,才能在逆水行舟的环境下保持前进。电子银行作为传统金融业务和新兴电子科技的融合产物,不但保证了商业银行金融业务的延续,还兼顾了在创新领域的发展,成本低、效率高、体验好等诸多优势,让更多的商业银行懂得了开展电子银行业务的重要性。然而,也暴露出公司内部体制复杂、风险控制体系不健全等问题。这需要工商银行后期加以解决。同时,因为电子银行业务具有极强的时效性,也许只需短短几年便会发生翻天覆地的变化,在未来随着诸如大数据、人工智能、区块链等更多种类新技术的应用,电子银行业务一定会迎来更好的发展。

　　资料来源:罗成. 中国工商银行电子银行业务研究[D]. 北京:对外经济贸易大学,2017.

问题：

1. 试分析中国工商银行电子服务的组成。

2. 试分析顾客在电子银行服务中的作用。

3. 如何促进未来电子银行服务？

第9章 服务质量管理

9.1 导入案例

马尔科姆·鲍德里奇国家质量奖的基本观点

马尔科姆·鲍德里奇国家质量奖创建于 1987 年,是一个表彰美国组织卓越绩效的奖项。美国马尔科姆·鲍德里奇国家质量奖所依据的基本原则就是它的基本观点,只有切实贯彻了这些基本观点来建立管理制度且实施较佳的企业才能获得该奖项。

马尔科姆·鲍德里奇国家质量奖的基本观点有如下 9 项。

①质量是由顾客最终确定的;

②高层管理者需要创造一种清晰的质量价值观,将其融化在组织的日常操作上;

③卓越的质量是要通过设计及执行俱佳的制度及过程来实现;

④不断改进必须成为所有制度及过程的管理内容;

⑤缩短所有操作及程序所需的时间,是质量改进的一个重要构成部分;

⑥操作及决策必须以事实及数据为依据;

⑦所有员工都要接受适当的训练及全面参与质量管理有关活动;

⑧提高设计的质量及加强次废品的预防是质量管理系统的重要部分;

⑨公司必须对供应商清楚说明质量的要求,并与供应商携手合作去改善质量。

马尔科姆·鲍德里奇国家质量奖的基本观点是美国社会文化和价值观环境下的产物,在中国的文化氛围和环境条件下,难免有不适应之处,但其包含的先进质量管理理念和科学质量管理方法,对推动我国现代企业制度的建立仍有相当大的借鉴意义。

资料来源：梁斌. 美国马尔科姆·鲍德里奇国家质量奖基本观点赏释[J]. 世界标准化与质量管理，2006，5(5)：15-17.

思考：论述马尔科姆·鲍德里奇国家质量奖对中国有何积极意义。

9.2　服务质量的定义

9.2.1　服务质量的重要性

较高服务质量是企业生存的前提条件，高质量的服务会为企业带来如下收益。

1.较高的顾客忠诚度

质量是顾客满意的关键，优质服务可以提高顾客满意度，从而提高顾客忠诚度，顾客的忠诚是企业收益提高和企业发展的源泉。

2.较高的市场份额

忠诚顾客为企业带来稳固的顾客群，他们的口口相传能为企业带来新顾客，从而给企业创造更大的市场份额。

3.为投资者带来较高的投资回报

研究表明，提供高质量的服务企业一般具有较高盈利性，能给投资者带来稳定回报。

(1)有利于培育忠实的员工

优质服务会让员工从工作中获得较高的满意度，满意的员工会更为忠诚，导致更高的生产率和人员流失率的下降。

(2)降低成本

优质服务可以降低服务失误带来的返工和补偿成本，对错误的防范可提升生产率并降低成本。

(3)对价格竞争具有较强的抵抗能力

优质服务的企业具有独特优势，能获得较高的定价而不必参与价格竞争。

9.2.2　服务质量的定义

大多数学者承认顾客满意度是一个短期的、带有交易特色的变量，而服务质量是长期通过对绩效全面衡量而形成的一种态度。服务质量是一个概念，对服务企业来说,服务质量在服务传递过程中形成。顾客对服务质量的满意可以定义为:顾客将对接受的服务的感知与对服务的期望相比较,当期望与感知一致时,质量是令人满意的。当感知超出期望时,服务被认为具有特别质量,也就是一种高兴和惊讶。当没有达到期望时,服务注定是不可接受的。特别要说明的是,这里的顾客不仅包括外部顾客(消费者),也包括内部顾客(企业内部员工)。若没有内部优质的服务,企业也很难向消费者提供优质的服务。

9.2.3　服务质量的维度

顾客对服务质量的评价通常包含多个要素的感知,主要包括五个基本方面:可靠性、响应性、保证性、移情性和有形性。如图 9-1 所示,服务期望受到这五个维度,以及口碑、个人需要和过去经历的影响。

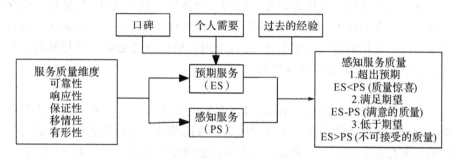

图 9-1　感知服务质量示意图

注:ES(Expected Service)指顾客期望服务,PS(Percepted Service)指顾客感知服务。

资料来源:Parasuraman A. A conceptual model of service quality and its implications for future research [J]. Journal of Marketing, 1985, 49 (4): 41-50.

1. 可靠性

在五个服务维度中,可靠性被消费者一致认为是服务质量感知最重要的维度。服务的可靠性指可靠而准确地完成所承诺的服务的能力。从更广泛的意义上说,可靠性意味着企业按照其承诺行事,包括送货、提供服务、问题解决及定价方面的承诺。可靠的服务是顾客所希望的,它意味着服务以相同方式、无差错地准时完成。例如顺丰快递的可靠性信息——在某时绝对、必定送达目的地,这样的承诺是最具核心价值的承诺。

2. 响应性

响应性指员工提供服务的意愿或时刻准备提供服务的程度。响应性涉及服务时效性问题,反应了服务企业致力于及时提供服务,强调在处理顾客的要求、询问投诉时,员工的专注程度和快捷程度。响应性主要表现为两点:一是顾客为获取员工帮助和信息咨询的等待时间长短;二是企业为满足顾客需求所提供服务的柔性和能力。例如电话快速应答系统、酒店前台人员快速响应和决策等。

3. 保证性

保证性指服务人员的知识水平、专业能力、礼仪以及向对方传递信任与自信心的能力。保证性包括如下几个特征:完成服务的能力;对顾客礼貌和尊敬;与顾客有效地沟通;将顾客最关心的事情放在心上的态度。当顾客感知的服务包含高风险或自己没有能力评价服务产出时,保证性就非常重要,如银行、证券交易、医疗和法律服务等。

4. 移情性

移情性指设身处地地为顾客着想和对顾客给予特别关注,并提供个性化服务。具有下列特点:接近顾客的能力、敏感性和努力地理解顾客需求。其目的是通过个性化的或顾客化服务,使每个用户感到自己是唯一且特殊的。例如,企业员工清楚地记得顾客姓名。

5. 有形性

有形性是指服务的有形展示,包括有形的设施、设备、服务人员外表形象等。有形的环境条件是服务人员对顾客细致的照顾和关心的表现。强调有形性的服务行业主要是一些顾客到企业所在地接受服务的服务行业,如餐饮业、零售业、酒店行业等。

9.3 服务质量差距模型

通过将顾客基于上述 5 个服务质量维度所作的预期与其对实际服务感知到的差异相比较,从而将服务质量概念化,形成服务质量差距模型。如图 9-2 所示,包括服务差距、认知差距、标准差距、传递差距、沟通差距。服务差距是其中最重要的差距,它是指顾客对服务的预期与对实际交付的服务感知之间的差距。

顾客的满意度取决于服务传递过程相关的 4 个差距最小化。

1. 认知差距

认知差距是指服务提供商对顾客期望的感知与顾客期望之间的差距。例

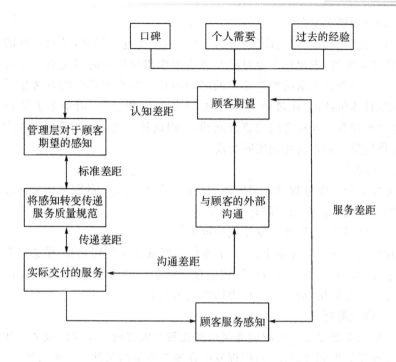

图 9-2　服务质量差距模型

资料来源:Parasuraman A. A conceptual model of service quality and its implications for future research [J]. Journal of Marketing, 1985, 49 (4): 41-50.

如酒店可能觉得客人更喜欢舒适的房间,但事实上,绝大多数客人几乎没有多少时间待在房间里,客人更对酒店人员的礼仪感兴趣。导致这种差距有三方面的原因。

(1)市场信息研究不到位

这源于三方面,首先是服务管理人员没有以市场为导向;其次是研究目标不明确,研究数据不充分;最后是没有将研究信息充分反馈和应用到实践中去。

(2)信息沟通失真

指企业管理层在与员工和其他非企业人员的信息沟通中存在失真现象。信息沟通可以是正式或非正式的,其中高层管理人员和前台员工之间互动的质量和效率是沟通的重要方面,这又取决于所使用的媒介。面对面交流是最好的沟通形式。

(3)管理层次复杂

由于前台服务员工与高层管理人员之间存在过多层次,导致信息的扭曲与传递速度变缓,进而使企业对消费者需求作出反应的时间延迟。管理层次越多,针对消费者需求的决策花费的时间越长。缩小该差距的方法是了解顾客期望,具体包括:①通过市场调研、顾客抱怨分析、顾客清单等了解顾客期望;②增加顾客与经理之间的直接互动;③提高从一线员工到管理层的沟通水平;④将信息与创意转化为实际行动。

2. 标准差距

标准差距指服务提供商对顾客期望的感知与其建立的服务质量标准之间的差距。造成该差距的原因有如下几个。

(1)高层管理对服务质量重视程度不够

管理人员往往更注重生产力、成本的缩减或其他短期利益,而忽略开发服务质量要素的必要性。竞争性领域也存在重量轻质的问题,如很多餐馆评判的标准是顾客数量,而不是怎样为这些顾客服务。

(2)资源限制

有限的资源经常会限制服务供应商按每个顾客的要求提供服务。如顾客希望在理发店得到即时服务,但理发店在现有容量的条件下很难做到。

(3)目标设置不恰当

传统上企业习惯于在财务和成长性方面设立目标,这影响了企业对服务质量的注意力。

(4)任务的标准化程度不高

将管理感知转化为服务规范,关键是服务工作的标准化程度,该服务差距的大小与高层管理对服务概念的理解能力以及服务标准化程度成反比关系。服务的标准化程度越高,越容易规范,服务差距也越小。

缩小该服务差距的方法是建立恰当的服务质量标准。

①确保高层管理者重视的质量与顾客定义的质量一致;

②在所有工作单元建立沟通和强化顾客导向的服务标准;

③培训管理者,使其具有领导员工提供优质服务的技能;

④采用新的经营管理方法,打破提供优质服务的障碍;

⑤使用机器替代人员接触,加大标准化,确保服务的一致性和可靠性;

⑥设立明确的、具有挑战性的、能满足顾客期望的服务质量目标;

⑦区分出对服务质量有程度影响的工作任务,对其给予最高优先权;

⑧确保员工理解并接受服务质量目标和优先权的设定;

⑨评价绩效并定期反馈,奖励达到目标的管理者和员工。

3.传递差距

传递差距又称服务绩效差距或一致性差距,指实际提供的服务与服务提供者制定的标准之间的差距。传递差距通常取决于员工是否愿意以及是否有能力按照规范来提供服务。造成该差距的原因主要有如下几个。

(1)团队作业

服务经常通过团队而不是单个的前台员工来传递,因此团队工作的效率与质量可能导致传递差距。团队作业要求每名员工将供应链看作服务链,每名员工都将下一个阶段当成顾客来看待。此外,还要使员工之间优先考虑合作而非竞争。

(2)员工与岗位的匹配

若传递服务的员工不适合该服务要求,就会产生传递差距,尤其是前台服务员工。

(3)技术与岗位的匹配性

由于企业为员工所配备的工具和技术不匹配而导致传递差距。

(4)考核体系

这是由于对服务员工绩效评估的片面性所导致的传递差距。例如,消费者希望铁路订票系统的票务员快速、准确、有礼貌,而铁路局管理者对这些订票员的业绩评估仅通过其服务的顾客数量加以衡量,这样会忽略对服务质量的评价。

(5)角色冲突

指管理人员、监督人员、消费者等的期望发生矛盾或要求过高时,服务员工会感觉到角色冲突,无法满足所有人的要求。例如,饭店经理想让服务员招待尽可能多的顾客,而消费者可能要求专职服务员。

(6)职责的明晰

员工充分理解自己的职责,首先取决于企业内部由上而下的信息沟通效率,其次取决于企业怎样传递期望、为员工提供怎样的培训、对期望的准确理解以及怎样进行评估等。

缩小该服务差距的方法是确保服务绩效达到标准,具体包括:

①明确员工角色,确保所有员工理解其工作如何使顾客满意;

②为员工提供技术培训和人际沟通培训,将有能力和具备服务技能的员工安排到合适的工作岗位上;

③选择合适、可靠的技术和设备,提高服务水平;

④让员工参与标准的制定,减少员工的角色冲突;

⑤开发公平、有效、简单的奖励体系;

⑥向管理者和员工授权,确保组织内部支持员工;

⑦建立工作团队,使员工融洽地合作工作,使用团队奖励进行激励。

4．沟通差距

沟通差距指企业对外宣传承诺的服务质量与实际所传递的服务质量之间的差距。对外信息的传递实际上代表企业对顾客做出承诺。当沟通差距很大时,企业就破坏了它的承诺,其结果必然导致丧失顾客的信任。造成该差距的原因有如下两个。

(1)企业内部的横向交流不畅

这表现为两方面:一是企业的广告策划人员缺乏与服务运营部门的交流,从而作出不切实际的广告宣传;二是直接为顾客提供服务的一线人员不了解也不关心企业所做的外部宣传,使得他们不可能有意识地致力于使服务效果与外部宣传一致。

(2)承诺过度

企业之所以过度承诺往往是由于其他企业的过度承诺,企业不得已而为之,或是为了推销一种新服务,在一开始过度承诺,以期打开局面。

弥合该服务差距的方法是恪守承诺,具体包括:

①设计要真实反映员工工作内容的广告;

②在广告发布之前,要让服务提供者预览广告;

③开展企业内部的教育、激励和宣传活动,加强营销部门、生产部门和人力资源部门之间的联系;

④确保在不同地点提供标准一致的服务;

⑤确保宣传内容正确反映顾客所关注的重要服务特征;

⑥让顾客明白什么是可能的、什么是不可能的及其原因,管理顾客期望;

⑦区分并解释服务缺陷中的不可控因素;

⑧根据不同的价格为顾客提供不同水平的服务,并对这种区分予以解释。

5．服务差距

以上四种差距导致产生服务差距,即顾客期望的服务与实际所获得的服务之间的差异。如图9-2所示,顾客的服务期望会受到诸多因素影响,其中包括顾客间的口碑沟通、个人需要、过去经历以及与服务组织的沟通。这一差距至关重要,如果服务感知低于期望水平,顾客会产生失望与不满。相反,如果服务感知超过期望水平,顾客会感到满意和欣喜。

9.4　如何评价服务质量

顾客定义的服务质量标准和测量方法可以被划分为两类:软性的和硬性的。软性测量不是简单的观察,必须通过与顾客、员工或者其他人员交谈,收集他们的主观评价才能得到。软性标准为员工提供了达到顾客满意的方向、指导和反馈,通过测量顾客感知和信念对软性标准进行量化。

相反,硬性测量和硬性标准是指可以通过检查进行计算、计时或测量的特征和活动。这些测量可能包括:顾客在等待电话接通时有多少电话被取消了,多少订单填写正确,完成一个特定任务所需的时间,在服务传递的某一特定阶段顾客需要排队等候多少分钟,火车晚点的数量,提包丢失的数量。制定标准通常需要参考某项特定措施得以实现的比例。对服务商的挑战是要确保对服务质量的可行性测量能够反映出顾客的投入。

服务优良的组织会同时采用软性的和硬性的服务质量测量方法。这些组织善于倾听顾客和与顾客接触的员工的意见。组织越大,使用多种专业设计和实施顾客反馈程序、研究程序来创建正式的反馈项目就显得越重要。同时,顾客的服务质量通常也会受到顾客满意度的影响。

9.4.1　软性测量方法

主要的软性方法介绍如下。

1. 企业服务质量调查

这是指采用科学抽样方法,形成调查问卷,通过电话或邮寄方式,在本企业广泛的顾客群中了解服务质量和顾客满意度的定量调查方法。

2. 目标顾客群体访谈

这是指针对目标顾客群体,通过现场访谈和讨论来测量服务质量的方法。该方法通常由一名受过训练的协调人员引导 8～12 名顾客进行非正式讨论,协调人鼓励顾客表达观点并对群体中其他人所提出的建议进行评价。通过这种方式,企业可以获取比单个顾客访谈更丰富的信息。

3. 顾客抱怨分析

顾客抱怨分析有两个目的:一是识别出不满意的顾客;二是识别企业服务传递系统的不足,采取必要的措施加以纠正,以减少未来发生问题的可能性。服务企业要连续不断地征求顾客的抱怨。

4. 售后调查

许多公司往往等待顾客抱怨,然后根据抱怨采取行动,但很多顾客不愿抱怨,因此等待顾客抱怨并不能为公司提供绩效的"真实"写照。相比等待顾客抱怨售后,主动调查是一种更为积极主动的方法,能够较为准确地反映企业最近的绩效。

5. 市场总体服务质量调查

这是指对整个市场(包括本企业和竞争对手)总体的服务质量状况进行调查的一种方法。通过该调查,不仅能度量本企业的服务质量,还能评价竞争对手的服务质量。例如,同时使用 SERVQUAL 和其他度量标准时,公司可以通过与自己以及竞争对手的业绩比较来评价目前的业绩,并为服务企业提供服务传递系统中需要改进的信息。

6. 服务反馈卡

这是一种强大而不贵的方法,是在向顾客提供服务后给顾客一张反馈卡,让顾客就服务效果进行反馈并提出意见的方法。例如,在美发或就餐后,美发厅或餐厅请顾客提出自己的意见。

7. 秘密购物

秘密购物用来测量员工的服务行为。做法是让一名受过训练的人装扮成顾客,并事先不加声明地在公司购物。秘密购物者会根据一组特征(员工与顾客打招呼所花的时间、目光交流、仪态、销售技术)来观察,评价某个员工的服务过程,所得到的结果可以向员工反馈并提出改进意见,这有助于企业指导、培训、评价和认可员工。例如,星巴克咖啡厅和壳牌加油站等连锁企业经常运用秘密购物法进行服务质量的测量,这有助于企业从顾客角度测量服务质量。

8. 员工调查

通过员工调查,可以对员工的品德、态度和其所感受到的提供优质服务的障碍等进行内部服务质量的评价。员工调查的一个重要目的是揭示内部规章制度对提供优质服务造成的障碍。此外,通过员工调查还可以评价企业的内部服务质量,员工的抱怨可以作为早期的预警系统。例如,企业通过员工问卷调查或运用员工建议卡法,确定顾客对特定服务维度的质量感知,提供实现更高服务质量所需的保障,征集提高服务质量的建议。

软性测量在工具上主要依赖 SERVQUAL 量表和步行穿越调查法。下面将加以阐述。

(1)SERVQUAL 量表

SERVQUAL 是以服务质量差距模型为基础的调查顾客满意程度的有效

工具,由 Parasuraman、Zeithaml 和 Berry 三位学者共同开发。该量表基于服务质量差距模型,利用李克特量表的 7 分法来测量服务质量。

SERVQUAL 量表包含 44 个题项,从服务质量的五大维度(可靠性、响应性、保证性、移情性、有形性)来评价顾客的期望和感受。SERVQUAL 由两部分组成:第一部分是顾客对特定服务行业中优秀公司的期望,包含 22 个项目;第二部分用来度量消费者对被评价公司的感知,也包含 22 个项目。将这两个部分中得到的结果进行比较,就得到 5 个维度的差距分值。差距越大,消费者的感知离期望的距离越大,服务质量的评价越低;差距越小,服务质量评价就越高。表 9-1 是 SERVQUAL 量表部分题项的举例。

表 9-1 SERVQUAL 量表部分题项

服务质量的维度	题项
有形性	1. 优秀的公司会有现代化的设备
	2. 优秀的公司有形设备很有吸引力
	3. 优秀的公司员工外表很整洁
	4. 优秀的公司提供的服务相关资料(如公司手册)看上去很吸引人
可靠性	5. 优秀的公司向顾客承诺的事情能及时完成
	6. 当顾客有问题时,优秀的公司会表现出解决问题的诚意并提供帮助
	7. 优秀的公司在第一时间提供正确的服务
	8. 优秀的公司在作出承诺后如约提供服务
	9. 优秀的公司保持零差错纪录
响应性	10. 在操作前,优秀的公司员工将正式告知顾客
	11. 优秀的公司的员工及时为顾客提供服务
	12. 优秀的公司的员工总是愿意帮助顾客
	13. 优秀的公司的员工从不因忙碌而拒绝顾客的要求
保证性	14. 优秀的公司的员工行为给顾客以信心
	15. 优秀的公司的员工一向对顾客彬彬有礼
	16. 顾客在优秀的公司中进行交易时感觉安全
	17. 优秀的公司的员工具备回答顾客问题的专业知识

续表

服务质量的维度	题项
移情性	18. 优秀的公司关怀每个顾客
	19. 优秀的公司在安排工作时间时,考虑方便所有的顾客
	20. 优秀的公司会促使员工为不同顾客提供个性化关怀
	21. 优秀的公司的员工了解顾客的特殊要求
	22. 优秀的公司优先考虑顾客的利益

资料来源:[美]詹姆斯 A. 菲茨西蒙斯,莫娜 J. 菲茨西蒙斯. 服务管理运作战略与信息技术[M]. 张金成,范秀成,杨坤,译. 北京:机械工业出版社,2013.

(2)步行穿越调查法

步行穿越调查法(Walk Through Audit,WTA)是从顾客的角度出发,通过评价顾客在整个服务过程中经历的各个环节来测评服务质量的方法。步行穿越法是一种从顾客角度评价服务感受并全面改进服务质量的工具,因为顾客经常会发现被管理者忽视的问题和隐患。

步行穿越调查法的具体步骤是:

①绘制顾客消费的流程图;

②按照流程图,列出顾客所能接触的各个环节,包括环境、设备、消费品、服务人员、其他顾客,设计形成调查问卷;

③由顾客拿着问卷,在消费过程中对每一个问题作出评判;

④企业回收调查问卷,对有效问卷进行统计分析,找出顾客满意与不满意之处,并分析原因;

⑤按照对顾客意见的调查分析结论,对企业的实际情况进行纠偏、改进。

步行穿越调查法的问卷同样要发给企业管理者和员工,让管理者和员工按照消费流程进行步行穿越调查,填写调查问卷。之后,评价三者之间在服务质量评价中的差距,找出差距原因并改进服务环节。

步行穿越调查法可以通过多种途径(如电子邮件、电话访谈、调查人员亲自访谈顾客)进行,但最有效的是在服务体验之后调查人员立刻对顾客进行访谈。表 9-2 是某博物馆的步行穿越调查问卷,问卷划分为 5 个主要的服务传递过程阶段:购票、阅读参观信息、参观体验、购买纪念品、服务评价。

表 9-2　某博物馆服务质量的步行穿越调查

服务阶段	评分				
购票	强烈反对	反对	无法判断	赞同	完全赞同
a. 很容易看见票价信息	1	2	3	4	5
b. 票价物有所值	1	2	3	4	5
c. 排队购票时等待太长时间	1	2	3	4	5
d. 愿意通过电话或互联网提前购票	1	2	3	4	5
阅读参观信息					
a. 指示牌清楚指明了博物馆各分馆的位置	1	2	3	4	5
b. 现场有关于该博物馆的足够多的信息	1	2	3	4	5
c. 提供信息的方式符合语言习惯	1	2	3	4	5
d. 展览物信息充分	1	2	3	4	5
e. 关于展览物的信息说明非常清楚	1	2	3	4	5
f. 可以享受向导服务	1	2	3	4	5
g. 可以通过各种方式获取信息(如广播、宣传册、向导等)	1	2	3	4	5
h. 能通过展览信息学到很多知识	1	2	3	4	5
参观体验					
a. 参观路径很清晰	1	2	3	4	5
b. 光线充足	1	2	3	4	5
c. 背景音乐令人愉快	1	2	3	4	5
d. 展览室有足够的空间供参观者走动	1	2	3	4	5
e. 有充足的机会与展览物接触	1	2	3	4	5
f. 不同分馆的开放时间安排和空间安排合理	1	2	3	4	5
g. 陈列设施先进	1	2	3	4	5
h. 洗手间干净、明亮	1	2	3	4	5
购买纪念品					
a. 纪念品种类丰富	1	2	3	4	5
b. 纪念品价格适中	1	2	3	4	5
c. 纪念品能体现博物馆的主题特色	1	2	3	4	5
服务评价					
a. 服务满足了您的需求	1	2	3	4	5

续表

服务阶段	评分				
服务评价	强烈反对	反对	无法判断	赞同	完全赞同
b. 可能还会来该博物馆参观	1	2	3	4	5
c. 会向朋友推荐该博物馆	1	2	3	4	5
d. 服务总体来说很优秀	1	2	3	4	5
e. 服务还有很大的改进空间	1	2	3	4	5

资料来源：蔺雷，吴贵生.服务管理[M].北京：清华大学出版社，2008.

9.4.2 硬性测量方法

硬性测量通常指的是运营流程或结果，包括诸如正常运营时间、服务反应时间、服务失误率以及传递成本。在复杂的服务运营过程中，将使用多种服务质量测量方法记录服务各个阶段的情况。例如，在某一时段顾客电话的等候时间、列车的晚点时间、航空行李丢失率、手术后病人的康复率等。

联邦快递公司一直致力于提升企业的服务质量，为此企业首先要决定采取哪种硬性的服务质量测量标准。由于联邦快递公司每天运输成千上万件包裹，数量庞大，哪怕 99% 的包裹按时到达（1% 的延误率）或 99.9% 的航班都安全到达（0.1% 的事故率）都会导致可怕的后果。因此，企业决定采用零失误的服务评价标准。

基于顾客的软性调查结果，联邦快递公司采用了服务质量指数（Service Quality Index，SQI）测量 12 个可能导致顾客不满的行为。该指标由每一事件的原始数据和对每一项目得分的加权（反映该事件对顾客造成影响的严重程度）构成，所有得分之和即为总体指数。指标越低，表现越好。

9.4.3 顾客满意度

1. 顾客满意度的影响因素

顾客满意是消费者将其需要或期望与实际服务过程的感知进行比较而对产品或服务的评价。若顾客的实际感知满足了期望，则顾客满意；若顾客的实际感知没有满足其需要和期望，则顾客不满意。影响顾客满意的因素有：产品和服务特性；消费者的情绪；服务成功或失败的归因；消费者对公平或正直的感知。

（1）产品和服务特性

顾客对产品或服务特性的评价会对其满意产生重大影响。企业会通过某种管理方法（如焦点小组访谈）明确找出服务的重要属性和特征，然后衡量顾客对这些特性的感知以及对服务整体的满意程度。例如，一家高档旅游饭店的重要特性包括客房的舒适性与私密性、餐厅菜品的多样性与地方特色、是否有游泳池与高尔夫球场、服务价格、服务人员的帮助与礼貌等。这些特性显然会影响顾客对这家旅游饭店的满意感知与评价。

（2）消费者的情绪

消费者的情绪会影响对产品或服务满意的感知。这些情绪可能是稳定的、事先存在的，比如情绪状态和对生活的满意度；消费过程本身引起的一些特定情感也会影响消费者对服务的满意。例如，导游的情绪对整个旅途中消费者是否满意有重要作用，悲伤、难过、后悔以及生气都会减弱消费者对旅行的满意度。

（3）服务成功或失败的归因

归因是指消费者对某一事件所寻找的感觉上的原因，它对满意的感知也有影响。当消费者对一种服务结果感到震惊时（如比预期的好太多或坏太多），他们总会试图寻找原因，对原因的评定能够影响顾客满意度。例如，在参加了健身房提供的减肥计划后，消费者发现自己并没有如计划那样在规定时间内减去相应体重。他在判断对该健身房所提供服务是否满意之前，会先寻找一系列原因：是因为健身计划无效，还是因为周边环境使他无法遵循减肥计划，或由于他个人的原因。

（4）消费者对公平或正直的感知

消费者满意度会受到对公平或正直的感知的影响，顾客是否被公平对待、别的消费者是否得到更好的服务与更合理的价格是影响顾客是否满意的重要因素。

通常人们以顾客满意度衡量服务质量。虽然两者有共性，但顾客满意度并不等同于服务质量。顾客满意是一个更广义的概念，它由多种因素引起，服务质量只是其中之一。因此，服务质量是形成顾客满意的必要条件，而非充分条件。

2. 顾客满意度的测量

顾客满意度的测量主要包括通过追踪和检查销售记录、利润和顾客抱怨，以及使用顾客满意度量表。然而一家企业无法听到全部不满意顾客的声音，这会流失很多潜在顾客。因此，企业通常将结合量表来对顾客满意度进行评估。这是指采用从"很不满意"到"很满意"的量表对顾客满意度进行测量的方法。以 5 点量表为例,分别是:1 分代表很不满意,2 分代表较不满意,3 分代表中性,4 分代表较满意,5 分代表很满意。使用这种测量形式的企业通常会将回答"有点满意"和"很满意"的百分比组合起来,得到满意度的分值。

9.5 电子服务质量的定义

以信息技术为支撑的电子服务提高了各个服务环节的效率和效果,电子服务质量就是对电子服务效率和效果的测量。但学者们对电子服务的内容理解不同,导致"效率"和"效果"针对的具体对象有所差别。如图 9-3 所示,四个象限分别表示不同形式的电子服务。按服务内容可进一步区分为独立服务(Stand-alone Service)和支撑服务(Supporting Service),前者意味着电子服务传递与顾客收益可同时实现,而后者则是对传统服务提供支撑。按交互界面划分,可分为互联网界面和其他界面。

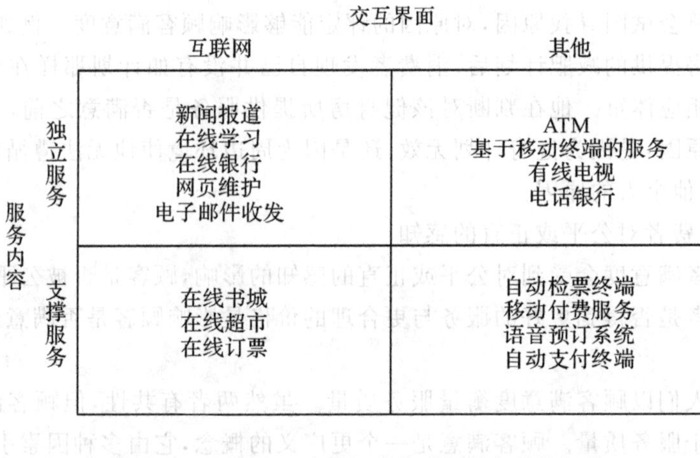

<table>
<tr><td rowspan="2"></td><td colspan="2" align="center">交互界面</td></tr>
<tr><td align="center">互联网</td><td align="center">其他</td></tr>
<tr><td rowspan="2" align="center">独立
服务</td><td align="center">新闻报道
在线学习
在线银行
网页维护
电子邮件收发</td><td align="center">ATM
基于移动终端的服务
有线电视
电话银行</td></tr>
<tr><td></td><td></td></tr>
<tr><td align="center">支撑
服务</td><td align="center">在线书城
在线超市
在线订票</td><td align="center">自动检票终端
移动付费服务
语音预订系统
自动支付终端</td></tr>
</table>

（服务内容在左侧纵向标注）

图 9-3 现有 e-SQ 的涵盖范畴与服务种类细分

资料来源:李雷,简兆权.国外电子服务质量研究述评与趋势展望[J].外国经济与管理,2012,34(10):1-12.

综合现有研究,本书对于电子服务质量定义如下:电子服务质量是对电子服务效率和效果的评价,其中,电子服务是指顾客以自助的方式同基于信息技术的交互界面发生人机交互型服务接触,有时为完成无法虚拟化的线下服务环节,也会同服务人员发生人际交互型服务接触,由此使得服务提供商预期提供的服务内容得以发挥效用,最终达成服务供需方各自所期望目标的价值共创过程。

9.6　电子服务质量差距模型

　　传统的服务质量差距模型将顾客感知的服务质量定义为服务期望和感知之间差异的程度和方向,并将这种差异描述为与服务的认知、标准、传递和内部沟通相关的四个差距的函数。

　　但 Zeithaml(2002)等人的研究表明,在通过互联网与客户互动的公司中也存在类似的服务差距,并构建了电子服务质量差距模型,如图 9-4 所示。这个模型包括 e-SQ 的客户评估及其后果(模型的上半部分)和可能导致 e-SQ 评估不佳的组织缺陷(模型的下半部分)。公司方面表明了三种潜在的差距——即信息、设计和沟通差距,可能发生在网站的设计、运营和营销过程中。这些差距共同促成了顾客方面的"实现差距",引发了一系列对感知 e-SQ、感知价值和购买/再购买行为的影响。具体表述如下。

　　1. 设计差距

　　设计差距表示未能将有关客户需求的知识充分纳入网站的结构和功能。网站的初始设计应了解公司对客户所需功能的了解。同样,网站的持续运作也应根据客户的反馈进行适当调整。不幸的是,即使一个公司的管理层有完整和准确的知识(即,信息差距是不存在的),这种知识可能并不总是反映在网站的设计和运作上。

　　2. 沟通差距

　　沟通差距表示营销人员对网站的功能、局限性缺乏准确的理解。在理想的情况下,网站的营销将建立在对网站能提供什么和不能提供什么的良好了解的基础上,由负责设计和运营网站的人定期与营销人员沟通,以确保承诺不超过可能的范围。在传统的 SQ 环境中,营销和运营之间缺乏有效的沟通,这种情况同样也出现在 e-SQ 环境中。

　　沟通差距不仅是通过报纸和电视等传统媒体对网站做出的不准确或夸大的承诺,它还包括在网站本身做出的此类承诺(例如,保证在某一日期前交付购买的商品),显然是因为做出这些承诺的营销人员或系统缺乏或忽视了对网站基础设施不足的了解。无论这些错误的承诺是通过传统的促销媒体还是通过网站做出的,它们都影响客户对网站的要求或期望。

3. 信息差距

信息差距表示使用网站顾客和交易情景的差异。在 e-SQ 的背景下,信息差距的重要性由于客户可能希望在某些网站属性上既不太高也不太低的最佳性能水平而更加突出。正如前面所讨论的,即使对于响应速度和订单状态信息的提供等属性,"更多"可能并不总是转化为更高的感知 e-SQ。此外,在任何给定属性上的最佳性能水平也可能因客户(例如,经验丰富的客户与没有经验的客户;刚刚浏览的客户与准备购买的客户)和情景(例如,购买稀有与易得的项目;正常与问题困扰的交易)而有所不同。在缺乏对市场的定期监控以更新公司对客户所需的网站属性的了解的情况下,一定程度的信息差距将持续存在。

4. 实现差距

实现差距表示顾客的需求和实际服务体验之间的总体差距。

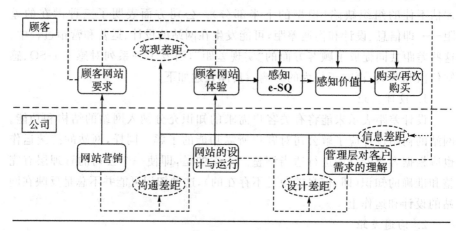

图 9-4　电子服务质量差距模型

资料来源:Zeithaml V A, Parasuraman A, Malhotra A. Service quality delivery through web sites: A critical review of extant knowledge [J]. Journal of the Academy of Marketing Science, 2002, 30 (4): 362-375.

9.7　如何评价电子服务质量

由于 e-SQ 是一个多维构念，主流的测量方法是选择恰当理论划分 e-SQ 的维度，再利用问卷调查法（类似于 SERVQUAL 量表）进行测量，且主要调查对象集中于以互联网为交互界面的 e-SQ（尤其是在线购物服务质量）。表 9-3 列举了部分学者对电子服务质量测量的研究内容。

表 9-3　电子服务质量测量维度的举要

研究者（研究年份）	研究对象	维度划分
Zeithaml 等（2000 和 2002）；Parasuraman 等（2005）	在线购物网站	核心服务质量：效率、实现、稳定性、私密性；恢复服务质量：响应、补救、接触
Collier 和 Bienstock(2006)	在线购物网站	过程质量、结果质量、服务恢复质量
Bauer 等（2006）	在线购物网站	页面功能、趣味性、服务过程、可靠性、服务响应
Barrutia 和 Gilsanz(2013)	在线购物网站	过程质量、结果质量

资料来源：蔺雷，吴贵生.服务管理[M].北京：清华大学出版社，2008.

9.8　服务容忍区

由于服务是异质的，不同的服务提供商、同一服务提供商的不同服务人员，甚至相同的服务人员，服务绩效都会存在差别。顾客承认并愿意接受该差别的范围称为"容忍区"，见图 9-5。换言之，顾客对某一区域的服务质量变动都是认可的，都与其期望相吻合。因此，可以将顾客的服务期望划分为：理想服务质量（Desired Level）和可接受的服务质量（Adequate Level）。理想的服务质量说明的是顾客心目中服务质量应当是什么样的，而可接受的服务质量说明的则是服务质量可能是什么样的。可接受的服务质量是顾客对服务水平可以容忍的下限。这两个期望便构成了一个容忍区域。如果顾客实际接受的服务质量恰好落在这个区域，那么，顾客会接受这样一种服务结果，并认为服务质量是良好的。

　　不同的顾客,不同的服务类型,其容忍区域可能是不同的。即使是同一个顾客,在不同的时点上,容忍区域也会存在差异。一般来说,技术质量(结果)较为重要的服务,其容忍区域相对会窄些,而功能质量(过程)较为重要的服务,其容忍区域则会扩大一些。另外,不管是前面的哪一种情况,如果出现服务失误或者是服务接触过程失败,那么,容忍区域就会缩小,乃至消失。

　　对容忍区域的测量并将其与顾客的实际服务经历进行比较,将有助于管理人员发现服务质量问题,并做出是否立即采取措施的决策。如果企业提供的服务质量正好落在容忍区域内,对于顾客来说,这是可以接受的。但如果企业提供的服务质量低于容忍区域中的顾客可接受服务质量,那么,企业就必须采取措施,以保证顾客总体服务质量感知水平不至于降低太多,特别是对于那些对顾客服务质量感知形成起着决定性作用的服务特性,如果低于顾客可接受水平,就应当立即采取措施加以解决。

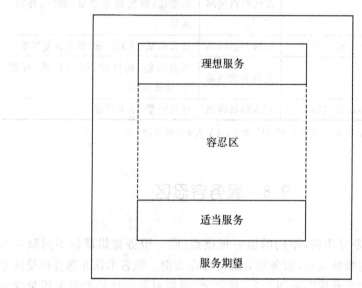

图 9-5　容忍区

资料来源:Zeithaml V A, Berry L L, Parasuraman A. The nature and determinants of customer expectations of service [J]. Journal of the Academy of Marketing Science, 1993, 21 (1): 1-12.

9.9　服务失败与服务补救

9.9.1　服务失败的类型

服务失败的类型可以划分为四个种类：服务传递系统失败、对顾客需要以及请求的反应失败、员工自发而多余的行动引起的失败、有关问题顾客的失败。

1. 服务传递系统失败

服务传递系统失败（System Failures）是企业在核心服务提供方面的失败。例如飞机不能按时起飞、酒店没有提供充足的干净房间、保险公司不能处理顾客赔偿请求，这些都是服务传递系统失败。

服务交付系统的失败由员工对三方面失败的回应构成：①服务的不可获性；②不合理的服务延误；③其他核心服务失败。服务的不可获性（Unavailable Service）是指在平时可以容易获得的服务却出现缺乏或根本没有。不合理的服务延误（Unreasonably Slow Service）是指服务商或员工在为顾客提供所接受的服务时履行职责过于拖沓。其他的核心服务失败（Other Core Service Failures）贯穿于其他核心服务失败中，它是指其他所有没有达到顾客期望的服务故障或行为。这种分类通过有意识地拓宽以便反映不同行业中的各种核心服务，例如金融服务、健康护理、保险、旅行、零售等。每个行业都有其独特的核心服务问题（参见电子服务情景）。

2. 对顾客需求以及请求的失败

顾客需要与请求（Customer Need and Requests）的回应失败，是员工对消费者个体需要和请求的回应的失败。通常，顾客需要和请求可能由员工对以下四方面的服务失败的回应组成：①顾客的特殊需要；②顾客的偏好；③顾客的错误；④其他的破坏性影响，例如要求顾客不要在无烟区吸烟。

3. 员工自发而多余的行动引起的失败

未经提示与请求的员工行为（Unprompted and Unsolicited Employee Actions），这种好的或坏的事件和员工行为有关，而且完全是出乎顾客意料之外的。这些行为既不是应顾客请求产生的，也不属于核心服务交付系统的一部分。这种情况进一步分类为：①员工恶劣的服务态度；②员工非常规行为；③员工违背文化规范的行为。

4. 有关问题顾客的失败

在最后一种服务失败的类型中员工和服务企业都不是服务失败的症结所在。在这种情况下,服务失败的原因是由于顾客自身的错误行为。源于问题顾客的服务失败包括:①醉酒;②身体伤害;③破坏企业政策;④不合作的顾客。

9.9.2 顾客对服务失败的反应

图 9-6 描述了一个顾客对服务失败可能采取的行动,主要有三种行动:第一种是采取公开行动,包括向企业或第三方机构投诉,甚至是法律诉讼;第二种是采取私人行动;第三种是不采取行动。

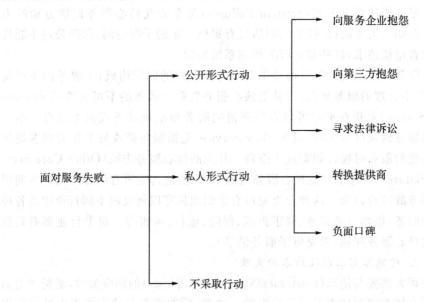

图 9-6　顾客面对服务失败的不同反应类型

资料来源:[美]克里斯托弗·洛夫洛克,约亨·沃茨.服务营销[M].韦福祥,等译.北京:机械工业出版社,2014.

9.9.3 顾客对服务失败处理的期望

面对服务失败的发生,顾客期望能够得到公平、充分的补救。服务补救是服务提供者针对服务失败所采取的行动。在服务补救过程的三个公平维度见图 9-7。

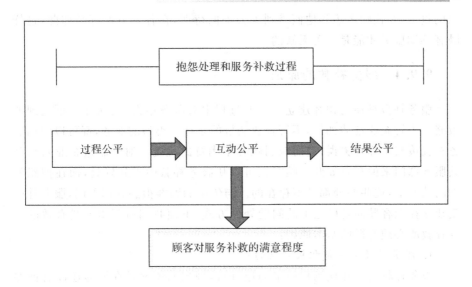

图 9-7　服务补救过程中感知公平的三个维度

资料来源：Tax S S，Brown S W．Recovering and learning from service failure [J]．Sloan Management Review，1998，40 (1)：75-75．

1．过程公平

过程公平是指顾客在寻求公平时必须遵守的政策和规章制度。顾客希望公司能够承担服务失败的责任，接着是便捷、迅速反应的服务补救流程。

2．互动公平

互动公平涉及为顾客提供服务的员工和他们对顾客所做出的行为。对服务失误进行解释并努力解决问题是非常重要的，必须让顾客认为这些补救努力是真实的、真诚的、礼貌的。

3．结果公平

结果公平是指顾客因服务失误所遭受的损失和不便而获得的赔偿。这不仅包括对服务失误进行补偿，还包括对顾客在服务补救过程中花费时间、努力和精力的补偿。

三种感知公平反映了服务补救的不同方面和不同的结果。必须明确，顾客对服务补救过程公平性不是从某个方面，而是从多角度来感知的。如果顾客认为补救过程本身互动或者是沟通方面不公平，那么，用补偿和单纯的道歉试图解决由于服务失误而导致的顾客实际问题和情感问题是不会有任何意义的。服务补救的过程就是将顾客对企业所提供服务的不良感知转化成美好印象的过程,要让顾客感到他们受到了公平的待遇,在各个方面都是如此,这样顾客感知服务才能是完美无缺的。

9.9.4　服务补救的原则

服务补救是在与顾客建立关系的过程中对服务错误、失误和问题处理的策略。不管企业性质如何,不管企业从事的是什么类型的业务,都可以利用服务补救策略来弥补失误,进而减弱顾客不满意的程度。对于制造企业乃至公共服务部门来说都是如此。顾客也可以从服务补救中得到好处,而在抱怨处理的情况下,这些好处都是不存在的。与传统的顾客抱怨处理不同,服务补救是建立在顾客导向基础之上的问题处理方式,下面我们所列出的是有效的服务补救所必须遵循的基本原则:

1. 服务补救应该是积极主动的

服务补救需要在现场积极主动地进行,理想的情况是在顾客还没有抱怨之前就进行补救,服务人员应该对不满意的信号非常敏感,并询问顾客是否遇到问题。例如,服务员可以询问那些将所点的菜只吃完一半的顾客:"先生,一切都合您的胃口吗?"客人可能回答说"是的,谢谢,但我不是很饿"或者"菜的品相很好,不过味道太咸了"。后面的反应给了服务员工进行服务补救的机会,而不是让用餐者不满意地离开餐厅,顾客以后可能再也不会光顾。

2. 服务补救程序需要进行规划

针对服务失误,特别是对那些经常发生并且无法通过已设计好的补救系统进行处理的服务失误,需要制订应急预案。在旅行和接待行业中,收益管理通常会导致超额预订、旅客无法登机、客人在事先确定了座位或预订的情况下仍然不得不退出服务。为了简化一线员工的任务,公司应该确认最常见的服务问题,如超额预订,为员工开发出事前预定的解决方案组合,以便其处理问题。在顾客服务中心,顾客服务代表们已经准备了服务脚本指导他们在服务补救事件中的工作。

3. 必须进行员工培训

经过有效培训的员工在处理服务失败时,更加冷静熟练,能及时做出补救,并让顾客满意。

4. 服务补救需要给员工授权

服务补救努力应该富有弹性,应该给员工授权让他们发挥判断力和沟通技巧,以找到令抱怨的顾客感到满意的解决方案。这在不同寻常的服务失误中尤其如此,因为企业可能没有制订或试行可能的解决方案。员工需要有决策和花钱的权力,以便及时解决服务问题,修复与顾客的良好关系。在丽思-卡尔顿和喜来登酒店,员工有权力主动做事,而不是被动行事。面对问题员工可以自己做主,发挥他们最好的能力去帮助顾客解决问题。

9.9.5　服务补救的策略

优秀的服务补救是各种各样的策略结合在一起发挥作用的结果。一般而言,服务补救策略包括两种类型:一种是企业采取行动,恢复与顾客之间的关系,这种称为"顾客补救"。另一种是采取行动纠正问题,使其按照理想状态不再发生,这种被称为"问题补救"。当然,这两种行动都很重要,但在很多情况下,在问题修复之前,先要进行顾客修复。图 9-8 描述了服务补救的两种策略:顾客补救和问题补救。

1. 顾客补救

首先,顾客补救包括快速行动、进行适当沟通、公平对待顾客以及培养与顾客关系。

(1)快速行动

抱怨的顾客希望企业有快速的反应,这要求企业具有适合快速行动的系统、程序以及经过授权的员工。在一线关注和处理抱怨时,顾客希望听到抱怨的一线员工能迅速解决问题,无论该问题是通过个人、电话还是互联网等方式传递给服务员工,接到顾客抱怨的员工应做出快速相应,并一直负责该抱怨处理,直到问题解决;授权员工对顾客抱怨做出快速反应与行动,要求企业必须对员工进行培训和授权,以便问题在发生时就被解决。顾客要求服务补偿在现场进行,一线员工需要有技巧、权力并积极从事有效的补救,因此企业要对服务人员进行补救培训;允许顾客自行解决问题,建立允许顾客亲自解决服务问题的系统,是另一种快速处理抱怨的方法,这需要技术支持来完成。例如,顾客通过顺丰快递的"包裹跟踪系统"查询自己的包裹投递情况。

(2)进行适当沟通

顾客会尝试着理解发生了什么,企业应该对哪些没有做到的事情负责。理解和责任在顾客经历了服务失误后是非常重要的,因为如果他们发现不公平的事情发生,就会有人遭到指责。顾客期望事情出错时能够得到道歉,而能够提供道歉的企业就表明了礼貌和尊重;顾客同样想知道企业所做的事能够保证问题不再发生。

企业通过对服务失败进行解释,帮助减少或消除负面评价和传递给顾客的负面影响。当企业没有能力提供顾客满意的服务补救,给顾客提供充分的解释也能减少顾客的不满。为了使顾客感知到提供的解释是充分的,给出的理由必须包括两个主要的特征。首先,解释的内容必须是正当的,相关的事实和信息对于顾客了解发生的事是十分必要的。其次,传递解释的风格,或者说解释应该怎样传递,也可以减少顾客的不满。风格包括给予解释者的个人性格特点,包括他们的信用度和真挚度。顾客感知到的诚实的、真诚的且是非操作性的解释是最有效的。

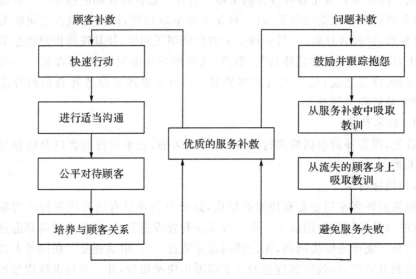

顾客补救　　　　　　　　　　　　　　　　　　　　问题补救

快速行动　　　　　　　　　　　　　　　　　　　鼓励并跟踪抱怨

进行适当沟通　　　　　　　　　　　　　　从服务补救中吸取教训

优质的服务补救

公平对待顾客　　　　　　　　　　　从流失的顾客身上吸取教训

培养与顾客关系　　　　　　　　　　　　　　避免服务失败

图 9-8　服务补救策略

资料来源:[美]瓦拉瑞尔 A.泽斯曼尔,玛丽·乔·比特纳,德韦恩 D.格兰姆勒.服务营销[M].张金成,白长虹,等译.北京:机械工业出版社,2014.

（3）公平对待顾客

企业在进行服务补救时,必须公平对待每一位顾客,这对有效的服务补救是相当重要的。如前文所述,顾客希望结果公平、过程公平和互动公平。

（4）培养与顾客关系

与企业有很坚实关系的顾客更容易原谅服务失误并更容易接受企业的服务补救努力。牢固的顾客与企业关系能够避免企业受到顾客不满带来的消极影响。顾客和企业和谐的关系提供了很多服务补救益处,包括提升的失误服务补救后的满意、提升的忠诚以及消极的口碑传递影响的降低。同时,保持和企业关系的顾客对服务补救的期待会降低,并且对补偿的要求更少。因此,培养与顾客坚实的关系可以为企业提供重要的服务失败发生时的缓冲措施。

2. 问题补救

问题补救包括鼓励并跟踪抱怨、从补救中学习、从流失的顾客身上学习以及避免服务失败。

(1)鼓励并跟踪抱怨

服务补偿策略的关键是欢迎并鼓励顾客抱怨,企业应预期追踪和鼓励抱怨。鼓励和追踪抱怨的方法有多种,如满意调查、重大事件研究和流失顾客研究等。一线员工是发现顾客不满意和服务失误的主要人员,企业要鼓励员工发现服务失误,并寻求补救办法。著名的丽嘉酒店就设计了一种"快速行动表"来记录服务失误和补偿方法,员工会一直跟踪抱怨直到服务补偿行动发生。

完全免费的呼叫中心、电子邮件、呼叫机都是为了便利、鼓励并追踪抱怨。大量的企业软件的应用使抱怨可以自动地被分析、储存、回应并追踪。某些情况下,采用技术可以在问题和抱怨发生前实现预测,甚至使服务员工在顾客发现问题存在前对问题进行诊断。在像 IBM 和卡特彼勒公司这样的企业中,其信息系统可以实现预测设备故障并发送电子警报信号给其区域技术部门,包括问题的性质和哪些部件及零件需要修理。

(2)从服务补救中学习

问题解决状况并不仅仅指有机会补救有缺陷的服务和加强与顾客的联系,它们同时也是一种有助于改进顾客服务的特征性和规范性信息的重要来源,而这常被忽视和未加利用。通过追踪服务补救的努力和过程,管理者能够获知一些在服务传递系统中需要进行改进的系统性问题。通过进行根本原因分析,识别出问题的来源,进行服务过程改进,有时能彻底消除对补救的需要。在 Hampton 酒店,顾客不满意原因将会被记录下来,并直接被传递到管理层。这些信息被输入顾客数据库,以分析是否有模式或系统性的服务问题需要改进。如果在一系列的服务失败中发现了普遍的主题,就会对服务过程或性质进行修改。另外,信息还被输入顾客的个人数据档案,以便当顾客再次入住时,员工能够知道其以前的经历,确保针对这名特定顾客的类似情况不再发生。

(3)从流失的顾客身上学习

有效服务补救策略的另一个重要部分是从已经决定离去的顾客身上学习。正式的市场调查、由训练有素和真正了解业务的人员(最好是企业高层人员)进行深度访谈通常是比较有效的做法。针对的顾客应该是已经失去的、对企业非常重要且能够带来收益的顾客。

（4）避免服务失败

避免服务失败也就是第一次把事情做对，这是确保服务的可靠性，是所有行业关于服务质量的最重要维度。服务行业通常采用防故障程序（如全面质量管理）来改善服务的可靠性。防故障程序是对服务进行"错误防护"，也用来确保遵循必要的程序，以及按照恰当的顺序和适时的方式进行服务。医院就经常使用防故障程序。例如，手术托盘上每一件手术用具都有对应的凹槽，外科医生清楚地知道是否所有用具都在它们应该在的位置上。同时，防故障程序也可用于确保与服务相关的有形物品是否干净整洁、顾客资料是否准确及时地更新。另外，形成一种"零缺陷"文化来保证第一次就把事情做对是至关重要的。在这种文化观念中，每个员工都深刻理解服务可靠性的重要性，并且通过主动寻找改善服务的方法，让每个顾客都满意。

9.10 总 结

本章讨论了传统服务质量的定义、服务维度、服务质量差距模型与评价方法。服务质量来源于顾客对服务的预期与实际传递服务的感知所做的比较，并通过建立服务质量差距模型来描述服务差距。由于技术进步，尤其是信息技术的不断进步，使得电子服务情境下的服务质量也尤为重要。本章给出了电子服务的定义，并参考传统服务的理论基础，提出电子服务质量差距模型与评价方法。最后，由于存在服务失败的情况，本章也概述了服务失败的类型与服务补救的原则和策略。本章后半部分着重介绍企业用于服务补救的特别策略：避免服务失误；第一次就把事情做对；鼓励并追踪抱怨；快速行动；提供充分的解释；公平对待顾客；培养与顾客的关系；从补救经历中学习；从失去的顾客身上学习。最后对许多企业采用服务承诺这个工具作为服务补救的基础进行了讨论。

思考题

1. 服务质量的五个维度与产品质量有什么不同？

2. 为什么说测量服务是十分困难的？

3. 如何将服务失败转化为一件有利的事？

艺术与设计博物馆

　　艺术与设计博物馆是位于芬兰赫尔辛基市中心的一所小型的私人博物馆。它建于 19 世纪,是一座漂亮的三层小楼,曾经是一所学校。它擅长于设计和工艺,该博物馆成立于 20 世纪初,其最初的目的在于教育大众有关设计的知识。20 世纪 50 年代芬兰式设计大行其道,博物馆聚焦在芬兰式设计上。然而,近来博物馆变得更加注重外部视野,并经常组织国际展览。该博物馆的主旋律纵贯过去和未来。

　　该博物馆生产自己的展品,也邀请芬兰及国外其他博物馆的展品参展,它每年力争展出 3~4 个拳头展品,另外也为一些小的展品和自己的私人收藏提供一些空间。博物馆有一个私人的咖啡店和隶属于博物馆基金会的礼品店。博物馆的顾客包括专业设计人员和施工人员,典型的参观者是中年妇女,但是随着博物馆日益增强的文化重点,它也吸引了范围更加广阔的参观者。近来,随着博物馆建筑所经历的重大革新,它的新常务董事聘请了一位沟通经理。博物馆以前从没有设置过从事公共关系的人员,这一年的广告费用是其过去 20 年的总和。博物馆为了提高其知名度所做的新努力和新展览会使其参观者的纪录超过了 10 万人,在芬兰 1000 家博物馆中只有 5 家吸引过这么多人来参观。

　　博物馆是由其基金会私人拥有的,但是它预算的 60% 来自于政府的资金,预算的 40% 来自于经营收入。除了入场券的销售收入外,其他的收入来自于咖啡店、礼品店和与博物馆组织展出的展览品有关的活动。例如,有关酒的讲座和品酒晚会的召开与其举办的酒展览会相联系。博物馆还拥有一个被称为"博物馆朋友"的紧密的社会关系网,它们为博物馆购买私人收藏品提供资金。博物馆主要的竞争来自于专业博物馆:设计论坛、设计博物馆大学和芬兰国家博物馆,后者要在赫尔辛基市开办一个人种学博物馆。

1. 步行穿越调查

　　对该博物馆的步行穿越调查由赫尔辛基经济与管理学院的 MBA 学生们进行。步行穿越调查是从顾客体验的角度评价服务的问卷调查。同样的调查用于管理者和工作人员,其目的是发现管理者和顾客之间在感知上的差距。步行穿越调查是一种用于发现在服务传递过程中顾客感知上的差异的诊断工具。

　　测试团队访问了博物馆4名工作人员,然后准备出了一份提供给参观者填写的问卷。32位参观者回答了问卷,其结果如图9-9所示,博物馆的管理者和与参观者接触的工作人员(初级导游)也填写了问卷,在回答时他们将自己看作参观者。测试团队对结果进行了统计分析,发现了博物馆工作人员(包括管理者和与参观者接触的工作人员)对服务的感知和顾客感知之间的差距。

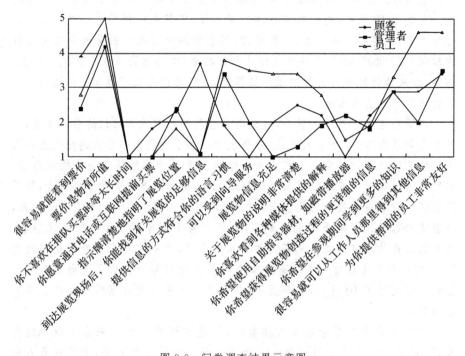

图 9-9　问卷调查结果示意图

2. 差距分析

　　根据问卷调查的情况,测试团队将博物馆工作人员和顾客感知上的差距分为数类。差距涉及参观者如何得知展品、信息和体验,参观者是否单独前来,以及辅助设施。描述差距如图9-10所示。

　　(1)对展品的了解

　　参观者主要是从报纸上得到有关展品的信息,也有的从口头得到。然而管理者原认为报纸对参观者得到信息起的作用较小,但是他们对杂志影响的认识是正确的。管理者将口头消息和无线电广播的重要性高估了。

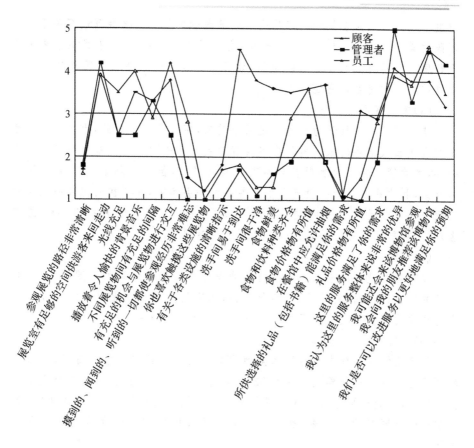

图 9-10　设计博物馆的服务调查差距

（2）信息

　　两种有关信息的差距也被发现了。第一个差距与博物馆管理者以及服务接触人员有关，他们相信参观者对自身的服务非常了解。他们认为自己是顾客易获得的信息源。然而参观者并不这样认为。这个差距的存在可能是由于与顾客接触的管理者没有感知到顾客发现问题并要和他们交流。

　　关于第二个差距，管理者在清晰度的评价、信息的准确性和展品的解释上更加严格，而顾客在这些方面更加积极。参观者似乎对自助的设备没有什么兴趣（如耳机），而博物馆的工作人员则认为拥有这些设备是有必要的。他们可能认为参观者更偏爱人性化的接触。

　　（3）体验

　　顾客欣赏多维的展览，如音乐，然而管理者低估了顾客注意到和欣赏这些维度的程度。与顾客接触的工作人员比管理者更加能够接触到顾客关于展览间隔的看法。无论是参观者,还是博物馆工作人员,都对试验新的具有更多交互作用和演示过程的体验不以为然,如那些包含感觉的体验。可能这是由于对这些类型的交互作用还不熟悉。

(4)参观者习惯

博物馆工作人员认为参观者是独自前来,实际上并非如此,大量的参观者是两人或三人结伴而来。他们在参观者对展览品兴趣上的感知也与实际有所差异,尽管管理者认为参观者会参观所有的展品,但是实际上只有 38% 的人这样做,其他的参观者一般只到主要展品之一去参观,并不在其他展品上花费时间。不变的展品吸引的顾客数目最小(只有 13%,并且包括 3 名外国游客)。不难总结出每一件展品吸引着不同的参观者。

(5)设施

参观者对设施的看法比博物馆的管理者和工作人员更加满意,特别是对食品的质量、可选择的礼品、指示服务、休息室的整洁程度尤其满意。可能顾客对这些的期望并没有管理者和工作人员认为的那样高。

(6)语言

从博物馆的管理者和与顾客接触的工作人员所获取的信息看来,大部分的顾客是芬兰人和瑞典人。在对 32 位参观者的调查中发现,只有 3 个人不讲当地语言,因此大部分人不认为语言是一个问题。但是在夏季的旅游季节,博物馆将面对更多的参观者,这时可能会发现只提供芬兰语和瑞典语颇有局限性。

资料来源:[美]森吉兹·哈克塞弗,巴里·伦德尔.服务管理:供应链管理与运营管理整合方法[M].陈丽华,王江,等译.北京:北京大学出版社,2016.

问题:

1. 对步行穿越调查差距分析进行评论,对差距是否还有别的解释?

2. 对缩小在步行穿越调查中发现的差距提出建议。

第10章　服务接触

10.1　导入案例

抱怨者与被抱怨者

曼纳小姐观察到,标准的服务接触通常涉及两个必需的角色,一个抱怨者和一个通常代表着商业机构利益的接受抱怨的人。

一个人会说一些像这样的话:"这是曾经发生过的最无耻的事情,我无法想象这里的每个人会这样愚蠢,我将准确地找出这是怎么发生的。相信我,我将立即就此事采取一些行动。"

另外一个人会说:"瞧,发生了点小过失(错误),并不很严重,心烦意乱也没有任何用处,因为这些事情总是在发生,真的不是任何人的过错。"

现在就有了特殊的角色:那个被抱怨的人选择了他所愿意扮演的角色,抱怨者只好去扮演另外一个角色。

曼纳小姐意识到这是一个错误的概念。确实是这样,因为那些被迫接受抱怨的人,或是偶尔作为一种消极的方式来谋生,并不理解可能发生的剧变。

下面是一般的发展态势。

抱怨者(用不大正常的声音,同时措辞有些尖锐):"这是不道德的行为。"

被抱怨者(用厌倦的语调):"噢,平静一点,不是任何人的过错,这仅仅是偶然发生的,现在做任何事(来补救)都晚了。"

抱怨者(尖叫):"你的意思是以前也发生过?这里的每个人都是白痴?我一生中也没见过这种拙劣的工作。这事没有任何借口,无论任何人也没有借口。"如此等等,并继续不停地抱怨。

同样的情况,只是被抱怨者决定不接受辱骂,于是就在这事上先发制人。

被抱怨者(用可怜的近乎绝望的语调)说:"当然,我不能想象这怎么会发生,你应该确信我一定会对此事采取行动。我无法给你足够的道歉,我们以我们做的事正确而自豪,这个过错是无法容忍的,请给我另外一个机会——让我看看我能采取什么样的补救方法。"

抱怨者(起初挺勉强的,但最终还是放弃继续用同一口气威吓,他为被抱怨者的想法打动了):"噢,那好,我们都会犯错误,并不是那么严重。"

实现这种转变的基本要素是道歉并做些补救的承诺,但使它起作用的是语调,两人不会坚持像前两位那样幼稚地争吵。

曼纳小姐很惊讶,竟然只有很少的人会利用这个简单的技巧来避免令人作呕的事情发生。

资料来源:[美]詹姆斯 A.菲茨西蒙斯,莫娜 J.菲茨西蒙斯.服务管理运作战略与信息技术[M].张金成,范秀成,杨坤,译.北京:机械工业出版社,2013.

思考:从服务接触的角度来分析抱怨者和被抱怨者。

10.2 服务营销的三角模型

与有形产品营销的三角模型表示类似,但服务营销的三角模型包含的要素却完全不同。图 10-1 表示服务营销的三角模型。

三角模型关注以物理服务为核心的传统服务市场,它将顾客、公司、公司的服务人员视作市场成员,各成员间通过互动形成了 3 种营销方式。

10.2.1 外部营销:做出承诺,建立关系

外部营销是服务企业根据顾客的期望以及提供方式向顾客做出承诺的活动。传统的营销手段,如广告、推销、促销以及定价等在服务外部营销中仍然适用。服务企业要通过外部营销建立起一种现实的服务承诺,以在顾客心目中树立良好的企业形象。这种服务承诺必须基于顾客的期望和需求建立,否则顾客关系会因此变得很不稳定。另外,如果做出过高的承诺,顾客关系也会变得很脆弱。

10.2.2 互动营销:遵守承诺,维持关系

互动营销是指顾客与企业相互作用,以及服务被生产和消费的一瞬间服

图 10-1　服务营销的三角模型

资料来源：李雷,简兆权.服务接触与服务质量：从物理服务到电子服务[J].软科学,2013,27
(12):36-40.

务员工必须遵守承诺的活动。外部营销仅仅是服务营销人员工作的开始,企
业做出的承诺必须要遵守下去。一线服务人员与顾客之间的互动是企业遵守
承诺的关键活动,由于互动主要围绕服务员工和顾客进行,体现了服务营销中
"人"的因素的重要性。在互动营销中,服务人员必须依靠企业的产品、设备等
有形资源,以及技术、形象等无形资源向顾客提供个性化服务。服务承诺通常
是由服务企业的员工遵守或破坏的,员工每次与顾客互动时,都可能遵守或破
坏承诺,因此,互动营销不仅是服务企业遵守承诺的关键流程,也是企业维持
与顾客的长期关系、保留忠诚顾客的关键环节。

10.2.3　内部营销:兑现承诺,支持关系

内部营销是企业要保证员工有兑现承诺的能力,保证员工能够按照外部
营销做出的承诺提供服务或产品的活动。内部营销发生于企业向内部员工倡
导企业理念和文化的互动中,也是企业兑现承诺的过程。员工是服务过程的
一部分,服务企业必须通过内部营销激励员工,使员工的态度和工作动机适应
顾客的需求,从根本上保证创造和传递优质服务。内部营销是保证兑现承诺
的先决条件,企业要想兑现承诺,必须对提供服务的一线人员进行挑选、培训,
提供相应的设备和恰当的内部制度,并给予服务人员一定的激励,使服务人员
有能力、有动力维持顾客关系,内部营销是对建立和维持顾客关系的支持。

10.3 人际交互型服务接触的定义与类别

服务接触也称为"关键时刻"(Moment of Truth),其定义是顾客与服务组织的任何方面发生直接接触和相互作用并对服务质量产生影响的事件。例如,旅客在一家酒店所经历的服务接触包括等级住宿、由服务人员引导至房间、餐厅就餐、要求提供叫早服务以及结账退房等。服务接触按技术的介入程度分为人际交互型服务接触和人机交互型服务接触。本节主要介绍人际交互型服务接触。

从狭义的角度讲,物理服务背景下的服务接触指顾客与服务人员之间的人际交互。在这种背景下,顾客与服务人员的交互促成了物理服务传递,可将他们视为服务接触的核心因素。因此,人际交互型服务接触被定义为发生在顾客和服务人员之间、以技术为辅助或促进手段的人际交互,共包含三类:不含技术的人际交互型服务接触、以技术为辅助的人际交互型服务接触、以技术为促进的人际交互型服务接触,具体见图 10-2。

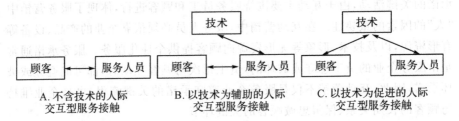

图 10-2 人际交互型服务接触的三种类型

资料来源:李雷,简兆权.服务接触与服务质量:从物理服务到电子服务[J].软科学,2013,27(12):36-40.

1. 不含技术的人际交互型服务接触

模式 A 称为"不含技术的人际交互型服务接触",顾客与服务提供者进行物质接触和互动,技术不直接发挥作用。例如按摩、美容美发等服务,像法律咨询、心理治疗等专业化服务也属于这种类型。

2. 以技术为辅助的人际交互型服务接触

模式 B 称为"以技术为辅助的人际交互型服务接触"。在此模式下,只有服务提供者可以利用技术改善与顾客面对面的服务质量。例如医生利用设备为病人诊疗。

3. 以技术为促进的人际交互型服务接触

模式 C 称为"以技术为促进的人际交互型服务接触",顾客与服务提供者都可以使用技术。例如教师和学生同时利用多媒体系统进行教学。

10.4 通过人际交互型服务接触感知服务质量

10.4.1 服务接触是否影响服务质量

服务自身的功能质量、技术质量经企业形象、顾客的服务经历最终作用于服务质量。功能质量与服务过程有关,技术质量与服务结果有关。人际交互是服务接触的核心,服务接触对功能质量具有影响是显而易见的,此外,服务是一个过程,服务产出不是一蹴而就的,而是通过服务过程中的人际交互逐渐累积而成的,所以服务接触对技术质量也有影响。

在服务质量差距模型(见图 9-2)中,"顾客期望""与顾客的外部沟通"是两个重要的节点,它们会对感知的服务或期望的服务产生影响,进而影响服务质量。从另一个角度讲,这两个节点又是传递差距、沟通差距的形成要素,这些差距均是服务质量的函数。同时,服务接触又是企业进行"顾客期望"以及"与顾客的外部沟通"的重要手段,所以服务质量差距模型意味着服务接触对服务质量具有影响。

10.4.2 服务接触对服务质量的影响

服务接触涉及服务人员、顾客和技术。大量研究表明:服务人员通过服务传递实现服务承诺,影响可靠性;对顾客的需求及时做出反应与响应性有关;可信性依赖于服务人员是否有能力激发顾客的信心;移情性取决于服务人员能否与顾客产生共鸣;服务人员的外表、言谈是有形性的重要决定因素。服务的不可分离性要求服务传递必须通过顾客与服务人员的合作才能完成,顾客是否积极参与共同生产对于他们感知服务质量具有影响。技术在人际互动中属于辅助型或促进型因素,能够为服务接触提供便利条件,对服务质量也会产生一定的影响。

综上,在人际交互型服务接触中,服务人员和顾客是核心因素,他们的交互对服务质量有显著影响;技术是非核心因素,在某些情形下存在并与核心因素发生交互,对服务质量有一定的影响。如图 10-3 所示。

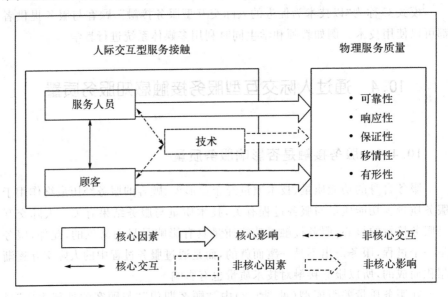

图 10-3　人际交互型服务接触与物理服务质量关系的示意图

资料来源:李雷,简兆权.服务接触与服务质量:从物理服务到电子服务[J].软科学,2013,27
(12):36-40.

10.5　服务营销的金字塔模型

近年来,ICT 得到了空前的发展并广泛应用于服务经济,此时电子服务应
运而生。从本质上讲,技术深度介入服务促使了电子服务产生,电子服务的
"电子"特性体现为顾客与技术通过人机交互完成服务传递,服务人员是辅助
因素。技术与服务人员角色的更迭导致了电子服务形式的多样化。

当技术作为一种核心驱动力渗透到服务市场时,服务市场的性质发生了
变化,基于市场成员之间人际互动的传统营销模式在某些领域内被逐渐淡化,
以技术为支撑的新型营销模式登上了历史舞台,三角模型已无法系统刻画市
场成员间的关系,需要一种新的理论对其进行补充与完善。此时,以电子服务
市场为关注对象的金字塔模型开始为学者们所接受。

如图 10-4 所示,金字塔模型强调技术在服务市场中的核心地位,3 类市

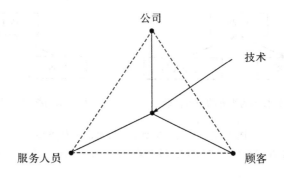

图 10-4　服务营销的金字塔模型

资料来源:李雷,简兆权.服务接触与服务质量:从物理服务到电子服务[J].软科学,2013,27(12):36-40.

场成员均与技术发生互动,此时技术成为一个支点,支撑起整个服务市场的运作。就服务接触而言,顾客与服务人员之间已很少发生直接的人际互动,而是以技术为桥梁进行交流,在多数情况下,技术可以完全取代服务人员,因此,顾客与技术之间的人机交互就成了服务市场的主角。

10.6　人机交互型服务接触的定义与类别

技术(尤其是信息技术)的飞速发展与应用正对顾客和服务提供商的接触方式产生深远的影响。本书将电子服务背景下的服务接触界定为"发生在顾客和技术之间、以服务人员为辅助手段的人机交互",同时将其分为两类:以技术为媒介的人机交互型服务接触和以技术为终端的人机交互型服务接触,具体如图 10-5 所示。

1. 以技术为媒介的人机交互型服务接触

模式 D 称为"以技术为媒介的人机交互型服务接触"。该模式不再是传统面对面的接触,而是利用技术中介(如网络、电话等)实现服务接触的新型模式。例如中国移动 10086 的人工服务。

2. 以技术为终端的人机交互型服务接触

模式 E 称为"以技术为终端的人机交互型服务接触"技术完全取代人工服务,实现了顾客自我服务。这是企业出于对降低成本而出现的一种流行模式。例如自动取款机。

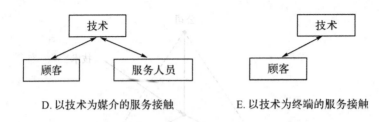

D. 以技术为媒介的服务接触　　　　　E. 以技术为终端的服务接触

图 10-5　人机交互型服务接触的两种类型

资料来源:李雷,简兆权.服务接触与服务质量:从物理服务到电子服务[J].软科学,2013,27(12):36-40.

10.7　通过人机交互型服务接触实现电子服务价值共创

信息技术的飞速发展以及相关技术创新成果在服务中的应用促进了电子服务的产生。与基于人际交互的物理服务相比,电子服务最显著的特征是以人机交互这种全新的服务接触方式来完成服务传递。在此过程中,企业把自己的价值主张通过技术(通常表现为交互界面)呈现给顾客。与服务人员相比,技术没有任何主观能动性和情感,企业必须依靠顾客掌握的知识和技能才能把服务传递给顾客。

总体上讲,顾客在电子服务背景下不只是价值共创者,他们对于价值的决定性作用也不只体现在对服务的最终使用上,从顾客与交互界面发生接触的那一刻起,他们就成了价值共创的主导者或第一责任人,若顾客不具备操作技术的知识、技能,或顾客的特质对于技术是相斥的,很多电子服务都无法顺利发生,优质的服务结果也就无从谈起。可以说,电子服务对顾客提出了更高的要求,由此导致他们承担了更多的责任。因此,得出以下结论。

结论 1:顾客是电子服务价值共创的主导者,不但支配着电子服务价值共创的过程,而且独特地用现象学的方法决定着电子服务价值共创的结果。

这对顾客在电子服务价值共创机制中的角色及其对价值共创的影响进行了诠释。

另外,在电子服务价值共创机制中,企业的角色也发生了变化,他们无法通过一线服务人员呈现自己的价值主张,以技术为支撑的交互界面成了展示价值主张的重要手段,从此点出发,我们可以将技术视为电子服务价值共创机制中至关重要的因素,在某种意义上可以将其理解为企业的“一线服务人员”,

对顾客能否顺利推进价值共创的进程及顾客对于电子服务价值最终水平的感知具有影响。考虑到企业和技术在电子服务价值共创机制中的角色和作用存在差别,因此,得出了结论 2 和结论 3,分别对企业、技术的角色及作用进行阐述。

结论 2:企业不能传递电子服务价值,只能提出电子服务价值主张。

结论 3:技术是企业向顾客表达电子服务价值主张的平台,对顾客主导的电子服务价值共创会产生影响。

10.8 通过人机交互型服务接触实现电子服务补救

将服务主导逻辑理论中对于价值共创的理论用于电子服务失败情境,以解释电子服务补救的实现。基于电子服务补救情境独有的特征,来将服务主导逻辑理论延伸至电子服务补救情境,以解释电子服务补救情境下的价值共创机制。一方面顾客是价值共创者。即顾客与服务提供商在交互过程中可以进行价值共创。另一方面,服务提供商并不能传递价值,而只能提出价值主张。在电子服务补救情境下,服务提供商提供价值主要依托服务补救界面。综合这两方面可以认为,电子服务失败情境下,顾客通过与服务补救界面的交互可以共同创造价值。而价值总是由受益者独特地用现象学的方法来决定,在电子服务补救情境下可以认为,不同的顾客在与服务补救交界面互动的过程中,可能产生对服务补救不同的价值评价。

因此,当服务失败发生时,服务提供商以技术为依托(通常表现为交互界面)表达价值主张,顾客通过自身的知识等操作性资源与交互界面进行人机交互,实施服务补救,并通过比较服务补救的结果与服务失败给顾客造成的损失,去感知服务补救质量,进而产生对服务补救的价值评价。

10.9 牢记服务接触的十大原则

如今,在官僚等级下形成的商业环境已经发生了改变。欧洲和北美市场供销两旺的盛况正逐渐消失,在今日的全球经济中,许多西方工业国家已经不再享有昔日的竞争优势,而在第三世界国家就可以找到低廉的原材料、人工以及先进的技术。

产品优势的下降使得全球经济逐渐转变为服务经济。换言之,以顾客为导向的时代已经来临,而我们就站在这个历史进程的十字路口上。那些过去从未视自己为服务业的行业,现在也必须认真考虑服务的重要性了。任何时候,当一名顾客和一项商业的任何层面发生联系,无论多么微小,都是一个形成印象的机会。因此,管理者必须牢记服务接触中的十大原则。

1. 创造顾客比创造利润更重要

每当公司要提供新计划时,应该首先了解顾客将对此做出怎样的心理反应。同时,公司必须给予一线员工适当的权力,使他们能够迅速而礼貌地处理顾客的特殊需求。实际上,员工们很乐意听到老板对他们发出请求,希望员工积极地为公司的前途承担责任。也只有更多地信赖一线员工,公司才能取得成功。换句话说,公司管理者们应当学会如何做一名领导者,而不仅仅是一名管理者。

2. 用提高营业额代替降低成本

"切奶酪法",即不管市场需求如何,所有部门的成本均采取"一刀切"。这种方法实际上不可取。公司不应该把成本费用视为洪水猛兽,必除之而后快。相反地,公司应该认识到,费用才是提高公司竞争力的必要手段。一旦确立了为顾客提供最佳服务的明确目标,就很容易定义出哪些费用是毫无意义的,也可以确保削减掉这些费用后,不会对公司造成伤害。

3. 领导少些决策力,多些综合力

一个人之所以被任命为领导,并不是因为他无所不知,或者有能力制定所有决策,而是因为他懂得汇集众人的智慧,并为完成工作创造条件。领导将工作条件授权给员工,让他们独立承担责任,完成日常的工作。今日的管理者既是倾听者,也是沟通者与教育者,他们要善于鼓励员工发挥最大的潜力,而不是单单靠自己制定所有决策。

在瞬息万变的商业环境中,位于金字塔顶端的领导者绝不可能全盘操控所有细节。因此,工作在一线的员工必须掌握相当的实权,因为他们才是对市场变化感受最深的人。

4. 了解顾客真正需要,把握多变市场

许多管理者是先设定目标与战略,再研究市场环境与顾客需求。很显然,这个顺序是错误的。如果你不了解当前的环境,也不知道顾客要的是什么,又怎能设定出正确的目标及战略呢?

管理者应当从顾客的角度出发,重新审视自身的行业特点。当你一旦了解了顾客的真正需要,就可以轻而易举地制订目标以及达成目标所应采取的战略。目标无须过于复杂，但必须以顾客为导向。以顾客为导向的战略源于市场需要而不是产品本身。只有在满足顾客需要的基础上，才能够调整生产方案，进而获得更适合需要的产品。

5．一线员工比管理层更了解企业

担任领导职位的经理人需要重新学习如何管理，而一线员工则要制定所有的工作决策，因为在发生服务接触时，他们才是影响顾客印象的决定因素。

为了激励和支持一线员工，我们需要通晓有关督察、传授、批判、赞美、教导等方面知识和技巧的中层经理。他们有责任将最高管理者的整体战略转变为一线员工可以切实遵行的方针，并调动必要资源，帮助一线员工达成目标。这一切都需要中层经理具备富有规划性、创造性和足智多谋的头脑。

6．该冒险的时候必须勇敢一跳

不论个人还是公司，该冒险时都必须勇敢一跳。对公司来说，我们称这种跳跃为"执行"。制订一个明确的战略将使执行更加容易。而决策者的勇气与直觉至关重要，有时甚至要"鲁莽"一点，也就是说应该克服心理障碍。当认为某个目标或许不可能达成，但至少应该在试过以后再下结论。

大多数一线员工都习惯照章办事，很少有人敢于尝试做一些不寻常的事。对他们来说，与其做出领导不喜欢的事情，还不如直接听命来得简单。如果一线员工愿意冒险做出决策，那一定是在有安全感的前提下才会这样做。因此，公司必须让他们了解，犯错是难免的，但并不代表他们可以以此作为无能的借口。只有这样，他们才有勇气接受新的责任。

7．"沟通"能提升执行力与利润率

在一个以顾客为导向的公司里，优秀的领导者应该把更多的时间花在倾听上。他与员工沟通，确保他们朝着共同的目标努力；他也和顾客沟通，使他们随时了解到公司的新举措。为了沟通信息，应该在必要的时候展示自己的内心。做演员的都知道，不忘我地投入到戏中，永远也打动不了观众的心。这一点对企业领导来说，也是一样。最强有力的信息总是通过简单而直接的战斗口号表达出来的。它能深入组织的各个阶层，激发员工的昂扬斗志。这种信息不需要高高在上，甚至不必标新立异。

8．让董事会了解公司的整体战略

管理层通常都把董事会当作一个推卸责任的地方。事实上，董事会是十分宝贵的资源，对我们实现高效率、以顾客为导向的目标有着十分重要的意义。管理者应经常与董事会及员工分享对公司发展的看法，将公司未来愿景深深植入他们内心。

9. 保持绩效评估与顾客需要的一致性

工作效率与准确度的提高并不完全依赖于这些可视的衡量标准。主要原因还在于,员工明白了对顾客来说什么才是最重要的。例如,北欧航空公司的员工们不仅知道准时的重要性,还明白了为什么要准时(因为这是顾客的要求),更重要的是,他们了解了怎样做才算实现了真正意义上的准时。

10. 奖励让顾客满意的"自作主张"

每个人都希望自己的贡献得到赏识。员工的工作一旦得到上级的肯定,其自尊心也必然由此加强。尤其在以服务为主的行业里,员工的自尊心与士气将直接影响到顾客满意度。这时,一句赞美的话将发挥长久的功效。组织只有使员工真正对工作感到满足,并产生高度的自我认同感,才是对员工及组织本身最"诚实"的做法。

只有了解员工真正渴望从工作中得到什么,员工对自己设定的目标是什么,以及如何发展自我以实现这个目标,领导者才有可能提高他们的自我价值感。这种健康的自我价值感一旦产生,必然带来高度的自信与强大的创造力,帮助员工迎接未来不断涌现的挑战。

10.10 总 结

本章从服务营销的金字塔模型入手,基于传统服务的金字塔模型代表了人际交互型服务接触,论述了其定义与类别以及感知服务质量。由于技术的加入,使得三角模型转变为金字塔模型,同时服务接触类型也由人际交互转为人机交互,并概述了人机交互型服务接触的价值共创机制。

服务接触可以看成是三元组合,其中顾客与服务人员对处于由服务组织界定的环境中的服务过程实施控制。满足顾客需要的是灵活性,其重要性促使许多服务组织对顾客服务人员授权,赋予他们更多的自主权。服务组织给予员工更多的决策权,要求服务组织在挑选过程中能够识别出具有人际行为适应潜力的求职者。与顾客沟通的困难即使在最好的环境中也会产生。不切实际的顾客期望和未预料到的服务失败出现时,顾客接触人员必须及时处理。为员工进行预计会发生情况的相关培训和开发应对问题的"脚本"是有助于服务提供者解决问题的两种重要的方法。可以根据服务期望对顾客分类。那些具有控制需求的顾客是自助服务的候选者。将顾客视为合作生产者,建议使用顾客"脚本",脚本使服务传递变得更容易,并且在接触中提供了一些行为的预报。

思考题

1. 服务接触对服务质量的影响是什么?
2. 如何理解通过人机交互型服务接触实现电子服务价值共创?
3. 通过人机交互型服务接触实现电子服务补救的措施是什么?

案例分析

亚马逊的服务

　　亚马逊网站将其描述为"做世界上最以顾客为中心的公司,你可以在线买到任何想要的东西"。作为亚马逊的执行总裁,杰夫·贝佐斯的名字已经家喻户晓,他信奉顾客至上原则,认为顾客是第一位的,他在 2010 年致股东的信里提到,"股东的长远利益与顾客利益是完全一致的"。基于对顾客、关系和价值的持续关注,企业的净销售额在 2010 年增加了 40%,达到 342 亿美元。2010年,亚马逊的美国顾客满意指数达到 87 分——这在任何行业的任何企业中都是最高分,自然高于电子商务公司 80 分的平均分、互联网社交媒体公司 70 分的平均分,以及许多其他服务性企业 63~75 的得分。正如贝佐斯所言,"顾客第一,只要你关注顾客所需并与之建立联系,你就可以赚到钱。"

　　很少有人会否认亚马逊作为技术和技术性服务领头羊的地位。事实上,其他一些企业如塔吉特百货和欧迪办公一直在寻求与亚马逊的技术合作,以期从亚马逊顾客方面的经验和成功中获益。现在,亚马逊同时为这两个企业提供网上零售服务。同时它也为其他公司提供网站服务、实施过程和技术架构服务。2009 年,亚马逊收购了知名的互联网零售商 Zappos,同样视顾客为狂热者的执行总裁谢家华成为亚马逊大家庭的一员。

　　在核心业务中,亚马逊曾经是由人主导来进行交易,后成功地将之转变成网上服务。让我们进一步看看亚马逊在做什么,为什么顾客那么喜欢它。自1995 年 7 月创立以来,亚马逊可以提供的书目已经比任何实体书店还要多。因此,书目的可选择性和可获得性是亚马逊受顾客欢迎的关键。但那仅仅是一个开始。除了广泛的可选择余地外,亚马逊还投入了很大的精力模拟书店的感觉,在那里,一个主顾可以与其他顾客一起讨论书,并从书店雇员那里得到一些介绍和推荐。多年来,亚马逊在产品页面中增加了顾客反馈的信息,并添加了"查看详细信息"的功能,以便于读者更加轻松地品味书籍。亚马逊允许顾客通过简单输入关键字在其庞大的数据库中进行搜索,从而找到与实际主题相关的书籍。其一对一的营销系统可以让企业记录每个消费者买了什么并告诉他们更多可能感兴趣的书目。这种营销可以通过定期发送指示性电子邮件的方式来实现,这些邮件中确认与顾客上次购买的形式和内容明确相关的书,也可以在顾客购书时告诉他们。

2007 年,亚马逊推出了一款名为 Kindle 的技术设备,它允许顾客在个人电子阅读器上阅读书籍或其他资料。Kindle 不仅仅是一台阅读设备,它还允许使用者在任一时刻,通过无线网络采购纸质图书、阅读书评、购买或下载电子图书,等等。其标志性的"私语"技术确保顾客随时随地拥有自己的图书馆,他们能够立即访问自己标注的重点、笔记以及最近访问的书页。仅仅几年,Kindle 上的电子书销量超过了亚马逊的纸质图书销量,电子书已成为时下最流行的格式。在 2011 年年初,该企业平均每销售 100 本平装书,就销售 115 本 Kindle 电子书,这一趋势有望继续。就像其他创新和服务一样,亚马逊以顾客视角开发设计 Kindle,通过提高设计和改变功能来确保读者的忠诚度,而不是为了追求花里胡哨的新技术。技术无形中提升了顾客的能力,技术的增强进一步提升了顾客体验。正如贝佐斯所说,"对绝大多数书籍而言,视频和动画作用不大。它会令人分心。海明威的作品不是靠添加视频来提升阅读体验的。"

当亚马逊站到提供服务基础的前沿,很少有人怀疑它的长期成功。公司以顾客为中心的战略得到所有用户的回报。

资料来源:[美]瓦拉瑞尔 A.泽斯曼尔,玛丽·乔·比特纳,德韦恩 D.格兰姆勒.服务营销[M].张金成,白长虹,等译.北京:机械工业出版社,2014.

问题:

1. 亚马逊顾客满意度高的原因是什么?

2. 为什么顾客喜欢亚马逊电子图书服务?

3. 亚马逊长期成功的原因有哪些?

第 11 章　服务需求与供给管理

11.1　导入案例

黄山市"黄金周"旅游接待量

2017 年国庆、中秋两节叠加,形成 8 天"超级黄金周"。10 月 1 日至 8 日,黄山市共接待游客 593.42 万人次,同比增长 19.02%;旅游总收入 37.31 亿元,同比增长 20.2%。

全市纳入统计的 51 处景点共接待游客 161.43 万人次,同比增长19.1%;门票收入 7707 万元,同比增长 19.5%。其中,黄山风景区 18.06 万人、同比增长 17.35%,门票收入 3626 万元、同比增长 16%;西递景区 7.87 万人、同比增长 25%,门票收入 385 万元、同比增长 26%;宏村景区 13.76 万人、同比增长 27%,门票收入 900 万元、同比增长 28%;古徽州文化旅游区 27.2 万人次、同比增长 26.9%,门票收入 968 万元、同比增长 29%。

2017 年"十一"黄金周,游客接待高峰期为 5 天(10 月 2 日—6 日),较往年增加 2 天(10 月 3 日—5 日)。全市纳入统计的 51 个旅游景点 10 月 2 日至6 日游客接待量均超过 20 万人次,分别为 20.74 万人次、27.69 万人次、23.93万人次、24.4 万人次、21.07 万人次。同时,黄山市旅游总接待量首次接近600 万人次,达到 593 万余人次,旅游总收入 37 亿余元,均为历次黄金周之最(如 2012 年双节叠加,旅游接待总数为 487.6 万人次)。

游客假日旅游更趋理性,错峰出游更加凸显,如黄金周后三天全市 51 处景点旅游接待同比均为增长,尤其是 10 月 7 日同比增长 15.1%、8 日同比增长 23.58%;黄山风景区 10 月 8 日接待 8794 人,同比增长 75%,10 月 2 日至6 日游客接待量均超过 2 万人但不到 4 万人,而去年同期高峰日超过 4 万人。

资料来源:https://www.sohu.com/a/196969305_692854

思考:案例体现了服务需求与供给之间有何关系?

11.2　服务需求与供给匹配之困境

11.2.1　困境产生的原因

1. 服务大多具有易逝性

服务在制造的过程中就被消费了。因此,企业不可能提前进行服务生产以应对后来的需求高峰。这就使得库存这一工具无法用来管理大多数服务的需求波动或不确定性。一个例外是那些附着于物理实体的服务,例如书籍、音乐 CD 和电影 DVD 等。当顾客愿意等待时,延迟供货是可以采用的。使用预约系统也是延迟供货的一种方式。

2. 一些服务系统的最大产能没有灵活性

传统制造业在短期内可以通过加班的方式增加产能。一些服务也可以通过类似的延长运营时间来提升最大产能,就像游乐园在暑期延长开放时间那样,但不是所有的服务都可以这么做,例如对于酒店管理人员,如果房间都被订满了,他就无法通过加班或者轮班来增加房间的数量。

3. 服务需求的难预测性

服务的需求预测困难,而且需求的波动更加剧烈和频繁(波动会发生在更短的时间段内)。造成这个困难的原因:一是某些服务的消费决策通常是临时做出的,换句话说,人们对于一些服务通常没有长期规划,例如去餐馆吃饭、看电影、理发等。二是需求会出现高峰与低谷。在一些服务中,例如快餐、公共交通或者电力行业。

4. 服务时间的可变性

提供服务的类型多样,服务的个性化特征,以及每个顾客的需要和要求都变化不定,这些造成了为预期数量的顾客提供服务的总时间难以预测。这就可能导致低估或者高估所需要的服务产能。

5. 大多数服务局限在一定区域

因为多数服务不能被运输,因此必须在合适的地点和合适的时间获得服务产能。对于那些在多个地点提供服务的组织来说,某些地方可能由于顾客数量过多造成服务供给能力不足,而另外一些地方则可能产生闲置。

11.2.2　服务需求波动与供给过剩

服务具有易逝性,因此不能存储以待将来出售。对每一个生产能力受限的服务企业来说,他们面临的挑战就是需求的大幅波动。如航空公司、餐馆、度假胜地、快递服务。这些波动对服务供给的有效利用产生极大破坏,进而削弱企业利润率。

对于服务生产能力固定的企业也存在同样的问题。高峰时期,服务供不应求,而在低谷时期,设备闲置,员工闲散,企业将蒙受损失。换句话说,服务需求和供给是不平衡的。

服务供给的有效利用是服务行业成功的秘密之一,目的不是尽可能地使用员工、设备、设施,而是尽可能地"有产出地"使用。同时,追求生产率不能损害服务质量、降低服务体验。

这种需求与供给的困境如图 11-1 所示。

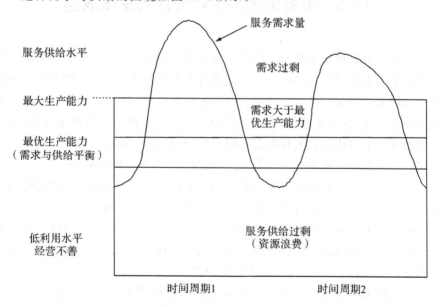

图 11-1　需求相对生产能力的变化关系图

资料来源:[美]克里斯托弗・洛夫洛克,约亨・沃茨.服务营销[M].韦福祥,等译.北京:机械工业出版社,2014.

1. 需求过剩

需求水平超过最大生产能力,会导致因拒绝为某些顾客提供服务而失去赚钱机会。

2. 需求超过最优生产能力

顾客没有离开,但是现场拥挤,顾客的感知服务质量可能降低,并且顾客可能不满意。

3. 需求和供给在最优生产能力达到平衡

员工和设备繁忙但没有出现过度使用的情况,顾客也及时享受到了良好的服务。

4. 生产能力过剩

需求小于最优生产能力,生产资源没有得到充分利用,导致低生产率。资源低利用率也成为一个风险,因为顾客可能会发现服务体验令人沮丧或者顾客怀疑企业的服务能力。

11.3　服务需求与供给管理的总体战略

并非所有企业都面临服务供给与需求管理的问题,服务供求的不匹配程度取决于需求随时间波动的程度以及供给受限制的程度。某些服务组织面临着较大的需求变化(如电信、医院、运输、餐厅等),而另外一些服务组织的需求仅存在微小变化(如保险、洗衣、银行等)。一些组织即使出现需求变化,高峰期的服务需求也能在很大程度上得到满足(如供电、电话服务等),另一些服务组织的需求高峰可能会超出能力范围(如电影院餐厅、停车场等)。

当一个组织清楚地知道生产能力的限制因素和需求模式后,它就要制订平衡服务需求和生产能力的策略。一般包括两种基本策略。

第一种策略是改变需求以适应现存的供给能力,其实质是通过平滑需求曲线的起伏变化(需求最大量的波峰和需求最小量的波谷)来实现需求与现有能力的匹配,使顾客对服务的需求更加稳定。

第二种策略是改变能力以适应需求波动,即调整生产能力满足不同需求,其实质是改变能力曲线以适应需求的变化。这种方法的关键是对生产能力的构成有很好的把握,并掌握提高或降低产能的方法。

基于以上两种基本策略,服务企业需要进行需求管理和供给管理,许多服务企业同时将以上两种基本策略结合使用。图 11-2 对服务需求与供给管理的总体战略进行了归纳。

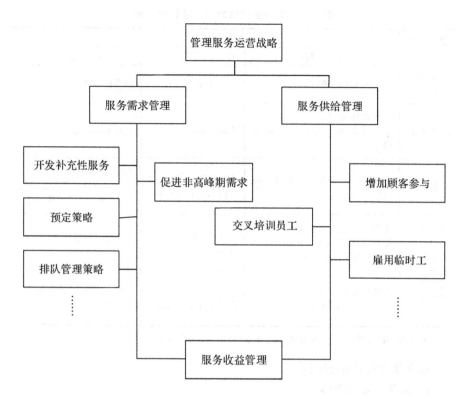

图 11-2 服务需求与供给管理的总体战略

资料来源:[美]詹姆斯 A.菲茨西蒙斯,莫娜 J.菲茨西蒙斯.服务管理运作战略与信息技术[M].张金成,范秀成,杨坤,译.北京:机械工业出版社,2013.

11.4 服务需求管理

服务需求管理有几种基本方法:一是不采取任何管理措施,放任需求变化;二是采取行动影响需求水平;三是采用排队或预约系统管理需求。表 11-1列举了不同生产能力下需求管理策略的不同选择。

表 11-1　不同生产能力下需求管理策略

管理需求的方法	供需匹配状况		
	能力不足(需求过剩)	能力充足(需求满足)	能力过剩(需求不足)
不采取任何措施	导致无组织的等候队伍	能力被充分利用	能力被浪费
减少需求	提价将增加利润;与顾客沟通,鼓励顾客其他时间段使用该服务	无需采取措施	无需采取措施
增加需求	不采取措施,除非存在增加利润的机会	不采取措施,除非存在增加利润的机会	有选择地降价(要确保不低于成本);与顾客沟通变更服务种类和服务提供方式
通过排队系统管理需求	为服务过程提供合适的排队方案;缩短等待时间;为最有价值的顾客提供优先服务	避免瓶颈环节发生延误	无需采取措施
通过预约系统管理需求	为最有价值的顾客提供优先服务,将其余顾客转移至非高峰期	尽可能获取最大利润的最佳业务组合	声明有充足的服务能力,无需预约

资料来源:蔺雷,吴贵生.服务管理[M].北京:清华大学出版社,2008.

接下来介绍需求管理策略。

1. 差异化定价策略

调整价格是最直接的影响需求的策略。对于多数服务来说,降低价格会提升需求,而提升价格会降低需求。另外一种常见的策略是短期降价。一些服务组织通过设定比平时低的价格把高峰期的需求转移到非高峰期。价格刺激也许足够使一些消费者在需求较低的时候使用服务,这样可以缩小需求波动的幅度。例如,夜间电费会比白天低,下午 6 点前的低价电影,还有夜间航班的特价。

转移高峰期的需求对于充分利用人力、设备等资源很重要。但如果需求不能转移,服务组织要么建立足够的产能以满足高峰需求,要么高峰期不能满足的顾客就会流失。前者的后果是低效率的资源利用率,人力和设施在低峰期会出现低效使用的情况;而后者的结果可能导致组织的利润明显下降,甚至出现企业难以经营的情况。

2. 促进非高峰期的需求

服务企业通过增加不同来源的需求促进对非高峰期服务能力的使用。例如,在旅游淡季,可将宾馆用于招待商务人员或作为公司职员的休息场所,电话公司会降低夜间流量收费以鼓励用户错峰使用。

3. 使用预订系统

预约系统的实质是预先提供潜在服务,可以视为把服务的需求转变为"库存"或"延迟发货"。预约服务有如下优点:①避免孤独等待给顾客带来的不满;②预约能使需求控制和调节更易实施;③预约系统使收益管理成为可能;④预约系统的数据能帮助企业为后期运营和财务提供支持。

预约的一个缺点是顾客可能会出现未能履行预订的情况,因此,服务企业通常会将预订系统与超额预订相结合,即接受比产能更多的预约。航空公司和旅馆通常使用超额预订策略来防范出现大量未履行预订的风险。这种情况下,一般会为无法获得服务的旅客提供补偿,例如赠送任意国内航班的免费机票并将其转到下一航班,如果是旅馆的顾客,则可以帮他在附近找同等价位的房间并让其免费入住。

4. 排队管理

对于那些难以改变需求的服务,企业往往会设立排队系统让顾客进行等待,并且应该对忠诚或较重要的顾客提供优先权。不同的排队方式的选择应该基于以下几点:服务需求的紧迫性,服务所需时间长度,服务价格的高低,顾客的重要程度。

有效管理排队系统的方式主要有如下几种。

(1)减少顾客的感知等待时间

顾客感知的等待时间通常比实际等待时间要长。例如,乘客在等待公共汽车或火车时,所感知到的时间流逝比实际乘坐公共交通工具时的时间流逝更慢。人们不喜欢无所事事地浪费时间。因为接受服务过程中的长时间等待而不满,通常会激发顾客强烈的负面情绪,甚至是引起顾客愤怒。

(2)开发互补性服务

开发与原有服务间有互补关系的服务项目,将顾客转移到互补性服务上去的方法,有助于满足等待中的顾客。这种策略的实质是企业为顾客提供一项主要服务之前提供附加服务,避免顾客在接受主要服务之前就离开服务地点,借此在一定程度上调节需求。例如,饭店在最繁忙的时候,将等待的顾客引入酒吧,既可以为饭店带来利润,又可以缓解顾客焦急等待的心情。便利店在传统经营的基础上扩展服务范围,提供快餐和休闲服务等。开发互补性服务是扩展市场的一种方法,若对这种服务的需求周期与对原先服务的需求成反向,还可以造成更加统一集中的需求。

（3）利用排队理论和仿真技术

利用计算机技术，对排队模型进行模拟仿真，从而做出最佳排队安排。

11.5　服务供给管理

除了对需求进行调控外，企业可以改变、扩大服务供给，以便与顾客需求相匹配。在需求的高峰期，企业将尽可能增加供给。反之，企业为了不浪费资源而减少供给。下面讨论了几种基本服务供给管理战略。通常，企业会同时使用这些战略。

11.5.1　临时增加服务供给

现存的供给能力可以暂时被增强以适应需求。在这种情况下，没有追加投入新的资源，只是人力、设施和设备工作时间变得更长、强度更大，以适应需求。

1. 临时增加人员、设施和设备的使用时间

在特殊环境和服务需求增加的时期，服务组织可以暂时延长服务时间以满足需求。例如，健康诊所可以在感冒多发季节延长工作时间，零售店可以在假期购物期间延长营业时间，会计师事务所可以在纳税临近的几周延长约见时间（晚上和星期六）。事实上，在许多服务组织里，在需求高峰时期，雇员被要求工作时间更长、强度更大。例如，咨询组织面临的需求具有宽广的需求高峰和低谷。在需求高峰时，员工要承担额外的项目，并且工作时间更长。银行、酒店、餐厅和电信公司前台工作的员工在需求高峰时期每小时比需求低谷时期服务更多的顾客。

在使用这些扩展战略时，组织需要认清资源的特性以及因为过度延长使用这些战略所带来的潜在的低质量服务。这些战略应该仅持续相对比较短的时间，为了保证设备和设施的维护，以及使超负荷工作的员工恢复旺盛的精力。

2. 雇用临时工

当需求高峰期来临时，企业雇用临时工可提高服务规模的伸缩性，补充正式员工的不足，管理者可以更好地控制服务供给。例如，零售店在假日期间雇用临时工；会计师事务所在纳税期间获得暂时的帮助；旅游部门在高峰季节招聘更多的员工。餐厅经常让员工在需求高峰时间分时间工作（例如午餐时来

工作,然后离开几个小时,到晚餐需求高峰时再来工作)。

3. 交叉培训员工

许多服务企业提供的服务多种多样,员工经过交叉培训,就可以胜任不同的工作,能够灵活地满足高峰需求,这可以提高整个系统的效率,避免某些部门的员工很清闲而其他部门的员工超负荷工作。例如,在一些快餐店里,在繁忙的时候,员工专一于一项工作(如炸薯条),工作小组大约有 10 个人。在需求较低时,小组可以缩减到 3 人,剩下的每个人从事几种不同的工作(如炸鸡块、烤面包等)。超市也使用这种战略,多数员工可以从事收款、货架管理和货物包装等工作。

4. 服务外包

对于不能满足的临时性服务需求,企业可以选择服务外包,通过向外部的专业化公司来获取相关的解决方案。例如,近几年许多企业发现它们没有能力满足自身的技术支持、网页设计及软件相关服务方面的需求。亚利桑那州的医院经常使用卫生保健机构来临时雇用注册的护士,为的是在冬季的三个月处理大量涌入的游客和冬季容易发作的流感。这些企业求助于专业化的企业来外包这些功能作为暂时性的(或者有时长期的)解决方案,而不是设法雇用并培训额外的员工。

5. 租赁或共享设施与设备

对一些组织而言,为了节约固定成本投入,服务企业在需求的高峰时刻租用额外的设备和设施。例如,快递服务在假日运输的高峰时期租用卡车。有些需求受约束的组织可以把设施与其他企业共享。例如,一家教堂与当地小学共享设施,学校在星期一到星期五的白天使用这些设施,教堂在晚上和周末使用这些设施。

11.5.2 调整服务资源的使用

通过创造性地调整服务资源,组织可以有效地使需求曲线与客户需求模式相匹配。

1. 需求低谷期间执行维护和翻修

如果人力、设备和设施在需求高峰时处于最大能力状态,那么必须在非高峰时期安排休息和停机维护。例如,网络银行服务经常在周日早上(4:00—6:00)定期进行软件升级,以使服务中断的影响减少到最低。几乎所有的服务、设施和设备都需要定期维修和维护。这些计划应该安排在低需求的时期,翻修也是如此。大学里经常在学生放假时安排教学楼和宿舍的修缮工作。

2. 提高顾客参与程度

顾客是十分重要的资源,服务组织可以巧妙地将顾客作为合作生产者加以利用。提高顾客参与程度可以减少企业劳动投入、加快服务速度,从而提高服务产出。例如,肯德基和麦当劳取消端送食物的员工,所有食物都由顾客亲自端取。

11.6 服务收益管理

11.6.1 服务收益的内涵

收益管理来源于航空业,已产生了一系列方法,其中一些是在产能受限制的服务业中平衡供给与需求的高级方法。企业使用收益管理模型得出,在特定时刻,以合理的价格将服务销售给正确的细分市场,这样产能被充分利用,此时是最佳的平衡状态。收益管理的目的是在有限产能下,产生最大的财务回报。收益管理被定义为:"以合适的价格,分配最佳类型的产能给最适合的顾客以获得最大的财务回报。"收益管理的评估方法是特定时期里实际回报与潜在回报的价值比:

$$收益＝实际回报÷潜在回报 \tag{11-1}$$

式中:

$$实际回报＝实际使用能力×实际平均价格 \tag{11-2}$$

$$潜在回报＝全部能力×最高价格 \tag{11-3}$$

这一等式表明,收益是价格与实际使用产能的函数。产能限制因素可能是时间、劳动力、设备或设施。收益本质上反映的是组织的资源(能力)获得全部潜在回报的程度。假设总产能和最高价格不能改变,当实际产能使用增加或者是对给定的产能收取最高的价格时,收益趋近 1。例如,在航空业中,管理者可以通过集中于招揽更多顾客以填补产能来增加收益,或者通过找到乐于支付最高价格的顾客来满足产能以增加收益。现实中,收益管理者关注产能和定价问题使得收益最大化。

11.6.2 服务收益的适用范围

收益管理适用于具有如下特征的服务企业。

1. 产能相对固定, 固定成本较高

在服务设施上大量投资的服务企业, 固定成本非常高, 并且产能有一定限制, 如航空公司的运力、旅馆的床位等。

2. 有能力细分市场

收益管理的前提是企业有能力将市场细分为不同类型的顾客群。例如, 航空公司能识别出对时间敏感的商务旅客和对价格敏感的一般旅客。对于使用收益管理的企业来说, 开发出各种价格敏感性的服务至关重要。

3. 存货易逝

对产能有限的服务企业而言, 可以将产能(如房间或座位)看作待售的单位存货。一旦某个单位存货未售出, 该存货的收入就失去了。例如, 飞机起飞后仍有空座, 就永远失去了该座位的潜在收入。

4. 能够事先售出产品

某些服务企业可以通过预订方式售出自己的服务能力, 如酒店、餐厅等。因此管理者需要决策是接受提前打折预订还是等待出高价的顾客购买。某些需求的变化是可预测的, 因此管理者可以根据预期的预订累计量曲线确定可接受的范围, 若需求高于预期, 则停止折扣, 以标准价格预订; 若预订量低于可接受范围, 则接受折扣价预订。

5. 需求波动较大且不固定

当服务需求受多种主、客观因素影响, 波动很大, 并且不固定时, 收益管理可以在需求预测的基础上, 在低需求期提高服务产能利用率, 在高需求期增加收入, 从而使产能固定的限制性服务的总收入最大化。控制预订和折扣价是应对需求波动实现收益管理的有效手段。

6. 低的边际销售成本和高的边际生产能力变动成本

销售额外的单元库存的成本必须相当低(如为一位航空乘客提供食物的成本可以忽略), 而提高生产能力的设施投资(如旅馆增加 50 个房间)的边际成本很大。

11.6.3　收益管理的基本策略

收益管理的基本策略包括 3 种: 超额预订, 产能分配, 价格制定。

1. 超额预订

(1)超额预订的含义

预订是指与客户预先签订服务意向, 它使顾客在保证能获取服务的同时, 免去了不预订而直接上门寻找服务的排队等待。预订对企业的风险是顾客不履行预订承诺,造成服务供应能力的闲置。服务企业为减少能力浪费、获取更大收益,已较为普遍地采取了超额预订的策略。超额预订策略是指服务企业接受的服务预订要求超出服务供应能力(生产能力)的收益管理策略。例如,某酒店有300套客房,根据以往出现的客人未履约的历史经验,酒店往往会接受320名预订者(假定所有房间都是通过预订方式实现销售)。

超额预订策略的目的是确定能使企业收益达到最大化的超额预订数。若超额预订数太少,仍会造成供应能力浪费;若超额预订数太多,则有可能造成顾客无法获得预约服务。好的超额预订策略应该既能最大限度地降低服务设施闲置产生的"空闲成本",又能最大限度降低未能提供预订服务而带来的补偿成本(包括对顾客的经济补偿和顾客对企业口碑的负面影响)。因此,解决最优的超额预订问题,要遵循成本损失最小化原则,使由于顾客未履约造成服务设施闲置而丧失的机会收益与由于预订数超过服务容量而造成的顾客流失损失之和为最小。这是解决超额预订数的一般原则。

(2)解决最优超额预订数的方法

在实践中,可以采用静态方法和动态方法确定最优的超额预订数。其中,静态方法指根据历史数据为每天确定一个固定的超额预订数,而不考虑客房销售的实际情况。动态方法是指根据每天、每时的实际客房销售,综合考虑订房为履约者的数量、临时取消订房者的数量、提前离店者的数量、延期住宿者的数量、无订房者散客的数量等因素,动态调整超额预订数。本章重点介绍静态方法中的最小成本法和临界点边际分析法。

①最小成本法。此方法的基本思想是:寻找使闲置成本和补偿成本之和的期望值最小时的超额预订数,此时的超额预订数就是最优超额预订数。通常对销售数据利用边际分析方法求得。

②临界点边际分析法。该方法的目的是通过边际分析寻找超额预订的临界点,其基本思想是:逐渐增加超额预订数,直到最后一个单位预订的预期收入恰好超过预期损失,即 E(最后一个单位预订的收益)≥E(最后一个单位预订的损失),这时所对应的超额预订临界点就是最优的超额预订数。其中,E(最后一个单位预订的收益)=P(收益)×(单位收益);E(最后一个单位预订的损失)=P(损失)×(单位损失),得到如下公式:

$$P(d \geq x) \times C_\mu \geq P(d < x) \times C_0$$

其中,C_μ 是由于顾客未履约而造成的损失,C_0 是指顾客无法获得预约服务而带来的补偿成本,d 是基于以往数据得到的未履约的概率,x 是超额预订数。变换、整理得

$$[1-P(d<x)]\times C_{\mu}\geqslant P(d<x)\times C_0 \qquad (11\text{-}4)$$

$$P(d<x)\leqslant \frac{C_{\mu}}{C_{\mu}+C_0} \qquad (11\text{-}5)$$

基于式(11-5),可以用累积概率[$P(d<x)$]来确定最佳的超额预订数量,即当不履约人数小于超额预订人数时的累积概率正好小于比值$\frac{C_{\mu}}{C_{\mu}+C_0}$时,由该概率确定的预订人数就是达到收益最大化时的预订人数。具体示例如下。

美国某航空公司为某航线推出提前 14 天购买且无法退款的"赌博机票",单程票价 49 美元,正常售价 69 美元。波音 737 客机经济舱座位 95 个。管理层要求限制折价机票的出售数量,以便向那些没有预订计划的顾客销售全价机票。根据经验,全价机票需求分布呈正态分布,均值 μ 为 60,标准差 σ 为 15。

如图 11-3 所示,临界点的值为 $P(d<x)\leqslant \frac{20}{20+40}=0.29$。查正态分布表得值为 -0.55,因此,预订全价得座位数 $=60+(-0.55)\times 15=51$。

更深入一步,临界点应根据选购者(寻求折价票)的比例进行调整,即由于乘客的购买行为可以取两个值。$C_0=49$,乘客是一名选购者;$C_0=-(69-49)=-20$,乘客是非选购者。

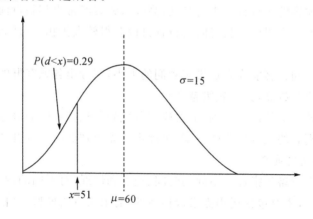

图 11-3　航空公司临界点

资料来源:[美]詹姆斯 A. 菲茨西蒙斯,莫娜 J. 菲茨西蒙斯. 服务管理运作战略与信息技术[M]. 张金成,范秀成,杨坤,译. 北京:机械工业出版社,2013.

对于非选购者来说,成本要减去票价之间的差额,因为航空公司从他们身上获利,他们购买的是全价票而不是折价机票。为了确定 C_0 的期望值,我们需要知道选购者所占总乘客的比例 p。根据市场调查,90%的顾客寻求折价机票,因此,$C_0 = 0.9 \times 49 - (1-0.9) \times (69-49) = 42.1$ 美元。

临界点为 $P(d < x) \dfrac{20}{20+42.1} = 0.32$。查表得 -0.47。因此预订全价的座位数 $= 60 + (-0.47) \times 15 = 53$。我们可以看到,若能掌握选购者所占比例的信息,航空公司可以预订出更多的全价机票,使得收益增加。

2. 产能分配

产能分配策略是指对不同的客户群分配不同的服务供应能力(生产能力)的策略。对市场进行细分并在不同的顾客群之间合理配置产能(服务供给能力),可以提高企业的收益水平。例如,商务乘客和普通乘客是两个不同的细分市场,前者带给航空公司的利益更大。产能分配策略的关键是决定为不同细分顾客分配多少产能。

边际收益法是确定产能分配的一种方法。假设存在两类顾客:高收益顾客和低收益顾客,他们带给企业的收益不同。边际收益法的基本思想是:逐渐增加高收益顾客数量,比较高收益顾客增加带来的单位预期收益与低收益顾客带来的单位预期收益,当优质顾客数量增加到单位预期收益正好大于打折客户的单位收益时,此时的高收益顾客数量应是最优的。要识别不同的顾客群可以根据顾客的预订行为进行判断:高收入顾客经常直到临行前才预订,而低收入顾客通常会提前很长时间进行预订以获得较大折扣。边际收益法的实施过程如下:

①按照不同顾客能为企业带来利润的大小,划分出各顾客群的优先级(为企业带来的收益越高,其优先级越高);

②依据顾客群的优先级别,依次确定分配到各顾客群中的服务能力(即先确定优先级别高的顾客群产能分配,再确定优先级别低的顾客群产能分配)。

3. 价格制定策略

价格制定策略是指针对不同的时间、地点和情况,对不同的顾客群收取不同费用的策略,主要包括运用需求价格弹性、需求与供给模型、价格歧视。

(1)需求价格弹性

弹性描述了需求对价格的敏感程度,表达式为

$$E_d = \frac{\Delta Q / Q}{\Delta P / P}$$

若服务缺乏弹性,价格变动对服务需求的影响很小;反之,则价格变动对服务需求影响很大。

（2）需求与供给模型

假定需求量（Q）是价格（P）的函数，表达式为 $Q=100-4P$，总成本（C）是需求量（Q）的函数，表达式为 $C=200+20Q$。因此，

$$总利润\ W=Q\times P-C=-4P^2+180P-2200$$

将总利润函数对价格 P 求微分，并赋值为 0，得利润最大时的价格为 $P=22.5$。

（3）价格歧视

价格歧视是企业根据服务特性与顾客支付意愿对市场进行细分，针对不同顾客群收取不同价格的策略。通过这种梯形定价策略，便于企业获得最大收益。

11.7　总　结

由于服务的易逝性，从而导致服务需求与供给的不匹配，企业通常会根据顾客需求与自身服务供给能力，计算服务收益，建立总体战略。本章具体介绍了服务需求、供给与收益管理的具体战略。需求固有的变化性对于那些试图很好地利用服务能力的经理人员来说是一项挑战。问题可以从两个常用的策略来解决，即产能水平和需求追加。关于产能水平战略，它关注于更为充分地利用一个固有的服务能力来满足平滑的需求。可以利用各种办法进行需求管理，例如：细分需求、提供价格刺激、促进非高峰期的使用、开发互补性服务和使用预订系统等。需求追加战略的关键点是抓住调整产能的机会，使之与需求水平的变化相匹配。目前已经有很多办法来进行服务能力的调整，例如：倒班计划、兼职人员的利用、员工的交叉培训、提高顾客参与合作生产、与其他公司共享能力等。通过适时的价格歧视和产能分配使收益最大化的收益管理，是混合型战略在现实商业中的一个运用。

思考题

1. 举例说明一项具体服务是如何成功地实现需求和供给管理战略的。
2. 开发互补服务会带来哪些可能的不利影响？
3. 收益管理的广泛使用是否会侵蚀服务固定价格的概念？

案例分析

天猫双十一

11月,在中国原本是消费淡季,近些年来却因为11月11日"光棍节"而带来市场上的"热闹"。

双十一购物狂欢节,是指每年11月11日的网络促销日,源于淘宝商城(天猫)2009年11月11日举办的网络促销活动,当时参与的商家数量和促销力度有限,但营业额远超预想的效果,于是11月11日成为天猫举办大规模促销活动的固定日期。双十一已成为中国电子商务行业的年度盛事,并且逐渐影响到国际电子商务行业。

2017年双十一成交额重要节点数据:00分11秒,天猫双十一成交额破亿元;00分28秒,成交额超过10亿元;03分01秒,成交额超过100亿元,03分13秒,无线端成交额超100亿元;06分05秒,成交额超200亿元;11分14秒,成交额破300亿元;40分钟左右,成交额破500亿元;1小时00分49秒,成交额超过571亿元,超过2014年双十一全天成交额;7点22分54秒成交额达912亿元,超过2015年双十一全天;9点00分04秒,成交额超1000亿元,10点40分48秒,无线端成交额超1000亿元。10点54分26秒,成交额超过"双十一"亿元,无线端占比91%;12点整,成交额1161亿元;13点09分49秒,成交额超1207亿元,已超2016年双十一全天成交额。16点整,成交额超1307亿元;17点整,成交额超1346亿元;21点12分,成交额超1500亿元。截至24点,第九届天猫双十一全球狂欢节最终成交额1682亿元,无线端成交额占比90%。全球消费者通过支付宝完成的支付总笔数达14.8亿笔,比2016年增长41%。全球225个国家和地区加入2017天猫双十一全球狂欢节。

资料来源:http://www.chyxx.com/industry/201711/581583.html

问题:

1. 双十一为什么能成功?

2. 结合自身经历,谈谈双十一用了什么方法调节服务需求与供给水平?

3. 天猫双十一给中国零售业带来什么启示?

第四篇　变革服务

第四篇　变革组织

第 12 章　服务创新概述

12.1　导入案例

"中图悦读会"网络直播

"中图悦读会"是在整合广东省立中山图书馆中文借阅部现有资源优势的基础上,借力省内高校、爱心组织和企业,打造的一个广角式、全方位的阅读推广平台。它旨在以丰富多元的主题形式,激发公众阅读兴趣,鼓励公众阅读行为,培养公众阅读习惯,提升公众阅读素养,进而普及社会阅读风气。活动口号是"让阅读流行起来"。活动特点包括主题定位多元化、展现形式时尚化、宣传渠道新媒体化、组织管理智能化、活动建设品牌化、志愿服务馆员化。

2015—2016 年,各类型直播层出不穷,移动直播平台相继上线,全民直播时代到来。在这样的背景下,广东省立中山图书馆于 2016 年 4 月进行了第一次网络直播——"琅琊榜上的海宴",此后,不定期推出各类网络直播进行阅读推广。2016 年 12 月推出的"圣诞全球大直播——广东双'蛋'晒书单",因契合圣诞主题,得到网易直播首页推荐,累计 260 万人参与该直播。

通过分析"中图悦读会"全年直播点击率可以发现,体育、文学、教育、亲子是排在前四的热门选题,因此,图书馆在网络直播初期,可优先考虑这四类选题,积累初期粉丝。另外,图书馆的网络直播必须做好充分准备,组织有序,紧跟热点,才能吸引更多关注。图书馆网络直播选取合适的时间节点也十分重要,下午发布比上午发布更"吸睛",能赢得更多网友的追捧。综上,网络直播通过影像接触,图书馆与用户进行双向交流,读者参与感强,内容传播迅速,即时性强,交互感强,应成为今后图书馆服务创新的重要内容。

资料来源:张钰梅."互联网+"背景下图书馆微服务创新案例分析与启示[J].四川图书馆学报,2018(4):61-64.

思考:图书馆利用新媒体技术进行服务创新的优点是什么?

12.2 服务创新的概念

12.2.1 服务创新的内涵

服务业的迅猛发展使其成为现代经济生活的主导,促进了社会的稳定发展和经济增长,因此,形成了对新的服务和新的服务资源的巨大需求。同时服务企业的管理者意识到,只有不断地进行服务创新才能推动企业快速发展和保持长期竞争优势。

近年来,学者们分别从不同的视角对服务创新的内涵进行了界定。从价值的视角来看,Paton 和 Mc Laughlin(2008)认为,服务创新是指引入一种更有效而尚未被采用过的服务手段或方法,并实现其市场价值的活动过程。Sundbo(2008)提出,服务创新是指在服务过程中,服务企业应用新思想和新技术来改善和变革服务流程和服务产品,提高服务质量和服务效率,为顾客创造新的价值,最终形成服务企业竞争优势的活动。Blazevic 和 Lievens(2008)则认为,服务创新是企业为了提高服务质量和创造新的市场价值而发生的服务要素的变化,以及对服务系统进行的有目的、有组织的动态变革过程,或者是把特定顾客和问题的服务解决方案运用到其他顾客和问题上的活动。

Thorsell(2007)从知识和学习的角度对服务创新进行了诠释。她认为服务创新的实质是不可编码知识(暗默知识)向可编码知识的转化。ICT 在服务创新过程中发挥了重要作用,消除了不可编码知识与可编码知识间的界限。服务创新过程,就是新知识不断"积累—学习—积累"的一种螺旋运动。

Paton 和 Mc Laughli(2008)则从经济、技术、社会、方法论角度对服务创新的内涵进行了界定。他们认为,从经济角度看,服务创新是指通过非物质制造手段所进行的、增加有形或无形"产品"之附加价值的经济活动;从技术角度看,服务创新是以满足人类需求为目的的对软技术的创新活动;从社会角度看,服务创新是创造和开发人类自身价值,提高和完善生存质量,改善社会生态环境的活动;从方法论角度看,服务创新是指开发一切有利于创造附加价值的新方法、新途径的活动。

12.2.2　服务创新的特征

服务创新的特征在很大程度上来源于服务本身特有的属性,如服务的无形性、服务的生产和消费的同时性、服务的易逝性等。具体来说,服务创新的特征主要表现为以下几个方面:

1. 创新的无形性

对于传统的制造业创新来说,其结果是有明确的载体的,比如新的产品或新的生产工艺。但服务创新是提供一种新的解决问题的方法,它往往表现为一个概念、过程和标准,比如一款新的保险章程、一种新的服务提供方式等。

2. 创新的顾客导向性

由于服务是由生产者和消费者合作生产的,因而,在服务创新中,客户的需求是创新的出发点也是服务创新最终完成的结束点,客户参与了创新的全过程。而且很多服务创新本身就是在与客户的相互作用中针对特定的问题而产生的。服务创新更多以顾客需求为导向,顾客不仅推动了创新的出现,并作为“合作生产者”对创新结果产生着重要影响。因此服务创新更多的是一种需求现象。

3. 创新形式的多样性

在制造业创新中,技术创新处于主导地位,其他创新要么是为了技术创新而进行的,要么是由技术创新推动的。但在服务创新中,创新形式则是多样化,而且很多服务创新与技术创新没有太大的关系,如过程创新、市场创新、组织创新、范式创新、重组创新、特色创新等。其中,组织创新在服务创新中处于一个相对比较重要的地位,某些组织创新与技术创新相伴随,某些组织创新则不需要技术创新作为支撑。

4. 创新的适用范围

制造业的技术创新主要针对整个产业,某项新技术的引入经常引起整个产业的发展和变化。服务创新更多针对企业,这是由服务本身的特性以及服务创新具有的“顾客导向性”决定的。很多服务创新是根据本企业顾客的需求以及企业自身特点开发的,可能并不适用于其他企业,因而不会在整个部门内得到传播,但某些创新也可以在整个部门中得到应用。

12.3 服务创新的类型

12.3.1 按创新程度分类

Johnson 等(2000)把服务创新分为突破性创新和渐进式创新两大类,每大类又包含若干子类,详见表 12-1。

表 12-1 服务创新的基本类型

Johnson 等(2000)
突破性创新
· 重大创新:对于市场而言是全新的服务,以信息和计算机为基础的技术驱动型创新
· 首创业务:向现有市场引入新的服务
· 把新服务引入当前服务的市场:向现有顾客和组织提供的新服务,尽管相关服务可能已有企业提供
渐进式创新
· 服务线扩充:扩展现有服务线,如添加新项目、新路径、新程序
· 改进服务:改进当前所提供的服务
· 改变服务风格:对服务风格进行适度改进,以影响顾客的感知、情绪、态度,但不会改变服务的根本特性

资料来源:Booz A, Booz H. New Products Management for the 1980s [M]. (1st Ed.). Englewood Cliffs, New Jersey: Prentice-Hall, 1982: 1-24.

12.3.2 四维服务创新模型

在对服务创新类型研究中,Hertog(2000)提出了四维服务创新模型,服务创新包括相互联系的四种创新类型,即服务概念创新、服务界面创新、服务组织创新和服务技术创新。

1. 服务概念创新

在制造业创新中,产品和过程是有形可见的,但在服务业中,创新大多具有无形性,创新结果并不是一个有形实物产品,而是解决一个问题的新的概念或方法,因此服务创新在很大程度上是一种“概念化创新”。即使某个“概念”

在其他市场中已被顾客所熟悉,但对某个特定市场仍是一种创新。当然不是所有服务创新都要引入新的概念,但概念化创新在服务企业中占有相当大的比重。

服务企业在进行新服务概念开发时,需要明确回答这样一些基本问题:企业需要什么样的产品以保留现有客户并发展新的客户? 竞争者提供的产品是什么? 如何将新服务传递给实际顾客和潜在顾客? 这些问题就构成了"新服务概念"的范畴。显然这种意义下的概念创新是市场驱动型的,企业通过对市场需求的扫描和分析发现创新来源。"新服务概念"维度要求企业对自己提供的已有服务和新服务,以及竞争者提供的已有服务和新服务都有准确的认识,尤其要对创新特性有准确的把握。通过对"新服务概念"的理解,服务企业可以不断地根据市场变化、顾客要求以及竞争者的行为开发新的服务并改进原有服务,形成企业的"商业智力"。

企业提供的这种新服务可能是有形的,例如银行为了方便客户取款提供的 ATM 取款机,也可能是无形的,例如开发一种帮助顾客进行金融产品管理的服务,或者 ICT 的提供者根据客户企业实施电子商务的需要提供专门的运作计划以帮助客户具体实施。

2. 服务界面创新

顾客在很大程度上已成为服务生产不可缺少的一部分,特别是在针对最终顾客的服务提供中。服务提供者和顾客之间存在高度的相互作用,服务的完成需要一个良好的服务提供界面,尤其在那些不具有明显有形特性或容易被竞争者产品替代的服务中,服务提供者与顾客间的界面就更为重要,更需要服务提供者投资于与顾客关系的建设之中,并不断开发新的顾客交互作用方式。

服务企业在设计服务界面时必须考虑以下一些基本问题:如何与顾客有效地交流? 企业的潜在顾客是谁? 企业有能力让顾客在创新中扮演"合作生产者"的角色吗? 对以上问题的正确回答是服务企业建立良好服务界面的基础和前提。

以下是服务界面创新的一些例子。银行和保险公司推出了网上业务,这并不意味提供了新的服务,而是银行和保险企业与顾客的联系方式发生了显著变化。再如,家庭购物服务的出现、电子商务的实施都显著改变了服务提供者和顾客相互作用的界面形式和关联方式。现在的产品和服务提供越来越以顾客为导向,顾客越来越多地参与进服务的生产和传递过程中,服务界面因此变得越来越重要,这是整个服务业都普遍存在的现象。

3. 服务组织创新

服务组织创新是指为了提供创新性服务和提高服务效率,服务提供企业对生产和传递新服务产品的组织进行改变或重建。服务组织创新侧重于服务企业的内部组织安排,即通过合适的组织安排、管理和协调,确保企业员工有效地完成工作,并开发和提供创新服务产品。服务组织创新的核心是强调现有的组织结构以及现有员工能力必须适应服务创新的需要,如不适应,可能改变其组织结构以便使员工个人能力和技巧同新服务相适应,也可能是服务提供企业设计新的组织结构并培训其雇员适应新服务和改进效率的服务。

服务组织创新需要考虑的问题是:如何对企业员工授权?如何促使员工完成其工作并传递新的服务产品?组织对员工的授权特别重要,尤其是在专业性服务中(如广告服务、计算机服务、设计服务等)。通过适当授权可以为员工提供较大的灵活性,这对提高创新效率、确保创新顺利进行十分有益。

服务组织创新和服务界面创新有着密切的关联,内部组织和传递方式与员工和顾客间相互作用的方式不能分离,两者相互交织并相互支持。最明显的一个例子是,在商业过程中引入电子商务要求有较大的商业过程重组。它不仅改变了实际商业交易发生的方式,而且改变了交易前后的过程,企业的内部组织和员工的能力都要发生改变。再如,家庭购物服务的大量引入使服务提供者和客户的关联方式发生巨大变化,还使企业组织结构和员工技能也发生较大改变。

4. 服务技术创新

服务技术创新是指采取新技术以提高服务的效率和改变服务提供的方式。虽然服务概念创新、界面创新和组织创新的完成可以不依赖技术创新,但是新技术特别是信息通信技术的出现大大推动了服务概念创新、界面创新和组织创新。技术在很多服务创新中扮演着重要角色,"技术"和"服务创新"也存在广泛的关系,大多数服务都可以通过使用某些技术而变得更为高效,如ICT(信息和通讯技术)的使用、超市中购物车的使用、仓储系统的使用等。

在服务创新中有很多针对特定部门的技术,如健康服务中的医疗技术,环境服务中的清洁和监测系统技术,公共饮食服务和旅馆服务中的食品和烹饪技术,零售服务和物品运输中的冷藏和温度控制技术等。这些技术也会对特定的服务部门产生重要的影响。

当然某些技术可以在众多服务部门被广泛采用,ICT就是一个明显例子。ICT能够在绝大多数服务部门中进行大量的信息处理工作,因此它成为一种对几乎所有的经济活动都有内在需要的技术。学者们经常认为ICT是服务创新的巨大推动力,即典型的"供应商主导型"创新观点,其中最有影响的是 Barras(1986)提出的"逆向产品周期"理论。该理论认为服务业中的创新是由于对信息技术的吸收和使用而形成的。但事实上,服务并不总是"供应商主导型"的,很多服务企业在引入技术(设备)的过程中和过程后都在进行其他创新活动,更进一步,由顾客和市场引发的创新在服务企业中更为普遍和重要。

12.4　服务创新的流程

服务创新过程一直是备受服务创新研究者们重视的一个问题。例如, Martin 和 Horne 早在 1993 年就指出:市场上天天都会出现新的服务,因此, "新的服务究竟是怎样出现的"是一个重要问题。Olson 等(1995)曾更加明确地分析指出,服务创新过程的质量是影响服务创新成败的关键,而对服务创新过程进行解析则是降低开发风险的基础。Bitran 和 Pedrosa(1998)以及 Cooper 和 Edgett(1999)研究发现,开发过程是新产品或新服务管理领域最受关注的问题。

20 世纪 80 年代,学者们主要参照新产品开发(New Product Development,NPD)过程模型来构建符合服务基本特性的服务创新过程模型,并寻找改进服务创新构成的有效途径。BAH 模型(Booz 等,1982)作为当时 NPD 过程模型的典型代表受到了广泛的关注,该模型把 NPD 过程分为战略制定、观点形成、审核评估、商情分析、开发、测试和商业化等 6 个阶段。Shostack (1984)通过分析折扣佣金服务的发展状况提出了一个迭代服务创新过程模型,在这个迭代模型中,Shostack 把服务创新过程分成 3 个阶段,每个阶段都包括定义、分析、综合 3 个步骤,并认为后一阶段是对前一阶段的深化,3 个阶段都完成以后,服务创新过程即告结束。Bowers(1985 和 1989)是率先运用实证方法研究服务创新过程的学者之一,他提出了一个包括制定企业经营战略、制定新产品战略、制定新服务战略、提出新服务创意、进行概念构造和评估、开展商情分析、实施产品开发和测试、进行市场测试和商品化 8 个阶段的服务创新过程模型。Cooper 于 1988 年率先提出"门径管理系统"(Stage Gate System)概念,并且构建了第一代门径管理流程模型,主要用于优化 NPD 过程。所谓门径管理就是把创新过程划分为若干预先设定的阶段,每个阶段由 1 组预先设定的跨职能同时进行的活动组成,每个阶段结束都要进行评审把关,然后再开始下一阶段的工作。在随后的应用中,Cooper 不断对第一代门径管理流程模型进行修正,并于 1993 年、1994 年分别提出了第二代、第三代门径管理流程模型。随着服务业的兴起,门径管理流程模型逐渐被应用于服务创新及其研究。Scheuing 和 Johnson(1989)在深入研究金融机构服务创新工作的基础上提出了一个包括新服务目标和战略形成、概念产生、概念开发、概念测试、商业分析等 15 个阶段的服务创新过程模型,并且指出:就服务的本质而言,服务传递系统在服务创新过程中起到了举足轻重的作用,因此,有必要对服务内容开发与服务传递过程开发加以区分。Scheuing-Johnson 模型的一个重要特点是充分考虑到了顾客在服务创新过程中的作用。

综上所述,20 世纪 80 年代提出的服务创新过程模型在诸多方面受到了 NPD 研究成果的影响,如 BAH 模型甚至直接借用了某些服务创新模型的一些步骤。但是,与有形产品相比,服务有自己的明显特性——无形性、异质性、易逝性和同时性(Fitzsimmons,2001)。因此,真正的服务创新过程必然不同于 NPD 过程,在使用这些服务创新过程模型前,必须先进行适用性评估,认真分析这些模型的应用条件。但就学术价值而言,这些模型还是为后续研究提供了理论参考。值得注意的是,Bowers(1989)以及 Scheuing 和 Johnson(1989)虽然分别提出了自己的服务创新过程模型,但却特别告诫服务创新者不要机械地遵照开发过程的每一个步骤,开发计划规定过细又可能会导致服务创新过程创造性低下,并且不利于服务创新的成功。本书认为,这与他们的研究初衷并不矛盾,而恰恰反映了这些学者对待理论与实践关系时的科学态度。

进入 20 世纪 90 年代以后,学者们不再拘泥于模仿 NPD 过程模型,也不再拘泥于服务创新过程中的细枝末节,而是从服务本身的特性出发提出了更加便于应用、高柔性的服务创新过程模型。

Voss 等(1992)基于运营管理的视角较早地研究了服务创新的过程,他们指出,由于企业的服务总是很快地被竞争对手所模仿,因此服务创新活动对于企业具有重要意义,Voss 等(1992)将服务创新的过程描述为 4 个阶段,依次为概念开发、原型开发、原型测试和原型投放市场,他们认为服务的改进可在任何阶段实现。此外,Bitran 和 Pedrosa(1998)认为服务创新过程由战略评估、概念开发、系统设计、部件设计和实施等几个阶段构成,与其他学者不同的是,该模型提出了“部件设计”的理念,主要涉及人员、服务提供和基础设施等方面,此外,“部件设计”还体现了体系结构的思想,即如何有效设计并连接各部件而不破坏服务的核心属性。Deszca 等(1999)则在一个关于根本性创新的研究中,提出了一个对服务创新与 NPD 均适用的过程模型,并明确指出服务创新或 NPD 过程中只包含机会开发和服务（或产品）创造两个阶段，其中涉及的具体事项有开发战略的形成、前端机会识别、服务（或产品）引入、后端生命周期管理等，此外，组织、技术、竞争力、工具和测量方法被识别为促成服务创新成功的推动器。Holdford 和 Kennedy(1999)研究了服务蓝图(Service Blueprint)在服务创新过程中的作用，他们认为服务蓝图是一种借助流程图描述服务体系的工具，通过描述服务提供过程、服务遭遇、员工和顾客的角色及服务的有形证据来直观地展示服务，从而使服务被合理地分解，更为重要的是，顾客同服务人员的接触点被清晰地识别，这些接触点可作为改进服务质量的依据。

Johnson 等(2000)整合了上述服务创新过程模型，尤其是借鉴了 Scheuing 和 Johnson(1989)的研究成果，充分考虑服务创新过程模型的实施条件、涉及因素和产出结果，提出了服务创新过程周期(Process Cycle)模型（参见图 12-1）。该模型认为开发一项新服务需要经历若干周期，每个周期包含 4 个阶段，需完成 13 项任务，这是一个循环的过程。人员、系统、技术是服务概念的组成元素，团队、工具、组织环境是服务创新的使能器。此模型系统地描

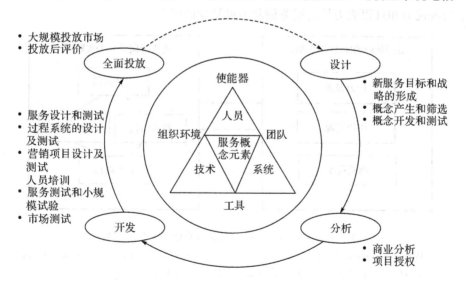

图 12-1 服务创新过程周期模型

资料来源：Johnson S P. A critical evaluation of the service innovation process: integrating service innovation and service design [A]. In Fitzsimmons J A and Fitzsimmons M J (Eds.). Service Innovation-Creating Memorable Experiences[C]. Thousand Oaks, CA: Sage Publications, 2000: 1-32.

述了服务创新过程中的关键环节,并指出若干重要影响因素,比较系统,值得学者们深入揣摩。

进入 21 世纪以来,学者们对于服务创新过程的研究更加专业化,主要是基于不同视角提出具有高度适用性的模型,并着重强调资源在服务创新过程中的作用。例如,Alam 和 Perry(2002)研究金融服务机构案例后,提出了两种客户导向型服务创新过程模型,即线性模型和平行模型,两个模型均包含10 个阶段:战略规划、概念产生、概念筛选、商业分析、跨职能团队的构成、服务和过程系统设计、人员培训、服务检验和小规模试验、市场检验、商业化。其中,线性模型包含线性顺序阶段,而平行模型包含了一些平行阶段,允许几个阶段同时执行,此处其实体现了制造业中并行工程的理念。需要注意的是,两种模型均提到了"跨职能团队构成"的问题,这在先前的模型中未被重点关注。Froehle 和 Roth(2007)提出了资源导向和流程导向整合的服务创新框架(参见图 12-2),依据资源依赖理论,资源导向部分主要关注如何培育和开发智力、组织及物质等资源,从而为服务创新过程所需的能力提供支撑;流程导向部分重点关注设计、分析、开发、投放等服务创新实际实施环节,这一框架表明资源能力和过程能力均是服务创新不可缺少的因素。

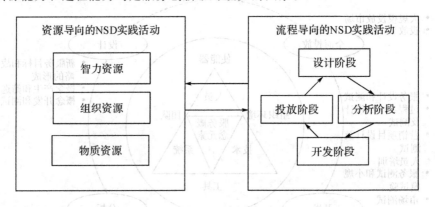

图 12-2 资源导向—流程导向整合的服务创新框架

资料来源:Froehle C, Roth A. A resource-process framework of new service development [J]. Production and Operations Management,2007,16(2):169-188.

关于服务创新过程的研究已有 30 余年,从 20 世纪 80 年代模仿与修正 NPD 的相关成果起步,至 20 世纪 90 年代深刻分析服务独有特性、关注实际应用价值,直至进入 21 世纪后,依赖各种资源从不同视角研究服务创新过程。这一历程反映了学术界对于服务创新认识的深化,以及时代变迁给服务创新研究带来的影响。后续研究可关注网络环境对于服务性质的影响,以及服务创新过程在此背景下产生的变化。

12.5　服务创新绩效及测量维度

服务创新活动的高绩效将为组织带来巨大的利益,管理者一般习惯于利用财务标准(如收益、利润或边际利润等)或其他相关指标(如销售量或市场占有率)(Griffin 和 Page,1996)测量服务创新的绩效。尽管如此,开发具有广泛适用度的服务创新绩效评价量表的需求仍然有增无减。

Cooper 和 Kleinschmidt(1987)指出服务创新绩效是一个三维构念,3 个相互独立的维度分别为财务绩效、机会窗口、市场影响力,他们开发了一个量表,共用 10 个指标来测量这 3 个维度,研究结论表明在某个维度上取得成功,并不意味着在其他两个维度上同样可以成功。Cooper 等(1994)对新金融服务业进行了类似的实证研究,他们用财务绩效、关系强度、市场开发 3 个维度共 14 个指标来测量服务创新绩效。Cordero(1990)则在以下 3 种绩效之间做了区分:整体业务绩效、技术绩效、商业绩效,他明确指出只从 1 个维度测量绩效是不够的,管理者应使用全面的绩效量表。而 Brentani(1991)认为绩效是一个四维构念,包含销量和市场份额、竞争力、"其他促进因素"、成本,可以用 16 个指标进行测量。Griffin 和 Page(1993,1996)尝试着识别所有的已使用过的绩效测量指标,他们通过分析已公开发表的相关实证文献,共筛选出 46 个不同的绩效指标,在随后进行的两项实证研究中,将指标逐渐增补为 75 个,又经过了大量的深度访谈和群体调查,并通过因子分析,最终识别出绩效测量的 5 个维度:企业的整体利益、项目水平利益、产品水平利益、财务水平利益和顾客接受利益,同时发现,一个公司可以在多个维度评价它的绩效,且各维度很难同时达到最优,管理者有时不得不放弃一些维度而确保其他维度。

Voss 等(1992)指出服务创新过程绩效测量和服务创新结果绩效测量是有显著差别的:前者与效率有关,主要涉及服务创新的实施系统;后者与效能有关,主要关注服务创新的具体目标。好的执行过程可以给公司带来好的结果,对过程绩效和结果绩效两方面进行测量都是很重要的(参见表 12-2)。这一研究从服务创新完整流程的视角考察了服务创新绩效的测量和维度,在维度及指标的选择方面更具针对性,研究思路具有一定的独到之处。

表 12-2　服务创新过程绩效和结果绩效的测量

服务创新结果绩效	服务创新过程绩效
财务测量	成本标准
实现较高的整体收益	每项服务的平均开发成本
从实质上降低公司成本	各单项服务的开发成本
实际消耗的成本比预期的少	开发新服务所用成本占营业额的百分比
实现公司成本使用效率	
竞争力测量	效率
超出市场份额目标	每年开发新服务的数目
超出销量/顾客使用水平目标	服务创新的成功比例
超出销量/顾客增长目标	
实现相对高的市场份额	
对公司形象/声誉有积极的影响	
使公司具有竞争优势	
提高其他服务的销量	
质量测量	速度
服务产出优于竞争者	由新服务概念至新服务投放的时间
服务体验优于竞争者	在公司外界采集新服务概念所需的时间
与竞争者相比能感觉到独特的优势	由新服务概念至新服务样品的时间
非常可靠	由新服务样品至新服务投放的时间
可对大量顾客同时提供服务	

资料来源：Voss C A. Measurement of innovation and design performance in services [J]. Design Management Review，2010，3（1）：40-46.

随着社会环境的变化，"时效性"的重要意义逐渐凸显，并在测量服务创新绩效时被学者们所关注。实际上，Schilling 和 Hill 在 1998 年的一篇文献中即指出，最短的市场投放时间、顾客需求与产品特性的高度吻合是 NPD 过程的重要目标。随后，Cohen 等（2000）通过研究发现，总开发成本也是 NPD 的一个重要目标。此时，时间、质量、成本被视为一项开发成果的中心目标。由于它们与服务的特性比较吻合，因此，也被广泛地应用于服务创新绩效测量之中（Tatikonda 和 Montoya-Weiss，2001）。这 3 个维度对于服务创新绩效是同等重要的，服务企业应在这 3 个方面合理地调配资源，实现企业创新目标。

综上所述，在服务创新绩效的测量和维度方面，尽管不同学者的研究结论不尽相同，但可以归纳出以下 5 点共识：①利用问卷调查法进行实证研究是服务创新绩效测量的主流方法;②服务创新绩效是一个"潜因子型多维构念"(Latent Multidimensional Constructs,LMC),包含运营效果和市场竞争力两个方面的维度(cf. Cooper 和 Kleinschmidt,1995;Tatikonda 和 Montoya-Weiss,2001;Chen 等,2010);③服务创新绩效的不同维度对顾客体验所产生的影响并不相同;④可选择不同的单元测量服务创新绩效;⑤服务创新绩效的维度存在适用的边界和条件。

12.6　服务创新绩效的影响因素

在学术界研究服务创新绩效测量与维度的同时,也有大量学者开始思考服务创新绩效的前因,即哪些因素对服务创新的绩效会产生影响,这些因素与服务创新活动能否成功息息相关。

20 世纪 90 年代,学者们主要通过大规模问卷调查对该问题进行实证研究(Brentani,1991;Easingwood 和 Storey,1991;Storey 和 Easingwood,1994;Cooper 等,1994;Edgett 和 Parkinson,1994;Atuahene-Gima,1996)。在这些研究中,学者们依据问卷中所包含的大量指标,对公司近期所发生的服务创新项目进行描述,并从不同维度对该项目的绩效进行评估,然后利用因子分析处理所得数据,最后通过相关和回归分析探索各因素与绩效之间的关系,从而得出影响服务创新绩效的因素。这些研究所使用的方法十分相似,但研究的侧重点不同。也有部分学者通过案例研究法探讨服务创新绩效的相关问题(Grden-Ellson 等,1986;Edgett 和 Jones,1991;Johne 和 Davies,1993;Lievans 和 Moenaert,1994)。Johne 和 Storey(1998)对此时期的研究成果进行了总结,认为服务创新绩效的前因包含一系列因素,而且涉及多个方面,他们将其归纳为三大类:机会分析、项目开发、服务提供的组成,并指出服务创新管理人员必须全面掌控这些因素,使它们处于平衡状态,才能保证服务创新绩效位于较高水平(参见表 12-3)。

当大量的学者研究市场对于服务创新的驱动时,部分 OM 领域的学者开始通过实证研究关注战略选择对于服务创新的影响。Froehle 等(2000)利用跨部门的数据,验证了以团队为基础的组织结构、服务创新过程设计、信息技术的应用等战略因素对于服务创新速度及效果的影响,他们发现团队结构对服务创新效果会产生直接影响,服务创新过程正规化对服务创新速度有间接影响,信息技术对于服务创新的速度和效果均会产生影响,同时发现在制造业

表 12-3 服务创新绩效的影响因素

1. 机会分析

服务协同:与已有的服务产品线、公司形象、公司战略相匹配

营销协同:与已有的资源相匹配,如服务传递系统、运作、销售能力、广告、市场分析、顾客服务

管理协同:与组织结构、财务资源相匹配

多样化:服务种类繁多,对企业而言具有创新,使用了新技术,具有新的开发过程,具有新的顾客

市场知识:充分认识顾客的需要和行为,清晰地确认目标市场,分析竞争者

市场导向:进行市场分析,市场导向战略,顾客服务导向

重要的服务

市场吸引力:规模,增长,市场份额

市场协同:提供顾客需要的服务,对市场变化做出快速的反应

2. 项目开发

创新导向:高管人员的加入,创新政策的支持

高效的服务创新管理:良好的计划与实施,正规的流程,充足的资源,有经验的员工

开发速度

协调性:跨部门的交流与协调,前端员工的加入,正规的开发团队

组织支持:高管的支持,项目经理的支持,项目组成员的支持

广泛的测试

投放准备:内部营销,内部交流,培训

正式、高效的投放:正式的投放,大规模,良好的协调,正确的市场定位,投放后的评估

3. 服务提供的组成:服务产品＋服务扩充

服务优势:独特的服务特性,重要的改进,较高的价值,品牌形象,能复制

顾客知识:便于顾客接受

高度创新

服务产品质量:较高的质量述评,可靠,良好的质量形象

服务体验质量:服务传递质量,顾客服务,敏捷高效

高效交流:范围广,引起顾客兴趣,诠释服务意义,建立品牌形象,差别的市场定位,符合市场战略

专业化的前端:专业知识,营销技巧,承诺,激情,专业化

宽泛的配置系统

顾客参与程度

资料来源:Johne A, Storey C. New service development: A review of the literature and annotated bibliography [J]. European Journal of Marketing, 1998, 32 (3/4): 184-251.

的同类研究中也会取得相似的结论。Stevens 和 Dimitriadis(2005)认为当组织学习在开发过程中发生时服务创新会特别的成功。Menor 和 Roth(2007)研究了服务创新能力,将其定义为服务组织为获得预期的服务创新成果而合理配置资源的能力,他们通过查阅文献及深度访谈等方式,将服务创新能力概念化为由 5 个互补维度所反映的构念,5 个维度分别为市场敏锐性、服务创新战略、信息技术经验、服务创新过程重点、服务创新文化。之后,他们利用二阶段法开发了各维度的多项目测量量表,对 166 家零售银行进行了实证研究,验证了各项目量表的信度和效度,结果发现服务创新文化未达到标准,因此删除了这个维度。同时也发现,正规化的过程对服务创新绩效的影响很小,而市场敏锐性是服务创新绩效的重要前因,这与 NPD 领域的相关研究结论有所不同。在此基础上,Menor 和 Roth(2008)进一步证明了服务创新能力同服务创新竞争力绩效(Competitiveness Performance)及服务创新效果绩效(Effectiveness Performance)均为正相关。Menor 和 Roth(2007,2008)的研究深入探讨了服务创新绩效的一个重要前因——服务创新能力,用科学、严谨的方法详细地表达了完整的实证过程,对于实证领域的研究者具有很高的参考价值。

综合上述分析可发现,服务创新绩效的影响因素主要包含市场与战略两个方面,某些影响因素本身就是一个多维构念,这就增加了研究的复杂程度,实证研究仍然是主流的研究方法,问卷调查、案例分析等技术被广泛地应用。随着外界环境的变化,将有大量的新问题相继涌现,尤其是微博、团购、网上社区等网络形式的诞生,使得虚拟接触广泛地存在,由此而产生的网络口碑、在线点评等因素已经对目前的服务业绩效产生了深刻的影响,这些均可作为服务创新绩效影响因素领域的后续研究主题。

12.7　网络环境下服务创新的机遇和挑战

网络环境对服务业产生了深远影响,跨时空电子资源交易、在线沟通、在线搜索等 E-service 的出现从根本上冲击了人们的购买习惯、消费方式,在某些层面上几乎完全颠覆了传统的服务运营模式,消费者足不出户即可享受千里之外的服务,这在原来是不可想象的,网络环境下的新电子服务开发已逐渐受到学术界的关注。虽然 E-service 已被 Google、Amazon、Apple 等著名企业广泛应用,关于 E-service 的成功案例也层出不穷,但是学术界对 E-service 的研究仍然十分有限。与传统服务相比,E-service 具有独特的性质,如开发速度快、传递成本低、全面透明的反馈、多参与者、持续的改进、外包程度高、潜藏着大量创业机会等(Menor 等,2002;Riedl 等,2009),这些特性为服务创新研究者提供了大量的研究机会。

第一,网络环境及 ICT 的普及,使得原来在公司内部即可完成的服务创新活动已逐渐转移至服务供应链层面,由服务供应链上某一参与者进行主导,创造出一个汇集资源的开放式网络平台,并依据一定的标准进行资源整合与配置,在其他合作伙伴的共同参与下完成服务创新活动(尤其是新电子服务开发活动),最终实现服务供应链的"共赢"及可持续发展,中国移动应用商场、Apple 公司的 App Store 即为此类网络平台的典型代表。通过研究可发现,基于开放式网络平台的新电子服务开发对于学术界仍是一个巨大的黑箱。

第二,网络技术使得 E-service 可快速普及,在短时间内传递至市场的任一角落,由此导致了 E-service 的生命周期大大缩短。此时,原有的服务创新过程理论已经无法给服务型企业带来较高的效率,企业必须遵循更加简洁及高柔性的服务创新过程才能紧跟市场步伐,从而保持竞争力,但是,如何构建此背景下的服务创新过程模型仍是一个有待解决的问题,值得学术界与企业界共同研究。

第三,网络环境为新电子服务开发中的服务外包提供了便利的条件,但是服务外包也会带来很多问题,比如,如何分配各开发者之间的利益,如何评价各开发者的工作绩效,如何构建合理的外包流程等,均需要深入研究。

12.8 总 结

现代经济发展一个显著的特征是服务业迅猛发展,在国民经济中的地位越来越重要,成为世界经济发展的核心,是世界经济一体化的推动力。越来越多的企业和服务行业开展服务创新,以提高服务生产和服务产品的质量,降低企业的成本率,发展新的服务理念。服务创新是现代服务业进行创新的重要活动,不仅关系到相关服务企业的利润,而且直接影响到国家的经济发展水平。本章以服务创新的定义和类型、过程、绩效维度划分和测量、绩效影响因素为框架,依次述评了国外学者的研究成果,并基于当今网络时代的背景指出了服务创新的发展趋势及潜藏的研究机会。

思考题

1. 请描述 Hertog 的四维服务创新模型。
2. 服务创新过程绩效和结果绩效的测量维度各是什么？
3. 影响服务创新绩效的因素有哪些？

案例分析

"互联网十"背景下浙江图书馆微服务创新

2016 年,浙江图书馆传统业务全面在线化,办证、缴费、转借业务,均可在线办理。2016 年 5 月,该馆在支付宝开通了在线办理读者证,对芝麻信用在 650 分以上的读者免押金办理,并在微信服务号开通了在线转借服务。2016 年底,在支付宝、微信服务号、官网开通了在线缴滞纳金、停车费服务。2016 年,浙江图书馆通过支付宝和芝麻信用办证约占全年办证量的 40%。地处移动支付最发达的地区,浙江图书馆率先在全国图书馆界实现了传统业务滞纳金的微信、支付宝多渠道在线支付。除此以外,浙江图书馆还开创了众多创新服务,如:

(1)方便周到的停车服务

进入该馆微信服务号自定义菜单"服务"一栏,可实时查询图书馆停车位使用情况,读者证和车牌号绑定,可享受 1 小时免费停车,超过 1 小时,则可通过微信在线支付停车费用。对于不熟悉路况的读者,公众号还提供导航功能。

(2)有趣好玩的在线转借服务

需要还书的读者和需要借书的读者通过当面扫码方式办理图书转借手续。读者可以通过微信公众号查看其他读者想要转借的图书信息和位置信息,根据距离远近与对方直接联系,约定见面,当面扫一扫图书二维码信息,经双方确认即可转借成功,图书即从一个读者名下转借到另一读者名下。读者可以自行发布求书信息和转借信息。

(3)"U 书"快借服务

2017 年 3 月推出的这项服务,是借助互联网与物联网技术打造的线上借阅平台,在全国首次实现了省域范围内的"你选书,我买单"。通过网站、支付宝服务窗、微信服务号,就可以像"淘宝"一样,足不出户借到中意的新书,且完全免费,真正缩短了图书馆和读者的距离,实现了省内读者无差别借阅、零距离服务。服务推出后,仅 3 月 16 日一天,读者下单突破 370 单,购入图书 850 余册。与"U 书"快借产生连锁反应的是,读者在支付宝上办理图书证的数量激增,仅 3 月 15 日一天就办证 2000 余张。"U 书"快借服务作为"读者选书,图书馆买单"活动的升级版,促进了图书馆业务的线上线下融合,让图书馆的图书"活"起来,为读者找书,为书找到了读者。

(4)"经史子集"集卡活动

2017 年 4 月 23 日,浙江图书馆发起"图书馆之夜"活动,像支付宝集"福卡"一样,让用户收集"经史子集卡"。关注浙江图书馆微信服务号,即可通过"集卡"栏目参与。世界读书日前一周为集卡时间,每天登录和分享好友参与,均可随机获得卡片一张,亦可转赠。4 月 23 日晚到馆参加"图书馆之夜"活动,找到藏在图书馆内的集卡二维码,可获卡片一张。集齐"经史子集"四张卡片后,可于当晚获随机微信红包。

图书馆开展微服务是社会进步和科技发展双重作用的必然结果。移动互联网时代的到来,使微服务进入图书馆服务范畴,为读者需求的嬗变提供了平台和条件。移动互联网技术使图书馆的服务项目、服务领域、服务范围、服务对象等得到了前所未有的拓展。浙江图书馆的服务对象、范围大大拓展,就得益于其传统业务的在线化,使传统的图书借阅服务不再受到服务半径的局限。"互联网十"环境下,图书馆服务的核心依然是阅读,应通过无所不在的"互联网十"战略来实现让阅读无所不在的愿景。无论技术如何发展,图书馆要主动服务所有的人群,积极主动地把阅读文化服务送入一切可以进入的区域。欠发达地区图书馆也需紧跟时代步伐,不断向发达地区图书馆学习,采用新技术、新方法,满足主体服务范围内用户的各种信息需求。

资料来源:张钰梅."互联网十"背景下图书馆微服务创新案例分析与启示[J].四川图书馆学报,2018(4):61-64.

问题:

1. 微服务的特点是什么?

2. 浙江图书馆在新技术条件下的微服务创新,是如何让用户产生参与的欲望,并满足用户的真正需求的?

第13章 网络平台运营机制驱动服务创新

13.1 导入案例

人民银行济南分行的"山东省融资服务网络平台"

为加强银企融资对接,发挥金融支持实体经济的主力军作用,2016年底,人民银行济南分行推广上线了"山东省融资服务网络平台"。山东省融资服务网络平台以优化企业融资服务环境为根本出发点,实现了银企对接活动的信息化、高效化和常态化。人民银行济南分行行长表示:"平台有利于缓解银企信息不对称问题,进一步提高银企对接效率;有利于密切基层央行与政府有关部门的沟通联系,营造良好的履职环境;有利于对企业融资对接情况进行持续跟踪、监测、分析和评估,为各级政府科学决策提供参考。"

目前,该平台已在山东实现省市县三级115家人民银行分支机构、337家省内金融机构及其分支机构和基层网点"融资对接全覆盖"。

(1)银企需求"无缝对接"

借助"互联网+",平台实现了"一触即达",对企业的融资需求信息可进行实时推送。人民银行从当地政府有关部门搜集企业融资需求信息,在平台批量发布后,各级金融机构均可实时查看。

为便于银行第一时间获取企业真实融资需求信息,进一步发挥好平台对缓解企业融资难问题的促进作用,人民银行济南分行在山东政务服务网申请开通了企业融资需求征集功能。在省政务服务网注册登陆的省内企业用户,均可在网站填写"企业融资需求表",在线登记企业融资需求信息。信息提交后,第一时间就被推送至人民银行济南分行,汇总并统一在融资服务网络平台发布。比如,银行业金融机构有融资对接意向,将第一时间与企业联系对接事宜,银企融资需求信息的"无缝对接"和"直达一线",大大降低了企业融资需求信息搜集成本。

(2)每笔融资"有迹可循"

山东省融资服务网络平台详细记录了每条企业融资需求的对接状态、对接银行和对接结果,借助平台,各级人民银行和金融机构均可按所辖地区或分支机构对接情况进行动态跟踪督导,实现了融资对接全过程的"实时跟踪",让每笔融资"有迹可循"。

与此同时,为确保对接落实情况的真实性,金融机构在对接反馈环节时需填写完整信息,对接成功的要录入凭证编号和上传相关证明材料,不成功要列明详细原因。平台通过对融资对接成果的全景展示,从根本上解决了传统银企对接成果"查验难"的问题。

平台还具有融资对接数据实时分析功能,可按企业所在地区、规模、行业以及金融机构等要素进行分类统计汇总与分析,准确客观评估金融支持重点区域、领域和行业的成效和不足,不仅可以为各级政府和有关部门科学决策提供参考依据,也可以为各银行机构调整经营策略提供参考。

资料来源:温跃,赵小亮,马腾跃."一触即达"对接融资需求——人民银行济南分行推广上线"山东省融资服务网络平台"[J].中国金融家,2017(7):106-107.

思考: "山东省融资服务网络平台"包含了哪些参与者?

13.2 基于网络平台的服务创新模式

服务创新是推动服务经济发展的重要手段,网络环境的形成以及大批平台企业的出现,为服务创新的开展提供了新的契机。平台企业依托 ICT 搭建起网络平台(如苹果的 App Store、中国移动的 Mobile Market),吸引了致力于开发手机应用等新服务项目的内容提供商,致力于供应技术能力和运营能力的能力提供商,以及期望获得超值服务体验的新服务体验者,并打造各种机制撮合他们互动,推动他们共享资源,共创价值,由此形成了一个平台生态圈(Tiwana 等,2010)。就网络平台中的服务创新开展者——内容提供商而言,如何借助平台企业打造的机制(后简称"网络平台运营机制"),从其他参与者处获取知识、提升服务创新绩效,是他们必须考虑的重要问题,也是推动网络环境下服务创新活动高效开展的关键所在。

13.3　相关概念探析

13.3.1　网络平台运营机制

内容提供商并非具备开展服务创新需要的所有能力,为此,平台企业构建了以能力聚合、增值、传递为目的的能力提供机制。首先,该机制与技术能力有关,它对能力提供商供应的底层复杂技术和应用逻辑进行抽象,封装成可供内容提供商直接使用的模块,并通过网络平台传递给内容提供商。其次,该机制与运营能力有关,汇聚了在签约、考核、客服、结算等方面具有特殊优势的能力提供商,他们通过与内容提供商联合制订并合作完成目标,帮助内容提供商解决服务创新中出现的问题。

平台企业还搭建了互动机制,为内容提供商与新服务体验者进行互动提供了媒介,该机制主要体现为线上社区的形式(如综合讨论社区、玩家分享社区),也包含线下交流(如创新开放日、创新沙龙)。互动机制总与特定的创新想法或创新项目相关,其中相互沟通的成员合作紧密,类似于团队。

由于平台企业的特殊位置,使得它拥有关于平台生态圈总体运营形势以及未来发展趋势的知识。但这些知识散落于平台企业的不同功能单元之中,与内容提供商创新目标很难形成良好的匹配。为此,平台企业构建了知识整合机制,体现为报刊杂志、专题报告、服务创新项目分析、备忘录、新闻发布会等形式,它们对散落于平台企业不同功能单元的知识进行提炼与挖掘,为内容提供商能够以自己可以理解的方式获取这些知识提供了媒介。

13.3.2　内容提供商知识获取

内容提供商可以从三个知识源获取知识,因此,本书首先依据知识源的不同将内容提供商知识获取分为三大类。从另一个角度出发,知识可以被分为显性知识(Explicit Knowledge)和隐性知识(Tacit Knowledge)。显性知识能够用严格的数据、科学公式、公理、文字等符号明确地表达出来,可以通过正式、系统的语言进行交流和传递,容易通过市场和契约安排进行描绘和转移。隐性知识根植于个人的经验和背景之中,是异质的、高度个性化的、情景嵌入的和路径依赖的,只能通过密切的沟通和交流,采用观察、隐喻、行为、应用等手段进行传递（Lamberts 和 Shanks，2013）。两类知识特征的不同会导致其获取的难易程度以及对服务创新绩效的作用机理存在差异（Li 等，2010）。因此，本研究将内容提供商从每个知识源获取的知识进一步细分为显性知识和隐性知识两小类。

13.3.3　内容提供商服务创新绩效

Ordanini 和 Parasuraman（2011）综合考虑服务创新的广度和深度，将服务创新绩效分为"新服务的数量"和"新服务的突破性"两个维度。本研究借鉴这一观点，从"新服务的数量"和"新服务的评分"两个方面评价服务创新绩效，将前者界定为"内容提供商每年开发新服务的数量"，将后者界定为"内容提供商每年开发的新服务所获得的平均评分"，在网络平台中，这些评分体现为不同的星级，代表了新服务在市场中的声望、地位和认可度。我们在后续工作中可以从网络平台中直接抓取服务创新绩效的客观数据，通过问卷填写者的感知获取研究模型中其他变量的数据，从而降低共同方法偏差的发生概率。

13.3.4　调节变量

1. 内容提供商技术准备度

内容提供商对网络平台运营机制的采纳倾向存在差别，有些内容提供商认为这些机制对他们很有帮助，乐意接受，还有些内容提供商认为这些机制是充满了不确定性的新技术，会带来麻烦，比较抵制。基于此，我们把"技术准备度"这一能够充分反映内容提供商在技术采纳方面特质的变量引入本研究，作为网络平台运营机制与内容提供商知识获取之间的调节变量加以探讨。依据Parasuraman（2000）的观点："技术准备度是指人们主动采纳并利用新技术去实现生活或工作目标的一种倾向"，它反映了一种精神状态，与人们操控技术的能力无关，在一定时间内是稳定的。

2. 内容提供商任务复杂性

随着任务复杂性的提升，内容提供商向网络平台寻求知识的意愿会增强，但这些知识往往无法直接获得，所以，内容提供商将寻求知识的意愿转化为对于网络平台运营机制的剖析和应用，通过这些机制实现知识获取。我们可以将这一逻辑理解为，任务复杂性调节了网络平台运营机制与内容提供商知识获取的关系。依据 Campbell（1988）的观点，任务复杂性是指"多种路径、多种目标以及它们存在冲突的表现特征"，具体体现为：存在多条潜在路径可以完成任务;一个任务有多个期望的结果;实现一种期望的结果和实现另一种期望的结果存在冲突;潜在的路径和期望的结果无法确定相连。

13.4　理论模型与研究命题

13.4.1　理论模型

在上文分析的基础上,我们遵循"网络平台运营机制—内容提供商知识获取—内容提供商服务创新绩效"这一逻辑脉络,构建出了理论模型(见图 13-1),在此基础上,我们将提出相关研究命题。

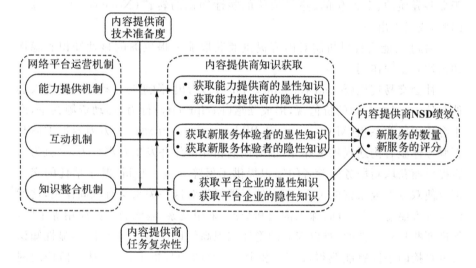

图 13-1　网络平台运营机制对内容提供商服务创新绩效作用机理的理论模型

资料来源:李雷.网络平台众创:万众创新的"互联网＋"路径[M].北京:电子工业出版社,2018.

13.4.2　研究命题

1. 网络平台运营机制对内容提供商知识获取的影响

交易成本理论(Transaction Cost Theory)指出,交易的属性对于治理决策具有影响,当资产专用性投资、不确定性、交易频率较低时,企业倾向于通过市场解决问题(Williamson,1991)。能力提供机制聚合了能力提供商在技术方面和运营方面的能力,使得它们对于内容提供商直接可用,这就减少了内容提供商通过内部研发或外部搜寻获取这些能力而投入的专用性资产,也会降低交易频率。此外,能力提供机制通过契约对能力供给过程中的机会主义行为进行约束,降低了交易的不确定性。以上这些属性使内容提供商的交易成本处于较低水平,导致其倾向于从外部的能力提供商处获取资源。进一步讲,内容提供商获取的技术能力是被编码和封装的技术模块,可以通过正式的语言进行传递,主要体现为显性知识的特征。内容提供商获取的运营能力镶嵌在能力提供商的经验和背景之中,只能通过二者联合制订并合作完成共同目标才能传递,在此过程中,他们具有相似的感知以及共同的认识,这一社会纽带减少了沟通中的误解,降低了知识黏性,提高了双方转移知识的意愿,有助于那些异质的、个性化的、路径依赖的隐性知识的转移(Nobeoka 等,2002)。因此,我们提出——

命题1:能力提供机制对内容提供商获取能力提供商的显性知识和隐性知识均有正向作用。

社会交易理论(Social Exchange Theory)指出,沟通与互动可以促进人们彼此信任,建立共同的价值观,形成互惠(Reciprocity)行为,推动资源共享,产生合作租或关系租(Muthusamy 和 White,2005)。互动机制为内容提供商与新服务体验者沟通提供了媒介,推动他们相互信任并发生互惠行为,这就为内容提供商获取新服务体验者的知识提供了保障。进一步讲,基于信任的交互可以使双方形成亲密的关系,双方的互惠行为对这一关系又有巩固作用,这就使得双方愿意花费时间,深入沟通和交流,采用观察、隐喻、行为、应用等手段,促进那些具有黏性的、难以编码的隐性知识高效地传递。与之相反,显性知识通过直接的手段就能获得,Koka 和 Prescott(2002)指出,一个基于信任的网络更多地传递敏感的、富有内涵的信息,McEvily 和 Marcus(2005)也强调,强关系对于显性知识的传递是多余的。综合以上分析,我们认为互动机制更有利于内容提供商从新服务体验者处获取隐性知识。因此,我们提出——

命题2:互动机制对内容提供商获取新服务体验者的显性知识和隐性知识均有正向作用,对前者的作用弱于后者。

平台企业拥有关于平台生态圈总体运营形势及未来发展趋势的知识,但这些知识散落在它的功能单元中,与内容提供商的创新目标很难形成良好的匹配。为此,平台企业构建了知识整合机制,该机制对这些散乱的知识进行捕捉、分析、解释和综合,为内容提供商能够以自己可以理解的方式获取这些知识提供了途径(Zahra 和 Nielsen,2002)。该机制体现为报刊杂志、专题报告、服务创新项目分析、备忘录、新闻发布会等媒介,这些媒介传递的知识需要经过详细编码,可以通过市场或契约进行描绘和转移,路径依赖性不强,更多的体现为显性知识的特征,而传递隐性知识所需的沟通、信任、互惠行为在这一机制中体现得并不明显。因此,我们提出——

命题 3:知识整合机制对内容提供商获取平台企业的显性知识和隐性知识均有正向作用,对前者的作用强于后者。

2. 内容提供商知识获取对其服务创新绩效的影响

基于知识基础观的研究表明,创新是知识密集型活动,知识是最重要的创新投入,从外部获取的知识是影响创新绩效的关键(Kogut 和 Zander,1992)。SDL 指出,"服务是某实体为了实现自身或其他实体的利益,通过行动、流程和绩效对自身知识、技能等专业化能力的一种应用"(Vargo 和 Lusch,2016),新服务的产生以及服务创新绩效的改善需要对"以自身知识和技能为核心的专业化能力"进行修正,从外部获取知识是修正专业化能力的重要手段。综合上述观点,我们认为内容提供商从外部获取知识对于其服务创新绩效具有促进作用。

显性知识可以通过编码进行表达,便于内容提供商消化、吸收和应用,促进了创新效率的改善,能够有效提升新服务的数量。但显性知识的特征又使其易于理解、便于传播、接触门槛低,这就为竞争者获取这些知识提供了便利,所以,显性知识对于新服务在市场中的声望、地位以及引领性的贡献相对有限,对于新服务评分的提升作用不明显。因此,我们提出如下命题。

命题 4-1:内容提供商获取能力提供商的显性知识对新服务的数量和新服务的评分均有正向作用,对前者的作用强于后者。

命题 4-2:内容提供商获取新服务体验者的显性知识对新服务的数量和新服务的评分均有正向作用,对前者的作用强于后者。

命题 4-3:内容提供商获取平台企业的显性知识对新服务的数量和新服务的评分均有正向作用,对前者的作用强于后者。

隐性知识根植于个人的经验和背景之中,是异质的、高度个性化的、情景嵌入的和路径依赖的,许多隐性知识根本就不存在可以直接获得或购买的市场,因此,隐性知识比显性知识更能提供一个强大的竞争力基础(Jordan,2004)。与内容提供商获取的显性知识相比,其获取的隐性知识更有助于提升服务创新的深度与突破性,使其开发的新服务在市场中获得较高的声望和地位,从而受到新服务体验者的高水平评价。因此,我们提出如下命题。

命题 5-1：内容提供商获取能力提供商的隐性知识对新服务的数量和新服务的评分均有正向作用，对前者的作用弱于后者。

命题 5-2：内容提供商获取新服务体验者的隐性知识对新服务的数量和新服务的评分均有正向作用，对前者的作用弱于后者。

命题 5-3：内容提供商获取平台企业的隐性知识对新服务的数量和新服务的评分均有正向作用，对前者的作用弱于后者。

3. 内容提供商技术准备度、任务复杂性的调节效应

认知资源理论（Cognitive Resources Theory）指出，个人与技术进行互动需要付出认知资源，互动的频率越高、程度越深，付出的认知资源越多（彭聘龄，2012）。Zhu 等（2007）的研究表明，技术准备度决定了个人能够投入的认知资源，技术准备度越高，能够投入的认知资源越多。就本研究而言，内容提供商的技术准备度处于较高水平，可以保证他们具有较多的认知资源，这就为他们与网络平台进行深入的、高频次的互动，完成认知阐述创造了条件。通过互动，内容提供商对于各机制的特性能够较好地把握，对于这些机制具有较强的控制力，他们通常不会受到这些机制的困扰，对这些机制能够帮助他们从外部获取知识充满信心，这就提升了网络平台运营机制对内容提供商知识获取的贡献率。因此，我们提出如下命题。

命题 6-1：内容提供商技术准备度正向调节能力提供机制对内容提供商获取能力提供商显性知识和隐性知识的作用。

命题 6-2：内容提供商技术准备度正向调节互动机制对内容提供商获取新服务体验者显性知识和隐性知识的作用。

命题 6-3：内容提供商技术准备度正向调节知识整合机制对内容提供商获取平台企业显性知识和隐性知识的作用。

激活理论（Activation Theory）指出，个人的激活水平受外界刺激的影响，外界刺激越强，个人的激活水平越高，由此导致个人对于相关事物的选择性注意力也就越强（Scott，1966）。本书所关注的任务复杂性体现为"多种路径、多种目标以及它们存在冲突的表现特征"（Campbell，1988），可以被视为外界环境中的一系列刺激。依据激活理论的观点，随着任务复杂性的提升，内容提供商的激活水平将被逐步唤醒，他们对于网络平台运营机制的选择性注意力也会增强，这就促使他们深入地挖掘各机制的功能，并借此从外部获取更加优质的资源，在此过程中，内容提供商会感觉到网络平台运营机制对于他们从外部获取知识具有较强的贡献率。因此，我们提出如下命题。

命题 7-1：内容提供商任务复杂性正向调节能力提供机制对内容提供商

获取能力提供商显性知识和隐性知识的作用。

命题 7-2:内容提供商任务复杂性正向调节互动机制对内容提供商获取新服务体验者显性知识和隐性知识的作用。

命题 7-3:内容提供商任务复杂性正向调节知识整合机制对内容提供商获取平台企业显性知识和隐性知识的作用。

13.5　总　结

在基于开放平台的服务创新模式中,内容提供商可以借助能力提供机制、互动机制和知识整合机制,分别获取能力提供商、新服务体验者和平台企业的显性知识和隐性知识,能力提供机制对两类知识获取的作用强度相当,互动机制更有助于隐性知识获取,知识整合机制更有助于显性知识获取。显性知识获取或隐性知识获取对新服务的数量和新服务的评分均有促进作用,显性知识获取更有助于提升新服务的数量,隐性知识获取更有助于提升新服务的评分。在网络平台运营机制与内容提供商知识获取的关系中,内容提供商的技术准备度、任务复杂性均发挥正向调节作用。

思考题

1. 阐述网络平台能力提供机制的含义。
2. 以开放式网络平台为依托的服务创新过程包括哪几个阶段?
3. 阐述网络平台机制驱动服务创新的理论框架。

案例分析

小米开放平台

为了推动"互联网＋双创"健康、有序的开展,国务院于 2015 年 9 月 26 日发布了《国务院关于加快构建大众创业、万众创新支撑平台的指导意见》,该文件提出了通过平台推动万众创新的三种范式,包括:企业内部众创,通过企业内部资源平台推动万众创新;专业空间众创,通过科技园、孵化器、创业基地、创业园等专业空间推动万众创新;网络平台众创,通过大型互联网企业、行业领军企业搭建的开放式网络平台推动万众创新。其中,网络平台众创对于我国经济社会发展具有重要意义,文件实质上也为我国企业深入推进网络平台众创勾勒出了"平台机制→行动者资源聚集→行动者目标达成"这一基本的逻辑脉络,也就是说,如何打造平台机制,推动各行动者资源共享及创新成果转化,是高效推进网络平台众创、充分发挥"互联网+"与万众创新乘数效应的关键所在。

小米科技公司是网络平台众创的实践代表。小米科技公司成立于2010年4月,是一家专注于自主研发高端智能手机的移动互联网公司,旗下有三大核心业务——小米手机、MIUI和米聊,每个核心产品的背后都有专属的网上社区。小米使用者、爱好者和小米内部员工都可以在这些网上社区自由沟通交流,这既有助于增进消费者的品牌忠诚度,又有助于改进公司产品和服务。小米公司首创了互联网模式开发手机操作系统,发烧友可以参与产品开发和改进。小米手机社区是整个小米公司的核心业务,它既是顾客自由沟通交流的平台,也是小米公司进行产品推广、提供售后服务的平台。

小米开放平台汇聚了小米所有对外开放的技术、服务,提供技术支持、统计分析、分发推广、应用接入等全方位服务和支持,是小米为企业和个人开发者提供学习、交流、合作和服务的综合性平台。小米开放平台,包括小米应用商店的官方开发者后台以及其他服务,免费提供应用收录、上架服务。开发者可以在这里提交、上传和更新安卓应用与安卓游戏,同时也为开发者适配小米手机提供技术支持(见图13-2)。

图 13-2 小米搭建的开放平台

小米应用商店上线 161 天,下载量已经突破 1 亿。2014 年 7 月 6 日已突破 50 亿次下载。2014 年 11 月 25 日,小米联合创始人、MIUI 负责人洪锋在微博宣布,小米应用商店单日下载量超过 5000 万,月下载量 15 亿,总分发量已经突破 100 亿。洪锋还透露,2014 年前 10 个月,小米已经给开发者提供分成超过了 3.64 亿元。据印度经济时报网站引述小米的报告指出,在 2016 年内,小米印度公司的总收入为 837.9 亿印度卢比,相当于 13 亿美元。净利润则为 2.5 亿美元。2015 年,小米公司营收则为 104 亿印度卢比,相当于 1.6 亿美元。对比可见,在 2016 年年内,小米印度的销售额几乎翻了八倍之多。

资料来源:李雷.网络平台众创:万众创新的"互联网+"路径[M].北京:电子工业出版社,2018.

问题:

1. 小米开放平台的参与者有哪些?

2. 这些参与者各起什么作用?

第14章 人机交互型服务接触
驱动服务创新

14.1 导入案例

智能人机交互技术在客户服务领域的应用

随着中国人口红利的消失和不断高涨的人力成本，企业都在寻求客户服务转型，而这种转型不仅是沟通渠道的变化，更是沟通关系的变化。要在不增加电话座席规模的前提下，提供高质量的服务和提升用户体验，只能靠服务转型和技术升级。

首先是服务的层级和优先级的改变，漏斗式的服务手段被普遍采用。目前，尤其要特别关注移动互联网客服能力的建设。客服行业普遍将对客户的服务分为5个层级。

第一级：互联网自助。通过网站、手机（WAP或APP）、社交媒体（微博、微信）等界面实现自助搜索、查询和办理。

第二级：互联网互助。客户和客户之间通过微博、微信以及论坛的问题求助等实现客户问题的互助解决。

第三级：互联网帮助。通过即时通信、网页在线等方式提供文本、语音、视频等方式的服务。

第四级：语音沟通。通过IVR自助、人工座席服务，实时解决问题。

第五级：当面沟通。实现营业厅柜台式服务。

目前，人机交互技术被普遍应用于企业客户服务的多个沟通渠道上，引入机器人智能服务平台，完成机器人服务与人工服务的整合，常规性、重复性问题由智能机器人回答，同时给客户提供无缝转人工的通道，实现机器人智能服务与人工服务的协同。最终构建的是一个桌面PC（网站、QQ）＋移动终端（微博、微信、APP、手机银行)＋呼叫中心人工在线客服＋营业厅人工服务的立体化服务体系,从而保证了多渠道、全天候地为客户提供贴心的服务。

资料来源:孟庆国.从招商银行微信服务看智能人机交互技术的实用价值[J].软件产业与工程,2013(4):26-29.

思考:企业客户服务中应用人机交互技术对提升服务质量有什么帮助?

14.2　内容提供商与网络平台互动

我国社会步入新常态后,大众创业、万众创新成为推动社会经济发展的重要引擎。在此背景下,众多服务型企业开始强调服务创新对于企业发展的重要意义,有些企业甚至将其上升至战略层面,作为未来创新的导向。在发达国家,服务创新同样发挥着重要作用,例如,美国产品开发与管理协会的一份调查报告显示:美国服务型企业 24.1% 的收益来源于过去 5 年的服务创新,服务创新已经成为美国服务型企业创造收益的重要途径。

信息通信技术的飞速发展以及网络环境的形成催生了大批平台企业,也为服务创新模式推陈出新提供了契机。以苹果、谷歌、中国移动、腾讯、360 为代表的平台企业,依托 ICT 搭建起开放式网络平台,把过去由自己完成的服务创新任务(如开发软件、游戏)交给以内容提供商为代表的业余阶层去完成,依靠大众智慧,推动社会创新。网络平台是内容提供商进行服务创新的支点,因此,平台企业设计了一系列支撑服务,通过网络平台传递给内容提供商,这些支撑服务具有电子化的特征,体现为自助服务的形式,这就使得内容提供商成了服务传递的最终实现者,他们与网络平台之间的人机交互,对于他们感知网络平台服务质量、提升自身服务创新绩效具有重要影响。

14.3　网络平台服务质量

服务科学领域的学者将电子服务解释为"服务提供者和顾客通过整合和共享资源共同提出一整套数字化解决方案,并通过虚拟站点和虚拟渠道进行交互,从而不断增强服务生态系统适应性和持久性的价值共创过程"。这一定义提及的"虚拟站点和虚拟渠道"具体体现为网络平台的形式。Moon 和 Kim (2001)甚至直接用"网络平台服务"作为"电子服务"的代名词。据此,本书认为,虽然现有文献较少直接提及网络平台服务,但是它与电子服务在涵义上具有互通性,电子服务质量的理论积累可以为网络平台服务质量的相关研究提供支撑。

在服务科学领域,学者们普遍认为电子服务质量是对电子服务效率和效果的评价,效率、系统可用性(System Availability)、私密性、实现(Fulfillment)是学者们重点关注的 4 个维度。据此,本书将网络平台服务质量界定为"对网络平台服务效率和效果的评价",同样遵循以上 4 个维度。

Parasuraman 等(2005)基于心理学领域的手段目的链理论(Means end Chain Theory)构建了电子服务质量理论模型,该模型表明:电子服务质量的各个维度是顾客对以技术为支撑的交互界面所持的种种态度信念(Attitudinal Beliefs),这些态度信念是个人对行为结果可能性的评价,是电子服务质量的外在表现形式,电子服务质量则是它们背后的一个潜因子。Zeithaml 等(2002)、Parasuraman 等(2005)通过研究发现,交互界面的技术特征(如界面布局、搜索引擎、一键订货)、顾客的人口统计学特征和心理特征对顾客感知电子服务质量具有影响,应该将其视为电子服务质量的前因。这些研究结论对于本书探讨网络平台质量具有重要的理论指导意义。

14.4 内容提供商服务创新绩效

学者们通常将服务创新绩效划分为多个维度,用财务指标(如收益、利润、边际利润等)或其他指标(如销售量、市场占有率等)对其进行测量,已经存在一系列与之相关的量表,以这些量表为基础,学者们利用问卷调查法,通过问卷填写者的主观感知对服务创新绩效进行评价。

也有少数学者另辟蹊径,依据客观数据评价服务创新绩效,Ordanini 和 Parasuraman(2011)就是典型代表,他们将服务创新绩效分为"新服务的数量"(Volume)和"新服务的突破"(Radicalness)两个维度,前者代表服务创新的广度(Breadth),后者代表服务创新的深度(Depth)(即"公司所开发的新服务与市场中已有服务的差别,主要体现在这些新服务在市场中的声望和引领性")。本书借鉴这一观点,依据"新服务的数量"和"新服务的评分"两个维度测量服务创新绩效,前者可以通过"内容提供商每年开发新服务的数量"进行测量,后者通过"内容提供商每年开发的新服务所获得的平均评分"来测量。在网络平台中,这些评分体现为不同的星级,代表了新服务在市场中的声望、地位和认可度(Berger,2014),与 Ordanini 和 Parasuraman(2011)等所关注的"新服务的突破性"具有相近的含义。

　　现有文献已经发现,ICT 的介入对于服务创新流程的改善以及服务创新绩效的提升具有重要意义,但是这些结论大多是以百货商场、银行、医院等传统服务型企业为研究对象得出的,在内容提供商的视角下应该如何修正和完善有待探讨。

14.5　任务技术匹配理论

　　人机交互源于管理信息系统领域,该领域学者对于它的理解已经比较统一,将其界定为"在一定的商务、管理、组织、文化环境中,人与技术、任务进行的互动,其中,人、技术、任务是基本因素,它们之间的交互是核心因素,环境是背景因素"。

　　人机交互涉及多种因素,MIS 领域的任务技术匹配理论为我们进一步界定各因素的含义提供了良好的视角,该理论的基本框架由"技术—绩效链"(Technology to Performance Chain,TPC)构成。如图 14-1 所示,TPC 描述了人机交互对个人使用技术后所能获得绩效的作用机制,其中,与匹配理论相关的部分表征了人机交互的组成因素以及它们之间的关系,具体地讲,技术特征、任务特征、个人特征代表了人机交互的 3 个基本因素,任务技术匹配代表了人、技术、任务之间的互动,是人机交互的核心因素,3 个基本因素对这一核心因素均有直接影响。

　　任务技术匹配理论源于 MIS 领域,已有部分学者将其引入服务科学领域,用于解决网络服务环境下的相关问题,由此表明该理论在网络服务环境下具有适用性,这些学者的研究为本书基于内容提供商的视角界定人机交互的组成因素提供了重要理论依据。

14.5.1　网络平台功能性

　　在 TPC 中,Goodhue 和 Thompson(1995)将技术特征解释为"对于技术所具备功能性的描述";随后,周涛等(2009)、Ambra 等(2013)在关于网上银行服务、移动银行服务、电子书阅读服务的研究中,直接用技术功能性(Technology Functionality)表征技术特征。考虑到本书将技术具体化为网络平台,且功能通常被解释为"事物或方法所发挥的有利作用",因此,本书用网络平台

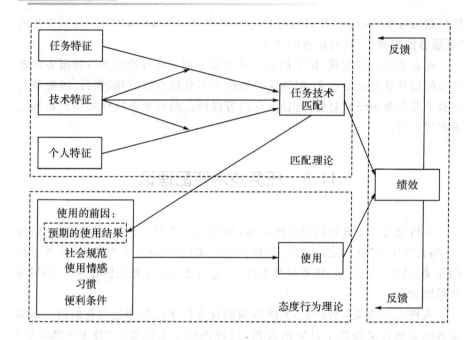

图 14-1　任务技术匹配理论

资料来源：Furneaux D. Task-technology fit theory：a survey and synopsis of the literature [C]//Dwivedi Y K，Wade M，Schneberger S L. Information Systems Theory：Explaining and Predicting Our Digital Society[M]. New York：Springer，2012：87-106.

功能性表征技术特征，将其界定为"网络平台在支撑服务的传递过程中所发挥的有利作用"。网络平台包含的功能模块大体可以分为两类，一类与内容提供商的基本操作有关，如新服务项目提交、测试、签约、发布，另一类与高级操作有关，如能力池、孵化器、创新社区等，这些功能模块所提供的支撑服务理顺了内容提供商开展服务创新的流程，帮助他们克服了自身资源不足、独自搜寻外部资源交易成本过高等问题。这些研究发现实质上呼应了本书对于网络平台功能性的界定。

14.5.2　任务复杂性

学者们应用任务技术匹配理论解决服务科学领域的相关问题时，通常将任务特征概念化为任务复杂性（Task Complexity），就本书所立足的情境而言，内容提供商加入网络平台是为了高效地完成手机应用、数字商品等服务创新任务，不同的服务创新任务其复杂程度存在差异，例如，与开发音乐、动漫、杂志、图集相比,开发软件、游戏就更加复杂。学术界对于任务的理解已经比较统一,他们认为"任务是人们为了使自己的工作和生活向前发展而需要完成的活动",但是对于任务复杂性的认知却从两个视角展开:多数学者认为任务复杂性是独立于任务执行者而客观存在的;也有少数学者指出任务复杂性是一个主观的、相对的概念,它是任务特征和任务执行者特征相交互的产物。本书遵循大多数学者的观点,从客观的视角看待任务复杂性,依据 Campbell (1988)在 *Academy of Management Review* 期刊上提出的观点,将任务复杂性定义为"多种路径、多种目标以及它们存在冲突的表现特征",具体体现为:第一,存在多条潜在路径可以完成任务;第二,一个任务有多个期望的结果;第三,实现一种期望的结果和实现另一种期望的结果存在冲突;第四,潜在的路径和期望的结果无法确定相连。

14.5.3　技术准备度

不同的内容提供商对于网络平台功能模块(包括与服务创新常规流程相关的基本操作模块,以及能力池、孵化器、创新社区等高级操作模块)的采纳倾向存在差别,有些内容提供商认为这些功能模块对于他们很有帮助,乐意接受;还有些则认为这些功能模块是充满了不确定性的新技术,会带来种种麻烦,所以比较抵制。基于此,本书选取"技术准备度"这一在网络服务背景下提出的、全面反映个人技术采纳特质的变量来表征个人特征。依据 Parasuraman(2000)的观点,技术准备度是指人们主动采纳并利用新技术去实现生活或工作目标的一种倾向,它所包含的乐观性(Optimism)、创新性(Innovativeness)、不适性(Discomfort)和风险性(Insecurity)4 个维度代表了个人对技术所持的基本观点。综观现有文献,学者们在应用任务技术匹配理论解决网络服务环境下的具体问题时,通常用个人对互联网的熟悉程度、个人使用计算机的年限、个人使用计算机的能力等变量描述个人特征,这些变量均与个人对于技术的后天体验有关,鲜有学者使用能够从个人特质层面体现个人对技术亲近或排斥程度的变量表征个人特征,本书可以在某种程度上弥补这一缺憾。

14.5.4　任务技术匹配

Goodhue 和 Thomptson(1995)将任务技术匹配(Task Technology Fit)解释为"技术对于个人所期望完成任务的支持程度,即任务需求、个人能力技术功能之间的一致性",这一观点在网络服务环境下的相关研究中被广泛采用,本书也借鉴这一观点,将任务技术匹配界定为"网络平台对内容提供商期望完成的服务创新任务的支持程度,即服务创新任务需求、内容提供商个人能力、网络平台功能性之间的一致性"。

14.6 人机交互型服务接触驱动服务创新的理论框架

14.6.1 理论模型的构建

如上文所述,任务技术匹配理论中与匹配理论相关的部分为本书基于内容提供商的视角界定人机交互的组成因素提供了重要理论依据,但是任务技术匹配理论对于本书的指导作用并非仅此而已。如图 14-1 所示,任务技术匹配理论的基本框架系统地阐明了人机交互对个人使用技术后所能获得绩效的作用机制,这一完整的逻辑脉络实质上对于本书基于内容提供商的视角构建人机交互、网络平台服务质量与服务创新绩效的理论模型同样具有重要的指导意义。

具体地讲,在上文中我们已经分析到任务技术匹配理论中的技术特征、个人特征、任务特征以及三者之间的匹配,可以恰当地对应人机交互的 4 个组成元素——技术、操作者、任务、互动,本书基于网络平台的情境,将技术特征、个人特征、任务特征具体化为网络平台功能性、内容提供商技术准备度、任务复杂性,由此对内容提供商视角下人机交互及其组成元素进行了操作化定义。进一步讲,任务技术匹配理论中预期的使用结果代表了个人对技术所持有的态度信念(Attitudinal Beliefs),网络平台服务质量就是内容提供商感知网络平台的属性后形成的一系列态度信念,因此,二者在理论内涵上具有相通性。此外,本书仅立足内容提供商的视角探讨人机交互对网络平台服务质量感知以及服务创新绩效的影响,对使用情感、社会规范、习惯、便利条件等因素不做考虑。本书仅选取对于网络平台具有使用经历的内容提供商作为研究对象,并非探讨内容提供商对于网络平台的使用行为,对于使用这一变量也不做考虑。综合以上分析,同时借鉴现有文献所指出的"交互界面特征、顾客特征对于顾客感知电子服务质量具有影响"等观点,可以构建出本书的理论模型,具体见图 14-2 所示。

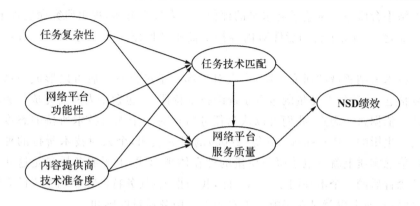

图 14-2 内容提供商视角下人机交互、网络平台服务质量与服务创新绩效的理论模型

资料来源:李雷,张旭,贺楠.内容提供商视角下人机交互、网络平台服务质量与新服务开发绩效——理论模型和研究命题[J].科技管理研究,2017,37(1):207-214.

14.6.2 研究命题的提出

图 14-2 中的理论模型为我们剖析内容提供商视角下人机交互、网络平台服务质量与服务创新绩效的关系提供了框架,为了进一步阐明该模型的理论内涵与核心观点,将在此基础上提出相关命题。

1. 人机交互对网络平台服务质量的作用机理

(1)直接作用

早在 20 世纪 80 年代,技术采纳领域的大批学者通过研究发现,系统的技术特征对个人采纳技术时的态度信念具有影响。Parasuraman 等(2005)指出:电子服务质量的维度实质上就是个人对以技术为支撑的交互界面所持的种种态度信念,这些态度信念是电子服务质量的外在表现形式,电子服务质量就是这些态度信念背后的一个潜因子。综合这些观点,我们可以认为:系统的技术特征在影响个人的态度信念时,实质上也就是在影响个人对于电子服务质量的感知。

如上文所述,虽然现有文献较少直接提及网络平台服务,但是它与电子服务在涵义上具有互通性,电子服务质量的相关研究结论可以为我们探讨网络平台服务质量提供支撑。此外,本书将系统的技术特征具体化为网络平台功能性,高水平的网络平台功能性为内容提供商合理地操控网络平台的各个功能模块提供了保障,可以促使网络平台服务的过程更加流畅、结果更加可靠,从而全面地提高了网络平台服务的效率和效果,在这种状态下,内容提供商会对网络平台服务质量给予高水平的评价。综合以上分析,提出研究命题如下。

命题1:网络平台功能性对内容提供商感知网络平台服务质量具有正向作用。

技术采纳领域的研究表明:个人对外部变量进行感知后可以形成一系列态度信念,这些外部变量既包含系统的技术特征,也包含个人所需完成任务的特征。依据这一观点,我们可以认为任务特征对于个人对技术所持的态度信念会产生影响。Parasuraman等(2005)的研究表明,个人对技术所持的种种态度信念实质上就是电子服务质量的外在体现形式,电子服务质量是这些态度信念背后的一个潜在因子。基于此,我们推测:任务特征在影响个人的态度信念时,实质上也就是在影响个人对于电子服务质量的感知。

在本书所关注的网络平台情境中,任务特征被概念化为任务复杂性,电子服务质量被概念化为网络平台服务质量。任务复杂性高,意味着内容提供商在执行服务创新任务时面临多种路径、多种目标以及由此造成的多种冲突,这些冲突将导致服务创新任务的流程、步骤等趋于模糊化,内容提供商需要耗费大量的时间和精力才能摸索出完成任务的恰当路径,这就使得他们会主观地认为网络平台服务的效率处于较低水平。此外,任务复杂性高还会增加完成任务的难度,致使内容提供商难以获得自己满意的结果,由于网络平台是进行服务创新的支点,内容提供商会从主观上认为网络平台服务的效果处于较低水平。当网络平台服务的效率和效果均处于较低水平时,网络平台服务质量自然无法得到保障。

综合以上分析,提出研究命题如下。

命题2:任务复杂性对内容提供商感知网络平台服务质量具有负向作用。

在现有研究中,已经有学者发现技术准备度对电子服务质量感知具有正向影响,虽然这些研究围绕在线购物展开,但是据此我们至少可以在某种程度上判断内容提供商技术准备度对其感知网络平台服务质量也有正向作用。从另一个角度讲,电子服务质量是一个多维构念,它的各个维度可以被视为个人对交互界面的技术属性所持的态度信念,这些态度信念是电子服务质量的外在表现形式,如果技术准备度对这些态度信念具有正向影响,那么,至少可以在某种程度上推测出技术准备度与电子服务质量之间存在正向的关联性。在现有文献中存在着相关证据:Walczuch等(2007)的研究表明,个人的技术准备度对于他们感知技术的易用性(Ease of Use)和有用性(Usefulness)有显著的正向影响,这两种态度信念对应了电子服务质量两个最为重要的维度——效率和实现,是电子服务质量的核心内容,由此我们推测,个人的技术准备度对电子服务质量的两个核心维度具有正向影响,进而会提升个人对于电子服务质量整体水平的评价。具体到本研究的情境,我们将电子服务质量概念化为网络平台服务质量,因此,提出研究命题如下。

命题 3:内容提供商技术准备度对内容提供商感知网络平台服务质量具有正向作用。

虽然鲜见学者基于内容提供商的视角探讨任务技术匹配与网络平台服务质量的关系,但是我们可以从任务技术匹配理论的相关文献中找到相关证据。由 TPC 可知(见图 14-1),任务技术匹配对预期的使用结果具有影响,预期的使用结果代表了个人对技术所持的一系列态度信念。大量学者基于企业内部的工作情境,验证了任务技术匹配与这些态度信念的关系,例如:Dishaw 和 Strong(1999)将任务技术匹配理论与技术采纳模型(Technology Acceptance Model,TAM)相整合,实证结果表明任务技术匹配对感知易用性具有正向影响;虽然这一研究也涉及任务技术匹配与感知有用性的关系,但是检验结果并不显著,他们认为可能是样本量过小所致。盛亚则同时关注了任务技术匹配对感知易用性和感知有用性的影响,发现任务技术匹配对二者都有正向作用。Chang(2008)也探讨了任务技术匹配如何影响个人对技术所持的态度信念,在他们所关注的态度信念中,不但包含易用性、有用性这类常见的变量,还包含风险性、趣味性这些较少被探讨的变量,结果表明任务技术匹配对这些变量均有显著的影响。有少量学者基于非工作环境探讨了任务技术匹配如何影响个人的态度信念,例如,Klopping 和 Mckinney(2004)关于在线购物的研究表明:在非工作环境下,任务技术匹配对易用性和有用性仍然具有正向的作用。综合这些研究结论我们认为,在工作或非工作环境下,任务技术匹配与有用性、易用性等态度信念均具有正向的关系。

如上文所述,电子服务质量的外在体现形式实质上就是顾客对技术所持的态度信念,同时,易用性、有用性在这些态度信念中对于电子服务质量来说尤为重要。此外,风险性也是电子服务质量的维度中经常涉及的内容,这些态度信念在某种程度上可以被视为电子服务质量的代表,因此,我们由"任务技术匹配对易用性、有用性、风险性具有显著的影响"这一结论可以进一步推导出任务技术匹配与电子服务质量之间有显著的正向关系。

具体到本研究的情境,电子服务质量被概念化为网络平台服务质量,因此,提出研究命题如下。

命题 4:任务技术匹配对内容提供商感知网络平台服务质量具有正向作用。

（2）交互作用

心理学领域的激活理论（Activation Theory）将激活水平（Activation Level）定义为"脑干网状结构的兴奋程度"，同时指出，个人的激活水平受外界刺激的强度、变化性、不确定性、意义性的影响，这些指标的水平越高，个人的激活水平也就越高，由此导致个人对于事物的选择性注意力增强。本书所关注的任务复杂性体现为"多种路径、多种目标以及它们存在冲突的表现特征"，可以被视为外界环境中的一系列刺激。依据激活理论的观点，随着任务复杂性的提升，内容提供商的激活水平将被逐步唤醒，他们对于网络平台各个功能模块（即"与任务相关的事物"）的选择性注意力也会不断增强，这就使得他们能够对这些功能模块进行更加深入地理解、剖析、应用和挖掘，在此过程中，他们会感觉到网络平台功能性在网络平台服务质量水平的提升中发挥着更加重要的作用。因此，提出研究命题如下。

命题5：任务复杂性与网络平台功能性的交互对内容提供商感知网络平台服务质量具有正向作用。

心理学领域的认知资源理论（Cognitive Capacity Theory）指出，个人与技术进行互动时需要承担一定的认知阐述，并为此付出认知资源，互动的频率越高、程度越深，付出的认知资源也就越多。Zhu等（2007）的研究则表明，技术准备度与个人在信息加工中能够投入的认知资源正相关。就本研究关注的问题而言，具有高水平技术准备度的内容提供商拥有大量的认知资源，这就为他们与以ICT为支撑的网络平台进行互动、完成相应的认知阐述创造了条件。高水平的认知阐述可以帮助内容提供商深入地挖掘所关注功能模块的内涵，恰当地把握它们的适用情景，此时，内容提供商更加容易感知到网络平台所提供支撑服务的效率和效果处于较高水平，由此，对网络平台服务质量给予高水平的评价。通过以上分析可见，内容提供商技术准备度在网络平台功能性对于内容提供商感知网络平台服务质量的影响中发挥了促进作用，因此，提出研究命题如下。

命题6：内容提供商技术准备度与网络平台功能性的交互对内容提供商感知网络平台服务质量具有正向作用。

从另一个视角出发，可以得出与命题6相竞争的命题。具体地讲，高水平的技术准备度意味着个人认为技术使得他们在生活中具有更强的控制力、柔性和效率，并认为自己倾向于成为新技术的倡导者与新思想的引领者，同时不会经常受到技术的困扰，对技术能够妥善地帮助其完成任务充满信心。这些信息是个人对技术所持的基本观点，可以帮助个人决定数据是否相关，引导个人解释和整合数据以及由此作出判断,同时还可以提高个人对于任务的驾驭能力。在本书的情境下,当内容提供商的技术准备度处于较高水平时,其记忆中会存储着大量可用信息,这些信息有助于内容提供商主动地挖掘、消化、加工、整合网络平台各个功能模块所能传递的服务内容;在此基础上,内容提供商还会从主观上出发,十分积极地驾驭这些功能模块。这些内部动机使得内容提供商认为,是其自身特质而非网络平台的功能性,使得他们感知到网络平台服务质量处于较高水平。也就是说,内容提供商的技术准备度对于网络平台呈现给他们的各种功能具有替代作用,由此导致内容提供商较少地关注网络平台功能性在网络平台服务质量的提高中作出的贡献。所以,提出研究命题如下。

命题 7(命题 6 的竞争性命题):内容提供商技术准备度与网络平台功能性的交互对内容提供商感知网络平台服务质量具有负向作用。

(3)中介作用

由任务技术匹配理论的基本框架可知(见图 14-1),任务特征、技术特征、个人特征以及它们之间的交互首先影响任务技术匹配,然后再去影响个人对于使用技术能够带来何种预期的判断,这些预期是由一系列态度信念构成,在电子服务环境下可以被视为电子服务质量的不同维度。从某种意义上讲,它们可以作为电子服务质量的代表。所以,我们立足电子服务环境背景、以任务技术匹配理论为依据,可以推测:任务技术匹配在任务特征、技术特征、个人特征以及它们之间的交互与电子服务质量之间发挥中介作用。进一步讲,本研究立足致力于服务创新项目的网络平台——这一新近出现的电子服务情境,将任务特征、技术特征、个人特征、电子服务质量分别概念化为任务复杂性、技术功能性、内容提供商技术准备度、网络平台服务质量。基于此,我们可以在上述推论的基础上,进一步推演出如下命题。

命题 8-1:任务技术匹配在网络平台功能性与内容提供商感知网络平台服务质量之间发挥中介作用。

命题 8-2:任务技术匹配在任务复杂性与内容提供商感知网络平台服务质量之间发挥中介作用。

命题 8-3:任务技术匹配在内容提供商技术准备度与内容提供商感知网络平台服务质量之间发挥中介作用。

命题 8-4:任务技术匹配在任务复杂性与网络平台功能性的交互对内容提供商感知网络平台服务质量的影响中发挥中介作用。

命题 8-5:任务技术匹配在内容提供商技术准备度与网络平台功能性的

交互对内容提供商感知网络平台服务质量的影响中发挥中介作用。

2. 网络平台服务质量对服务创新绩效的作用机理

网络平台是内容提供商进行服务创新的支点,因此,平台企业设计了一系列支撑服务,通过网络平台传递给内容提供商,这些支撑服务表现为电子服务的形式。在现有文献中,电子服务通常被解释为"服务提供者和顾客通过整合和共享资源共同提出一整套数字化解决方案,并通过虚拟站点和虚拟渠道进行交互,从而不断增强服务生态系统适应性和持久性的价值共创过程"。从这一定义出发,我们可以认为内容提供商在享受网络平台所提供的支撑服务时,实质上是在整合平台企业为其提供的资源,尤其是知识资源,网络平台服务质量越高,网络平台服务的效率和效果就越好,也就越有利于内容提供商整合外部的知识资源。

早在20世纪90年代,Kogut 和 Zander(1992)就曾指出,创造性是组织增加其知识存量或重新组合现有知识以达到新结合的结果,创新与组织的一组能力有关,这组能力是组织是否能够"产生知识的新组合"。服务创新领域的学者 Menor 和 Roth(2007)也明确指出,新服务的产生需要对"以自身知识和技能为核心的专业化能力"进行修正,知识和技能的特征及数量影响着服务创新绩效。这些观点表明:创新是一种知识密集型活动,而知识是一种最重要的创新投入,当组织试图开发新产品或新服务时,获取和使用知识成为影响创新绩效的关键因素。

综合以上分析,我们认为高水平的网络平台服务质量为内容提供商整合外部知识资源提供了便利条件,有助于改善他们的服务创新绩效,因此,提出研究命题如下。

命题9:网络平台服务质量对内容提供商服务创新绩效具有正向作用。

3. 人机交互对服务创新绩效的作用机理

(1)直接作用

如本书构建的理论模型所示(见图 14-2),任务技术匹配作为人机交互的代表性因素与服务创新绩效发生直接作用。事实上,Goodhue 和 Thompson(1995)在提出任务技术匹配理论的基本框架(见图 14-1)时就明确指出任务技术匹配是个人操控技术后所得绩效的重要前因,二者之间具有显著的正向关系。网络平台就是一种新型技术,依据任务技术匹配理论的观点,当网络平台所具备的功能性能够很好地支撑内容提供商的服务创新任务时,内容提供商所获得服务创新绩效也将处于较高水平。因此,提出研究命题如下。

命题10:任务技术匹配对内容提供商服务创新绩效具有正向作用。

（2）中介作用

交易成本理论为我们分析网络平台服务质量在任务技术匹配与服务创新绩效之间发挥的中介作用提供了一个良好的视角,该理论将交易成本界定为:在一定的社会关系中,人们自愿交往、彼此合作、达成交易所支付的成本,可以将其归纳为搜寻成本、议价成本、决策成本、监督成本和违约成本。彭正银等指出,任务是交易的载体,一定的任务会对应一定的交易成本,如果任务能够得到外部因素的支撑而高效地完成,那么交易成本将有所下降。

就本书而言,内容提供商使用网络平台服务完成服务创新任务的过程,就是内容提供商与平台企业发生交易的过程,在此过程中,网络平台是平台企业的代言人。当网络平台对于内容提供商完成的任务能够提供恰当的支持时,内容提供商无需耗费大量的时间和精力在网络平台上搜寻与任务相关的信息,降低了搜寻成本;由于网络平台为内容提供商提供了良好的引导,使得内容提供商能够高效地对各条路径的适用性进行判断,从而降低了决策成本;在此基础上,内容提供商对于网络平台服务的安全性、稳定性的信心也会增强,他们不会投入大量成本去监督交易的过程,平台企业的违约行为也会较少,所以,监督成本、违约成本也会降低。从这些分析可以看出,任务匹配水平的提高可以有效降低交易成本。依据交易成本理论可知,交易成本的降低为内容提供商从网络平台中获取资源创造了便利条件,这些便利条件具体体现为高效的网络平台支撑服务,也就是高水平的网络服务质量,并由此对内容提供商服务创新绩效发生作用。

综合以上分析可知,提出研究命题如下。

命题 11:网络平台服务质量在任务技术匹配对内容提供商服务创新绩效的影响中发挥中介作用。

14.7　总　结

本章旨在立足内容提供商的视角,构建人机交互、网络平台服务质量与服务创新绩效的理论模型,在此基础上提出相关研究命题,从机理层面打开"以开放式网络平台为依托的服务创新模式"这一"黑箱"。在这一思路的指导下,本章主要研究以下内容:内容提供商视角下的人机交互是一个涉及 4 个因素的有序统一体,在任务技术匹配理论的框架下,可以将 3 个基本因素界定为网络平台功能性、任务复杂性、内容提供商技术准备度,将一个核心因素界定为任务技术匹配;4个组成因素对内容提供商感知网络平台服务质量均有直接作用,其中,任务复杂性发挥负向作用,其他3种因素均发挥正向作用;任务复杂性与网络平台功能性的交互对内容提供商感知网络平台服务质量起正向作用,即二者相互补充,内容提供商技术准备度与网络平台功能性的交互对内容提供商感知网络平台服务质量既可能起负向作用,也可能起正向作用,即二者既可能相互替代,也可能相互补充;任务技术匹配在上述直接作用和交互作用中发挥着中介作用,总体上讲,本研究构建的理论模型是一个被中介的交互效应模型;网络平台服务质量正向影响内容提供商服务创新绩效;任务技术匹配作为人机交互的代表性因素正向影响内容提供商服务创新绩效,网络平台服务质量在其中发挥中介作用。

思考题

1. 在任务技术匹配理论的框架下,内容提供商视角下的人机交互涉及的4个因素是什么?

2. 阐述人机交互对网络平台服务质量的作用机理。

3. 阐述人机交互对服务创新绩效的作用机理。

案例分析

智能人机交互技术的实用价值——以银行微信服务为例

作为一个持卡人,在什么情况下会联系招行信用卡的客服人员?如果按照重要性排序,一般选择是查询账单明细、调整额度、卡丢失挂失、咨询相关的活动,再往后可能有还款、分期等业务需要咨询客服。

传统的服务渠道一般只有400电话座席或者邮件系统。以电话为例,每次我们的交互体验是先要拨打热线电话进入IVR导航,按1234选一堆菜单,再输入卡号、身份证号、密码,然后听上一段音乐等待转接;如果输入全部正确,运气好的话可1分钟接通,如果运气不好,需要更长时间或者重新拨打输入。总之,这一服务体验是不完美的,并且用户只能被动接受,如果再碰上客服人员态度不好,极可能就演变成一次投诉。

然而通过招行微信,客户可以快速地完成相关的业务办理,大概只需要30秒,而这30秒还是碎片时间,随时随地都可以处理。另一方面,招行微信账号是通过人机智能互动技术来实现的,机器的准确性和快速性是一般客服人员无法比拟的,当银行将便捷、快速、准确这三个词做到了极致,也就根本不用担心平台的黏度不够,使用率不高了。招行信用卡中心的微信平台不仅仅只是个工具,招行已逐步把对持卡人个性化服务的内容整合到这个平台上来,围绕着持卡人、各种业务和合作伙伴,创造出"微生活圈"的概念。故这个平台的价值体现在以下三点。

(1)降低服务成本

招行目前采用的是短信和微信同步发送的方式,但短信是由银监会认可的服务渠道,而微信还不是,故对招行而言,更看重的是微信对话务量的替代。根据银行领域客服中心的基本标准来看,每通电话的成本大约是 5 元(包含人员工资、通信费、水电、座席硬件设备等)。例如,招行卡中心客服的人工话务量一年超过 6000 万通,若微信的智能互动和自助服务能节省 10% 的话务量,则招行信用卡中心一年节省的费用大概是 6000 万×10%×5 元=3000 万元。但微信对短信的替代是一个趋势,招行信用卡中心也在培养消费者习惯这个渠道。例如,用户刷卡消费 10 笔,能同时收到 10 次的短信提醒和微信提醒,但即使是 1 元钱的消费,微信提醒也能做到图文并茂,亲切备至,用户体验极好。有了一定用户量积累之后,银监会必定也会认可微信通道,到那时可以再来算一笔账:短信银行的发送成本是 3~5 分/条,招行微信平台目前积累约 1000 万持卡人,假设每个持卡人一年刷 24 笔超 500 元的消费,则招行一年可以节省短信成本费 1000 万×24×0.05 元=1200 万元。如再加上招行通过微信下发的营销活动,以每个月 1 次下行短信计算,则招行可以节省 1000 万×12×0.05 元=600 万元。通过以上的计算,我们可以看出,微信上的智能互动对电话和短信的成本替代大约每年 4800 万元,这就是微信带来的实实在在的收益,当然,微信如对公众账号收费,则可能会影响这一收益。

(2)提升服务效率和用户体验

除了计算成本节约外,通过微信提高服务效率和改善用户体验是无法用公式计算的。微信平台上,招行信用卡中心 90% 的服务都可以通过小 i 智能机器人来完成,自助查询回复准确率高达 98%。目前招行微信客户服务平台上能完成的业务项目 79 项,占总服务项目的 71%。

从效率提高来看,例如:客户想要查询一笔未出账单的交易时,不用再登录网银、输入卡号和密码这样复杂的操作了,只需在微信上问一下,就可直接跳转手机银行界面,很快便查到了。

关于用户体验的提升,这其实考验的是小 i 机器人在人机交互领域智能化程度的技术水平,也就是这个机器人对用户意图判断的准确程度。数据显示:通过小 i 机器人,招行微客服平台自动回复的业务超过数十万笔,而其中需要转入人工座席的业务不超过 2000 笔。

(3)社会效益

有了招行信用卡的微信,持卡人与招行的互动明显加强。例如,招行在微信上开展了"智趣问答大征集"的活动:让客户自己提供交互场景和内容,引发客户的参与,搜集客户的创意,提升微信智能客服的交互性,这也符合目前互联网让客户创造生产力的模式。通过这些,招行的微信服务取得了巨大的社会效益,为招行带来了良好的美誉度,同时也同步提升了招行的品牌形象。

微信平台还有很多潜在的收益,通过微信对电话服务的协同作用来进行效率提升。如降低话务的等待时间,减少每通话务的时长,这些都能为招商银行信用卡中心带来更多的收益。

资料来源:孟庆国.从招商银行微信服务看智能人机交互技术的实用价值[J].软件产业与工程,2013(4):26-29.

问题:结合案例,谈谈人机交互对服务创新绩效的作用。

第 15 章　从商品主导逻辑到服务主导逻辑的变革与反思

15.1　导入案例

IBM 的服务转型

1993 年,IBM 宣布在上一个会计年度亏损 49.7 亿美元,创下当时美国历史上最大的公司每年损失,这座国家竞争力的堡垒一度岌岌可危。但在 2008 年,尽管全球金融危机的威胁爆发,IBM 的年度营业收入却能突破 1000 亿美元,并持续保持稳定增长。IBM 在这 1993 年前后的衰与兴,恰是一次制造企业服务转型的成功典范。

(1)IBM 的商品主导历史

1993 年以前,IBM 是一个典型的制造商,曾发明硬盘技术、扫描隧道显微镜(STM)、铜布线技术、原子蚀刻技术,创立个人计算机(PC)标准并沿用发展至今,被视为美国科技实力的象征。在小沃森的领导下,IBM 成为"蓝色巨人",为股东们创造出前所未有的财富。但在继任者艾克斯的任期内,IBM 受其开放技术标准所催生的兼容机企业围剿,从 20 世纪 80 年代中期开始节节败退。除此之外,随着个人电脑和工作站的功能越来越强大,IBM 的主要财源——大型主机业务需求量剧减,电脑配件销售也日趋疲软,难以再像从前那样依靠出售软硬件赚取利润。商品主导逻辑在新经济形式下面临着危机,可在艾克斯的错误决策下,IBM 重走了"封闭技术标准"路线,以至于推出 IBMPS/2 电脑遭遇惨败。最终,不得不以艾克斯的辞呈与 150 亿的累积亏损结束了自己商品主导的历史。

(2)IBM 的服务主导发展

1993 年 4 月 1 日,郭士纳出任 IBM 的董事长兼首席执行官,改变了 IBM

的业务模式,强调客户第一,IBM 第二,各项业务第三,使经营重点从硬件制造转向提供服务。

为转型成综合服务提供商,IBM 频繁地剥离常规性的硬件业务,积极收购重组服务和软件业务:收缴莲花软件公司的 Notes 突进网络;将全球网络业务卖给 AT&T,同时得到 AT&T100 多个数据中心的 10 年运营业务;向思科出售网络设施,并且承担思科的系统集成与服务业务;收购全球第一大会计师事务所普华永道旗下的咨询和技术服务子公司、企业风险解决方案提供商 Algorithmics,不仅兼并了优秀的咨询资源,还赢得重要的客户信息。经过一系列的企业经营方向与企业组织改革,IBM 彻底转变为 IT 行业的整合者,一个信息技术的综合服务方案提供者。

不单是兼并重组了公司的业务结构,为了适应服务转型,IBM 改变原有的"地域分割、各自为政"的组织体系,组建以客户为导向的组织结构,即重新规划原有机构与工作人员,细分成不同行业的 12 个集团,为不同市场提供专一化服务。但由于顾客越来越复杂的业务需要依靠同样越来越复杂的 IT 系统,复杂的 IT 系统又不是基础硬件或软件的简单组合,为此,IBM 一改以往单独产品线划分的销售方式,给予经销商足够的支持以向顾客提供全部软件产品和解决方案。

然而,对顾客来说,拥有产品并不意味着获得了价值。无论 IBM 所提供的服务是如何的优质,一旦与需求产生不适,或者难以被顾客理解与使用,则这项投入对顾客,甚至市场,都不会产生任何价值。因为顾客往往需要企业可以更加了解自己所面临的问题,差异化地提供知识与资源范围以内的解决方案。这不仅要求企业反复沟通与确认,也需要顾客投入时间、精力积极配合,帮助咨询顾问更好地提供能被共同创造出价值的服务。为提高 IBM 的竞争优势和获利能力,郭士纳确立了"服务用户、方便用户、以用户为导向"的宗旨,强调服务对顾客的真正价值,譬如,在一项具体的咨询项目中,由咨询顾问指导顾客及其相关员工完成一部分的开发工作,以保证异质化服务的生产,满足顾客的个性化需求。

成功地服务转型过后,IBM 在 2008 年宣布营业收入达到 1036 亿美元,创造出历史上的新高峰,其中服务业务份额在 60% 以上,对全球销售额的贡献超过 50%。随着价值链中顾客参与程度的加深,服务导向逻辑下的 IBM 将会建立起与更多顾客的长期合作关系,并以新的协同方式创造出更多的社会价值。

资料来源:郝韵瑶.服务主导逻辑下的 IBM[J].时代金融,2018(1):227-

228+235.

　　思考:IBM 从商品主导逻辑到服务主导逻辑的变革措施都有哪些?

15.2　商品与服务之争溯源

　　关于新的经济形势下如何进行产业结构调整,目前存在许多不同的观点,而不同的观点之间的争论焦点可以简单地归结为商品与服务之争。在由来已久的商品与服务之争中,争论的一方认为,有形商品是国民财富的重要来源,政府应该大力发展制造业,而把服务业作为辅助产业适当加以关注;而另一方则认为,随着社会经济的发展,服务业已经成为国民经济的重要命脉,像在美国这样的发达国家,服务业的产值已经占国民生产总值的 80% 以上。因此,大力发展服务业已经成为发达国家政府的不二选择。

　　有关商品与服务的研究有着十分悠久的历史,最早可上溯到"经济学之父"、英国著名的经济学家 Smith。早在 1776 年,Smith 就对英国工业革命中出现的种种现象进行了深入剖析。当时,由于航运和通讯的落后,Smith 认为国民财富的主要来源是可供出口的具有生产性特征的商品,而把非生产性(Non-productive)的服务(如仆人的劳动)视为次优产出。在随后的两个世纪里,Say(1821)、Marshall(1927)等经济学家以及 Copeland(1923)、Kotler(1997)等营销学家都曾直接或间接探讨过商品与服务的问题,但是细读他们的论著不难发现,他们还是无一例外地将商品与服务区分开来,并且把商品放在主导地位。20 世纪末,信息革命对社会经济产生了强烈的冲击,ICT 的普及应用从根本上改变了人们的工作习惯与生活方式,关系营销(Berry,1983)、服务质量管理(Parasuraman 等,1985;Hauser 和 Clausing,1988)、服务营销(Gronroos,1984)、资源管理(Hunt 和 Morgan,1995)、网络分析(Webster,1992)等新兴研究领域也相继涌现,这些领域的学者普遍认为,在信息时代尤其是网络环境下,商品与服务的关系已变得扑朔迷离,有时很难辨别企业向市场提供的究竟是什么,例如,苹果公司推向市场的是 iPhone、iPad 等智能终端还是基于 App Store 的开放式创新服务? IBM 公司卖给顾客的是便携式电脑还是以业务连续、灾难恢复为代表的高端信息化服务? 这些难以回答的问题更是加大了区分商品与服务的难度。因此,商品与服务之争陷入了僵局,学者们关心的不再是在这场旷日持久的争战中商品与服务最终谁能胜出,而是有没有必要继续对两者进行主次区分。

实际上,商品与服务之争只是问题的表象,其背后起作用的是长期以来占据上风的商品主导逻辑。商品主导逻辑形成于工业革命背景之下,那时,工厂是世界经济的基本生产单位,有形商品是国民财富的基本来源,专业化和劳动分工的理念深入人心,商品与服务之争正是当时社会经济的真实写照。

但在当今的信息经济时代,行业分工已经变得不那么清晰,许多企业产出的既不是单纯商品也不是纯粹的服务,而是把两者整合在一起的"解决方案"(Solutions),因此,现在还要区分商品与服务已经变得非常困难。面对这种状况,Vargo 和 Lusch 于 2004 年在国际顶级杂志 *Journal of Marketing* 上发表了题为 Evolving to a New Dominant Logic for Marketing 的文章,并进行了一系列的相关研究,他们建议遵循一种全新的服务主导逻辑来重新审视商品与服务,不要对两者进行主次或优劣区分,而是把两者统一到服务旗下,进而对市场交易、价值创造等问题进行重新思考。

服务主导逻辑一经提出,国际学术界就产生了强烈的反响,众多管理学者就此话题展开了热烈的讨论(Lusch 和 Vargo,2006),经过八年多的发展,服务主导逻辑理论日趋成熟,并对相关学科的发展和企业实践产生了重要的影响。目前,我国学术界对服务主导逻辑研究还涉入不深,尚处在吸收和消化国外研究成果的阶段,对服务主导逻辑的理解还不够系统,甚至还不能准确把握某些基本概念和核心观点,这无疑不利于深入开展相关研究。为改变这种现状,本书首先基于资源观的视角探讨了服务主导逻辑的产生原因,然后对服务主导逻辑研究的演进脉络进行了梳理,对其核心观点进行了阐述,最后指出了服务主导逻辑的发展走向和潜藏的研究机会,以供国内学术界深入开展相关研究参考,为国内企业开展相关实践提供理论依据。

15.3　资源观变迁与主导逻辑重构

探析服务主导逻辑的成因,是服务主导逻辑研究的起点,也是后续深入研究的基础,但经常被一些学者所忽视。要解释服务主导逻辑的成因,有必要将目光转向 Smith。前文提到,Smith(1776)在《国富论》中,为了探索国民财富的来源,把商品看作"生产性"的,而把服务看作"非生产性"的。在 22 年后的 1798 年,英国经济学家 Malthus 断言,随着人口数量以几何级数速度的增长,人口压力会与日俱增,国家必须获取充足的物质资源,才能保证各类商品的持续产出以及国民财富的不断增长。由此可见,两位著名经济学家对于商品在国民财富创造中重要作用的理解是何等的相似。不过,Malthus(1798)看到了推动国民财富增长的最核心要素——资源。在工业经济时代,Malthus(1798)的观点显示出了巨大的张力,在此后的近两个世纪里,经济学家、企业家、政府官员都把占有物质资源作为终极目标,由此引发了大量的政治和经济事件甚至军事冲突。直至 20 世纪末,人们对资源的认识才有所改变,开始关注有形的物质资源以外的无形资源,如信息、知识等,并且发现无形资源对于企业、经济和社会发展的作用并不亚于有形资源,在某些场合甚至比有形资源的作用更加重要。Constantin 和 Lusch(1994)在总结前人观点的基础上不无创造性地把资源分为对象性资源和操作性资源两种,前者主要是指有形资源(包括商品)、自然资源等,在生产活动中通常处于被动地位;后者主要包括知识和技能,通常在生产活动中往往处于主动地位。

根植于古典经济学、高度反映工业经济特征的商品主导逻辑把对象性资源视为最重要的资源,并把这种资源的最终表现形式"商品"看作创造和积累国民财富的核心要素,而没有给予商品生产和销售过程中涉及的知识、技能等操作性资源以应有的重视,并且把这种资源的最终表现形式"服务"仅仅看作次优产出。商品主导逻辑所秉持的重对象性资源、轻操作性资源的观点(下面把这种观点称为"对象性资源观",而把看重操作性资源的观点称为"操作性资源观")是引发商品与服务之争的一个重要原因。在这种逻辑的主导下,许多学者把服务作为商品的对立面,并据此来刻画服务的特征,甚至把服务固有的特征看作会带来种种不便的麻烦,极力加以回避。Zeithaml 等(1985)对服务特征的经典描述,主要包括无形性、异质性、不可分离性和易逝性,可以说是对象性资源观的充分体现,而对象性资源观则是商品主导逻辑的理论根基,全面影响了人们对许多问题的看法(参见表 15-1)。

与商品主导逻辑不同,服务主导逻辑根植于资源优势理论(Srivastava等,2001)与核心能力理论(Prahalad 和 Hamel,1990;Day,1994),这两种理论把核心能力当作组织赖以生存和发展的高阶资源。从本质上讲,高阶资源是一种整合了多种基础资源的"知识和技能束"(Bundle of Knowledge and Skill)。因此,在服务主导逻辑下,以知识和技能为代表的操作性资源就成了最核心的要素。与对象性资源相比,操作性资源通常是无形的,但又是动态的、无限的。在服务主导逻辑中,操作性资源充当了发掘对象性资源价值的角色,微处理器就是一个典型的例子:人类凭借自身的知识与技能(操作性资源)使二氧化硅(对象性资源)这种地球上十分常见的物质迸发出无限的能量。很显然,这种能量并非源自于物质本身,而是人类的知识和技能,因此,人们通常把以微处理器为核心的机器称为"电脑",而不是一般的物质或机器。基于操作性资源观,Vargo 和 Lusch(2004)把服务定义为"某实体为了实现自身或其他实体的利益,通过行动、流程和绩效对自身知识、技能等专业化能力的应用"。这一服务定义超越了商品主导逻辑中"分"的思想,而把具体的商品(Goods)和服务(Services)统一于服务(Service)本身。这样,具体的商品作为传递服务的工具就成了间接服务的手段。必须注意的是,这并不意味着在商品与服务之争中的服务最终胜出。其实,在服务主导逻辑中,商品与服务已经不是同一水平上的概念,因此,两者的争斗也就不复存在了。

综上所述,资源观的变迁导致了主导逻辑的重构,服务主导逻辑也就应运而生(Vargo 和 Morgan,2005)。在此过程中,服务被重新定义,旷日持久的商品与服务之争也因此而得以化解。基于操作性资源观,服务主导逻辑对商品主导逻辑下盛行的观点进行了彻底的批判性重构,并且顺应了当今后工业经济时代注重知识和技能的潮流(参见表 15-1)。

表 15-1 资源观变迁与主导逻辑重构

	基于对象性资源观的商品主导逻辑	基于操作性资源观的服务主导逻辑
交易目的	人们为获得商品而进行交易,商品被视为对象性资源	人们为获得由专业化能力(知识和技能)创造的收益而进行交易,专业化能力被视为操作性资源
商品的作用	商品是对象性资源,并且由最终产品营销者负责改变它们的形态、销售地点和时间以及它们的拥有状况	商品是操作性资源的传递者,被视为价值共创过程中的一种手段
顾客的作用	顾客是商品的接受者,企业通过营销力争从顾客那里获得更多的收益,顾客被作为对象性资源	顾客是价值的共同创造者,企业通过营销来推动价值共创各方的交互,顾客被作为操作性资源
价值的决定与意义	价值被定义为交换价值(Value in Exchange),由生产者决定,在生产过程中被嵌入在对象性资源(通常是商品)中	价值被定义为使用价值(Value in Use),由顾客感知并最终决定,价值源自于对操作性资源的利用(即服务),有时也需要通过对象性资源来传递,企业只提出价值主张
企业与顾客之间的交互	顾客被作为对象性资源;为与顾客进行交易,企业通常要采取行动来推动顾客	顾客被视为操作性资源,会积极参与价值共创,主动拓展与相关各方关系

基于对象性资源观的商品主导逻辑	基于操作性资源观的服务主导逻辑
财富来源	财富源自于剩余有形资源和商品（Surplus Tangible Resources and Goods），并且通过拥有、控制、生产对象性资源来创造	财富源自于对专业知识和技能的应用和交易，代表进一步使用操作性资源的权利

资料来源：Vargo S L, Lusch R F. Evolving to a new dominant logic for marketing [J]. Journal of Marketing, 2004, 68 (1)：1-17.

15.4　服务主导逻辑的理论框架与核心观点

Vargo 和 Lusch(2004)从操作性资源观出发，提出了服务主导逻辑的八个基本假设，并对这些假设进行了论证，最终形成了八个基本命题，由此搭建了服务主导逻辑的初始理论框架。随着学术界对服务主导逻辑的关注不断加深，Vargo 和 Lusch 也越来越清晰地认识到自己希望通过服务主导逻辑要阐明的问题，先后多次对服务主导逻辑的初始理论框架进行了修正和完善，并且把基本命题由最初的八个增加到了十个（参见表 15-2），最终形成了比较成熟的服务主导逻辑理论体系。

表 15-2　服务主导逻辑的十个基本命题

基本命题	命题内容
1	服务是一切经济交易的根本基础
2	间接交易掩盖了交易的根本基础
3	商品是服务提供的分销机制
4	操纵性资源是竞争优势的根本来源
5	所有经济都是服务经济
6	顾客是价值的共同创造者
7	企业并不能传递价值，而只能提出价值主张
8	服务中心观必然是顾客导向和关系性的
9	所有经济活动和社会活动的参与者都是资源整合者
10	价值总是由受益者独特地用现象学的方法来决定

资料来源：Vargo S L, Lusch R F. Service dominant logic：Continuing the evolution [J]. Journal of the Academy of Marketing Science，2008，36 (1)：1-10.

仔细研读 Vargo、Lusch 及其他学者的相关研究文献不难发现,他们在阐述服务主导逻辑时非常注重对各个命题的推理和论证,但对命题之间的逻辑关系与层次结构的关注明显不够,从而导致其他学者无法清晰地了解服务主导逻辑的演进脉络,也阻碍了服务主导逻辑的进一步发展。系统分析表 15-2可以发现,服务主导逻辑的十个命题实质上分别侧重于解决不同的科学问题,都有各自的核心关注点,而且部分命题的核心关注点具有一定的相似性。据此,我们可以把这十个命题归纳为四类,这四类命题之间具有逐级递进的逻辑关系(参加图 15-1)。

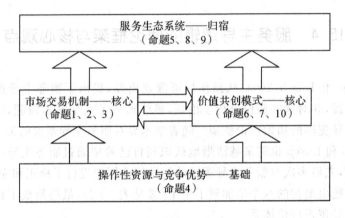

图 15-1　服务主导逻辑 10 个基础性命题的脉络

资料来源:李雷,简兆权,张鲁艳.服务主导逻辑产生原因、核心观点探析与未来研究展望[J].外国经济与管理,2013,35(4):2-12.

如图 15-1 所示,命题 4 被单独归入第一类命题,这个命题基于操作性资源观阐述了操作性资源与竞争优势问题;命题 1、2、3 被归入第二类命题,这三个命题着眼于市场交易机制问题;命题 6、7、10 被归入第三类命题,它们阐明了价值共创模式问题;而命题 5、8、9 被归入第四类命题,它们着重分析了服务生态系统。就各类命题在服务主导逻辑理论体系中所处的层次而言,第一类命题是服务主导逻辑的基础,探讨了"资源与竞争优势"这一根本性问题,是操作性资源观的基本体现;第二、三类命题是核心,"市场交易机制"与"价值共创模式"相互影响,直接关系到市场运营的效果,是操作性资源观的延伸;第四类命题是归宿,服务主导逻辑的要义就是把不同参与者的交互空间塑造成"服务生态系统",并通过不同参与者的互动来不断提高服务生态系统的适应性和可持续性,这是对操作性资源观的进一步拓展。本节的后续内容将依次对四类命题进行阐述。

15.4.1　操作性资源与竞争优势

资源观的变迁是催生服务主导逻辑的根本原因。作为服务主导逻辑的一个基本命题,命题 4 把操作性资源作为竞争优势的根本来源,这是操作性资源观在服务主导逻辑理论体系中的直接体现。这里的操作性资源由知识和技能组成。

Mokyr(2002)基于宏观视角把知识分为命题性知识(Propositional Knowledge)和规定性知识(Prescriptive Knowledge)两种类型。Vargo 和 Lusch(2004,2008)认为,操作性资源的两个组成部分(知识和技能)与 Mokyr (2002)所区分的两类知识(命题性知识和规定性知识)是一一对应的。比较而言,技能对于组织构建竞争优势具有更重要的意义,因为它是竞争对手在短时间内难以复制的。进一步地,可将技能理解为专有技术(Know-how),重点解决产品、流程和管理等方面的问题(Capon 和 Glazer,1987)。

根据商品主导逻辑,知识和技能是市场竞争的外在因素,市场参与者只能利用它们来增强竞争优势,而竞争本身对知识和技能做出任何反馈。事实上,这是一种单向思维的方式。服务主导逻辑对上述观点进行了修正,并且认为知识、技能等操作性资源是内生于竞争系统,组织不但可凭借操作性资源来构筑自己的竞争优势,而且竞争也会对操作性资源做出反馈,甚至还会强化参与竞争的操作性资源,这样的双向互动的过程为企业构建可持续竞争优势提供了保障。在服务主导逻辑问世之前,就有学者发现了这种现象,如 Dickson (1992)曾指出:在动态变化的环境中,只有那些善于在竞争中学习的企业才能实现可持续发展。

在 Vargo 和 Lusch(2004)看来,利用操作性资源构筑竞争优势的观点不仅适用于单一组织,还可以扩展至供应链。在商品主导逻辑下,学者们虽然承认供应链中存在信息流,但是仍把物流作为关注重点。在服务主导逻辑下,供应链变成了服务生态系统,以操作性资源为支撑的信息流成了这个系统中的主角;服务意味着提供信息或者利用信息来满足合作者的需求,在这个过程中不一定有物质资源投入。因此,在服务主导逻辑下,信息流不但成了服务生态系统参与者赖以构建竞争优势的源泉,而且也是提高整个服务生态系统适应性和可持续性的重要保障。为了保证信息流流动畅通,Moorman 和 Rust (1999)建议把企业的组织形式由功能型转变为流程型,并且告诫企业管理者必须同时关注产品开发、供应链管理、顾客关系管理等重要环节,充分利用网络环境来推动各种操作性资源的扩散，在服务生态系统中创建资源共享文化，最终推动整个服务生态系统竞争优势的提升。

15.4.2　市场交易机制

操作性资源的分布是不均衡的，就不同市场主体的生存与福祉而言，实际分布不可能达到理论上的最优状态，因此，进行专业化分工就成了各市场主体乃至整个社会发展的有效方式。专业化分工为市场主体实现自身规模效益最大化创造了必要的条件，但也迫使他们局限于某个狭窄领域。为了争取更多的资源以谋求进一步发展，各主体之间必须进行市场交易，但问题也随之而来——市场主体究竟交易什么？关于这个问题，商品主导逻辑和服务主导逻辑给出了两种截然不同的观点，前者认为有形商品是市场交易的根本，而后者把服务视为市场交易的基石。

Smith早在《国富论》中就探讨过这个问题。起初，他认为市场交易的基础是人类对于知识的应用。但作为经济学家，他又必须对"如何积累国家财富"等重大社会问题做出合乎时代背景的解释。在Smith所处的那个时代，通信技术十分落后，有形商品输出为国家积累财富作出了巨大的贡献。所以，Smith把商品交换视为市场交易机制的核心，而忽视了操作性资源在其中发挥的重要作用，也没有关注顾客如何使用商品的问题。最终，Smith违背了他的初衷，把商品作为市场交易的基础，这一思想也成了古典经济学的"拱心"，并对众多领域产生了深远影响。不过，也有学者发出过不同的声音，Bastiat（1860）就曾指出经济活动的目的是满足人们的需求，根本的市场法则是"为获得服务而进行服务交易"；Alderson（1957）认为"我们需要的不是解释市场交易所产生的价值，而是基于市场阐述价值的产生过程"。这些观点在当时虽然引起了一些反响，但由于受到时代的限制，始终被古典经济学的阴影所笼罩，没能对Smith所倡导的主流理念产生实质性的冲击。进入20世纪80年代以后，世界经济快速发展，国际交流日益频繁，以ICT为代表的新兴技术大大促进了知识、技能等操作性资源的传播，全球范围内大量知名企业（如Adidas、Nike等）通常仅保留知识最密集、最具价值的业务流程，而把其他业务流程全部外包出去。人们逐渐意识到知识和技能已经成为最重要的资源，也是市场交易中最根本性的因素，顾客对于这些因素的感知决定市场交易的最终价值。基于此，Vargo和Lusch（2008）提出了"服务是一切经济交易的根本基础"命题（服务主导逻辑的基本命题1），并回答了"市场主体究竟交易什么"这个问题。

　　命题 1 在理论上的合理性是毋庸置疑的,但随着市场规模的扩大以及组织层级的增加,现实生活中已经很难发现市场主体之间直接进行服务交易。在外部市场上,不同的市场主体通常以货币为媒介,以自身的需求为动力,通过间接交易来实现资源的重新配置,而服务这个一切经济交易的根本性基础逐渐被隐没在各种不同的间接交易中,"为获得服务而进行服务交易"的市场法则也被间接交易过程的繁杂环节所掩盖,人们的关注点集中在以货币为代表的市场媒介物上,把市场交易的目的通俗地理解为获取更多的钱财。例如,某矿工为某煤矿服务后获得了一定的货币收入,然后用它来购买粮食。根据命题 1,在这个例子中,矿工提供的采矿服务与农民提供的耕作服务进行了交易。但是,这一交易因煤矿企业的加入变得复杂。随着组织规模的逐渐扩大,这一现象也会发生在组织内部。例如,在一家大型制造企业里,每个员工都面对两类顾客,一类是外部市场顾客,另一类是内部市场顾客(即企业内部员工)。除一线市场服务人员外,大企业的员工往往不会认为自己会用自己的知识和技能同外部市场上的顾客发生交易,因为两者之间存在着大量的中间环节;同时,除非有类似于流水线上、下道工序的合作关系,否则,大企业的员工也很难意识到自己与其他员工之间存在交易关系,因为员工之间的交易是间接的,不易察觉,而且也不会给他们带来直接的回报。员工们只把自己看作企业的雇员,对自己的交易对象不承担任何直接责任。为解决这些问题,全面质量管理等先进管理方法应运而生(Cole 和 Mogab,1995),这些方法对顾客、质量等问题进行了重新界定。为了避免命题 1 的观点被上述现象所隐没,Vargo 和 Lusch(2008)提出了基本命题 2:间接交易掩盖了交易的根本基础。命题 2 是对命题 1 的补充,它提醒我们:虽然市场交易通常是间接交易,但"服务是一切经济交易的根本基础"这一观点依然成立。

　　命题 1 和命题 2 确立了服务在市场交易机制中的主导地位,但以知识、技能为支撑的服务有时不能直接用于交易,需要依附于某些载体,通常由商品来充当这种角色。例如,上文提到的采矿技术、耕作技术并不能直接用于交易,而需要借助矿工开采的煤炭和农民耕种的粮食才能在市场上交易。早在 20世纪 90 年代,Prahalad 和 Hamel(1990)以及 Gummesson(1994)等学者已经意识到不能只从物质的角度去看待商品,而应该把商品作为知识和技能的具体体现或者传递服务的手段。后来,Rifkin(2000)也认为,商品是实现顾客高层次需求的平台,商品带给人们的不只是物质上的占有,而且还有更高阶的体验,如自尊、社会地位、自我实现等。为了阐明商品在市场交易机制中扮演的角色,Vargo 和 Lusch(2008)提出了基本命题 3:商品是提供服务的分销机制。

15.4.3 价值共创模式

在商品主导逻辑中,生产者与顾客被人为地割裂开来,因此,价值创造也被视为一个离散的过程:生产者通过完成一系列的生产活动把价值嵌入商品中,然后把商品投入市场与顾客进行交易,最终实现商品的交换价值。可见,商品主导逻辑不但把顾客排除在价值创造过程之外,而且把他们视为纯粹的价值消耗者或毁灭者。而服务主导逻辑把价值创造看作一个连续过程,并认为顾客与其他相关主体一起来完成"价值共创"。无论直接服务提供者还是以商品为载体的间接服务提供者,提供服务只是价值共创过程中的一个环节,价值共创不会随着这一环节的结束而终止。等服务传递到顾客那里以后,顾客就会利用自己的知识和技能来享受和维护服务,这其实就是在延续价值创造过程。服务主导逻辑把人们的关注焦点由商品主导逻辑下的交换价值转向了使用价值,并且发现顾客在价值创造过程中扮演着不可替代的角色。因此,我们可以这样来理解,在服务主导逻辑下,顾客被作为一种作用于对象性资源的操作性资源,并且由他们来最终完成价值创造过程。于是,Vargo 和 Lusch(2008)提出服务主导逻辑的基本命题 6:顾客是价值共创者。

在明确了顾客在价值共创中扮演的角色之后,Vargo 和 Lusch(2008)进一步解释了以顾客为代表的受益人对价值实现的影响,并提出了基本命题10:价值总是由受益者独特地用现象学的方法来决定。此处的价值当然是指使用价值。命题 10 是对命题 6 的进一步拓展,与之相关的实例在现实生活中比比皆是。例如,面对一款智能手机,技术经验丰富且倾向于率先采用新技术的用户通常可以自如地操作智能手机,使得该手机的使用价值得以充分体现;同样的手机在技术经验欠缺的用户手中使用价值就大打折扣。选修同一教授的课,基础好且对该课程感兴趣的学生可以接受更多的知识,取得良好的学习效果,使教授的讲课服务充分发挥其使用价值。一般地,同样的服务在同一时间针对不同的受益人就会产生不同的使用价值,相同的服务在不同的时间针对同一受益人所产生的使用价值也可能截然不同。某种服务的使用价值本身并无客观的评判标准,完全取决于受益人的自身特征(如知识、技能)和使用服务的情境。用 Vargo 和 Lusch 的话来说,使用价值必须由受益人独特地用现象学的方法来决定,它是一种主观感知价值,并且具有体验性和情境依赖性。因此,Vargo 和 Lusch(2008)认为,用情境价值(Value in Context)来取代使用价值或许更加贴切。

受益人的价值决定作用根本改变了企业在价值共创过程中充当的角色。

在商品主导逻辑下,企业把价值嵌入商品,通过市场交易来实现商品的交换价值。而服务主导逻辑把关注焦点由交换价值转向使用价值,在服务主导逻辑下,企业离开了顾客就无法单独创造价值,只能根据顾客需求来提出价值主张,并对顾客参与价值共创的行为加以引导,因此,Vargo 和 Lusch(2008)提出了基本命题 7:企业并不能传递价值,而只能提出价值主张。在此基础上,Vargo 和 Lusch(2011)对企业在价值共创方面所扮演的角色进行了进一步解析,并且认为企业充分整合自身和合作伙伴的资源,设法挣脱企业内、外部各种约束因素的束缚,与合作伙伴沟通对话,并且共同提出价值主张、提供服务和构建价值网络,为最终实现服务的使用价值创造条件(参见图 15-2)。

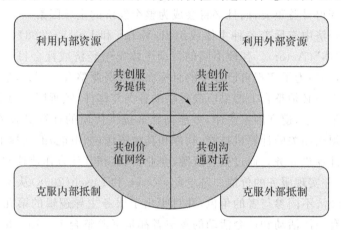

图 15-2　企业在价值共创中的角色

资料来源:Vargo S L, Lusch R F. It's all B2B…and beyond:Toward a systems perspective of the market [J]. Industrial Marketing Management,2011,40 (2): 181-187.

15.4.4　服务生态系统

知识、技能等操作性资源在经济活动中的支撑性作用已经十分明显,我们也已经从理论上接受了服务主导逻辑,但在我们观念深处仍没有彻底摆脱商品主导逻辑的影响,目前通行的三个产业划分方法即是典型的例子。目前,三个产业划分法不但与服务主导逻辑相悖,而且会扭曲国民经济统计数据。早在 1994 年,美国经济分类政策委员会(American Economic Classification Policy Committee)就已经指出:"由于运营策略不同,企业组织的某些业务在不同情境下被归入不同的产业,最终导致社会经济统计数据的扭曲。"以汽车制造企业的整车物流业务为例,如果这项业务由汽车制造企业自己完成,那么,所实现的利润就归入制造业的统计数据;如果汽车制造企业把这项业务外包给第三方物流公司,那么,所得利润就被视为服务业的产出。针对这种状况,Shugan(1994)曾经指出对于经济的理解应由"制造型"向"服务型"转变,Vargo 和 Lusch(2008)也提出了服务主导逻辑的第五个基本命题:所有经济都是服务经济。在服务经济中,市场被视为服务流通的场所,因此,应该依据与服务相关的操作性资源来重新划分不同的产业。例如,农业主要涉及耕作、培育等方面的知识,工业以大规模定制、组织管理等为依托,而信息服务业则与信息技术以及纯粹的、非显性的知识交易为前提。这样,服务在经济中的作用不但会变得日益重要,而且必将会成为整个经济的主导因素。

服务经济中充斥着各种主体或组织,Vargo 和 Lusch(2008)把他们统称为"行动主体"(Actor)。各种不同的行动主体出于经济或社会目的参与各种服务活动,必须为了实现自己心中的目标而进行资源整合。例如,某计算机硬件服务提供商必须整合上游供应商提供的各类零部件,倾听用户的呼声,关注同行或竞争对手,遵守国家法律,才能向顾客提供优质的计算机服务。同样,顾客也必须在相关的计算机技能、软件和其他资源(如电能)的支撑下,才能高效地使用计算机服务。通过整合资源,企业、顾客和其他合作伙伴共同来完成价值共创,并实现服务的价值。基于此,Vargo 和 Lusch(2008)从宏观层面描述了服务经济不同参与者的角色,并且提出了服务主导逻辑的第九个基本命题——所有经济活动和社会活动的参与者都是资源整合者。Lusch 等(2010)曾经指出,不同行动主体"溶解"(Liquefy)自己掌控的资源并调节资源溶解后的密度,是资源整合和价值共创的前提,他们认为知识、技能等操作性资源都是无形资源,通常被淹没在服务经济中的海量信息中,或附着在各类物质资源上,行动主体必须充分利用自己的知识和技能来溶解它们,剔除低价值或无价值的信息,才能实现资源利用效果的最优化。Lusch 等(2010)所说的"密度"是指资源被溶解后所处的状态,而密度的最大化则意味着在恰当的时间和恰当的地点可利用恰当的资源,这是一种理论上的最优状态,在现实中很难达到。为了促使资源密度趋于最大化,行动主体必须在形态、时间、地点等方面对"溶解"后的资源进行调整和配置,并行工程、流程再造等技术也许对他们有所帮助。

命题 5 阐述了服务主导逻辑下的经济形态,命题 9 阐明了不同参与者在这服务经济中扮演的角色,沿此思路,Vargo 和 Lusch(2008)进一步描述了不同参与者之间的关系,并且提出了服务主导逻辑的第八个基本命题:服务中心观必然是顾客导向和关系性的。其中,"关系性"表明了不同的资源整合者之间的相互制约、相互影响关系,这种关系性使得服务经济成为一个庞大的系统;而"顾客导向"则强调受益人在服务经济中的核心地位,并且规定了资源整合者之间"关系性"的利益取向,即通过合作来实现合作伙伴利益的取向。从一个更加宽泛的层面来看,可以把服务经济中的不同参与者看作一个旨在汇集各种资源的"服务系统",而服务系统要以组织网络、信息网络为支撑,在服务经济这个大环境中进行资源整合、资源共享和价值共创,从而构成一个名副其实的价值共创网络,Vargo 和 Lusch(2010)将其称之为"服务生态系统"。在服务生态系统中,参与者的最终目的不再局限于实现自身和合作伙伴的利益,而是提高整个服务生态系统的适应性和可持续性,这就是服务主导逻辑的最终归宿(参见图 15-3)。

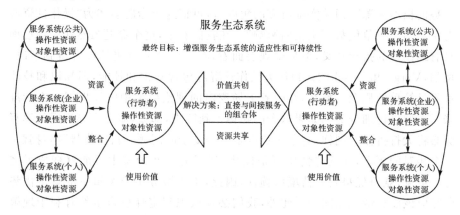

图 15-3　服务生态系统

资料来源:李雷,赵先德,简兆权.电子服务概念界定与特征识别——从商品主导逻辑到服务主导逻辑[J].外国经济与管理,2012,34(4):2-10.

15.5　对于服务主导逻辑的反思

作为一种前沿交叉理论,服务主导逻辑理论体系庞大,虽然已经形成了自己的基本框架,但与一些具有几十年甚至上百年历史的成熟理论相比还显得非常稚嫩,还存在很大的发展空间。服务主导逻辑的发展部分源自于学术界对该理论认知的不断深化;与此同时,外部环境的变化也要求服务主导逻辑必须保持与时俱进的发展态势。

任何理论都有自身的"灵魂",或者说有自己的核心观点和基本架构,因此,有关服务主导逻辑的后续研究必须紧紧围绕它的核心观点和基本框架,杂乱无章、没有章法的研究肯定不利于理论建构。对于服务主导逻辑理论而言,图 15-1 中的四类基本命题决定它的未来发展走向。下面,围绕图 15-1 中的四类基本命题所规定的服务主导逻辑发展走向来探索未来服务主导逻辑的研究方向。

1. 操作性资源、竞争优势及其关系

由对象性资源观向操作性资源观的变迁催生了服务主导逻辑,以知识、技能为代表的操作性资源被服务主导逻辑视为组织的核心要素。Vargo 和 Lusch(2004)关于服务主导逻辑提出的第一个命题就是"操作性资源是竞争优势的根本来源",但从实证研究的角度看,可把这个命题表述为"操作性资源对企业构建竞争优势产生正向影响"。在我们看来,这个命题虽然在宏观层面具有纲领性的指导意义,但从微观层面看,有些细节问题仍然没有得到解决。例如,Vargo 和 Lusch(2004)认为操作性资源包含知识和技能,但知识和技能都不是简单的概念。那么,在服务主导逻辑的理论框架中应该根据什么标准来对它们进行细分呢? 如果这个问题得不到解决,那么,服务主导逻辑的解释势必将大打折扣。同样,竞争优势也是一个复杂的问题,而且"优势"本身就是一个相对的概念,在某些情境下是优势,到了另一些情境中可能就变成了劣势。可见,竞争优势具有情境依赖性,因此,未来服务主导逻辑下的竞争优势研究应该注意情境化问题。此外,我们必须认识到定性思辨虽然有利于理解事物的本质属性,但如果没有实证研究的支持,就缺乏说服力。对于企业来说,实证研究的结论也更具可操作性。目前,采用实证方法(如案例研究法、问卷研究法)探讨操作性资源与竞争优势关系的研究简直就是凤毛麟角。根据经济学和管理学研究的一般发展规律,后续服务主导逻辑研究必须加大实证力度,用实证研究获得的可靠证据来验证或支持服务主导逻辑的理论研究结论,这样才有利于服务主导逻辑理论的健康发展。

2. 商品在市场交易中的作用

服务主导逻辑的提出巧妙地化解了商品与服务之争,该逻辑把服务解释为"对知识、技能等操作性资源的利用",而把商品看作利用操作性资源的载体。虽然 Vargo 和 Lusch(2004,2008)一再强调,上述观点并不意味着商品在与服务的争斗中败北,也不是在暗示无须关注商品的作用。不过,通过文献梳理不难发现,学者们在依据服务主导逻辑分析市场交易的相关问题时,似乎过分强调了知识和技能的作用,很少论及商品的作用甚至有故意回避之嫌。我们并不否认知识、技能等操作性资源在当今知识经济背景下具有极其重要的作用,但在现实的市场交易中离开了商品这个"分销机制",操作性资源就可能变得虚无缥缈,因此,我们认为后续研究决不能小视商品作为操作性资源物质载体的作用,而应该在强调服务的作用的同时注重商品作为操作性资源物质载体的作用。首先,相同的操作性资源依托不同的物质载体(即商品),就会产生不同的服务效果。只有当操作性资源与物质载体相匹配时,作为服务受益人的顾客才有机会充分实现自己的使用价值,而作为服务提供者的企业才有可能获得尽可能多的收益。因此,如何界定和测量操作性资源与物质载体之间的匹配性,进而实现两者之间的最佳匹配,是后续相关研究必须关注的一个问题。其次,某些服务既可以直接传递(如电子书),也可以依托商品进行分销(如纸质书),这两种服务的传递方式各有千秋,前者不受时空限制,快捷、方便;而后者厚重,更具质感。此外,不同的顾客群体对于两种传递方式的接受度也存在很大的差别,服务提供者应该依据顾客的偏好选用不同的服务提供方式。于是,就产生了服务提供方式的选择标准问题,后续相关研究也应该致力于解决这个问题。

3. 电子服务背景下的价值共创模式

服务主导逻辑的基本命题 6、7、10 阐述了价值共创问题,剖析了顾客和企业在价值共创过程中分别扮演的不同角色及其对价值共创结果的影响,但比较笼统,而且忽略了当今电子服务背景下的价值共创问题。ICT 的飞速发展以及相关技术创新成果在服务中的应用催生了电子服务。与基于人际交互的物理服务相比,电子服务最显著的特征是以人机交互这种全新的服务接触方式来完成服务传递(李雷和简兆权,2013)。在此过程中,企业把自己的价值主张通过技术(通常表现为交互界面)呈现给顾客。与服务人员相比,技术没有任何主观能动性,服务提供商必须依靠顾客掌握的知识和技能才能把服务传递给顾客。因此,顾客不只是价值共创者,他们对价值的决定性作用也不只体现在对服务的最终使用上,从顾客与交互界面发生接触的那一刻起,他们就成了价值共创的第一责任人,他们的特征和行为会影响整个价值共创过程。与此同时,企业在电子服务中已经无法通过服务人员呈现自己的价值主张;技术成了企业展示价值主张的重要手段,企业必须通过合理的服务设计和服务开发促使服务平台更加友好、更加人性化,使它们成为合格的一线"服务人员"。通过上述分析不难看出,在电子服务背景下顾客扮演着更加复杂的角色,发挥着更加重要的作用,以价值最终实现为着眼点的基本命题 6 和基本命题 10 已经无法恰如其分地刻画顾客在价值共创方面扮演的角色和发挥的作用。此外,基本命题7根本没有考虑企业在电子服务背景下如何提出价值主张的问题。因此,后续相关研究应该结合电子服务的特征把服务主导逻辑中关于价值共创的命题扩展延伸到电子服务,提高相关命题在不同服务背景下的适用性。

4. 开展以服务生态系统为对象的学术研究

服务生态系统的产生背景是"服务经济",存在前提是"资源整合",落脚点是"顾客导向",运行保障是"关系性"。服务生态系统不但代表了服务主导逻辑理论所涵盖的一系列观点,还为相关研究领域(服务科学和其他领域)的学者在网络环境下开展研究提供了一种崭新的视角。今后,学者们可以采用服务生态系统观来批判或重构相关领域业已存在的理论,或用它来解释相关领域中出现的新问题,据此验证和提高服务主导逻辑的解释力,从而促进服务主导逻辑的深化与发展。根据我们的研究经验,服务生态系统观能在如下两个领域有所作为。

(1)服务创新领域

基于开放式网络平台的服务创新是一种新型的服务创新模式,基于服务生态系统观可把基于开放式网络平台的服务创新表述为:在服务生态系统某个或某些参与者的主导下,不同合作伙伴在一个为了汇集资源而创建的开放式网络平台上开展的服务创新。迄今为止,这种基于开放式网络平台的服务创新仍是一个巨大的"黑箱",它的过程如何、有哪些参与者、各方在价值共创中的贡献如何评价、各方通过哪些机制来进行互动等问题仍鲜有学者问津(李雷等,2012)。后续服务主导逻辑研究应该依据现有的服务创新理论和服务生态系统观构建理论模型,然后采用案例分析法来验证理论模型,并依据验证结果修正模型,为创建更具一般性的服务创新理论和服务主导逻辑理论进行有益的尝试。

(2)市场营销领域

在以价值链思想为主导的营销体系中,营销管理的主流模式是"选择价值—提供价值—传递价值"。而在以服务生态系统为主导的营销蓝图中,营销管理的核心是创建能使各方共赢的平台,顾客和其他参与者都能在这个平台上获得应得的利益。我们认为,在服务生态系统的视角下,营销部门的角色会发生质的变化,营销部门将成为传达消费者信息的中介、促成市场交易的协调者以及消费者社区的管理者。因此,后续服务主导逻辑研究应该从服务生态系统观出发,对现有的营销理论及其研究和实践进行重新审视,以创立合乎服务主导逻辑的营销理论和实践。

15.6　总　结

服务主导逻辑自提出至今已有多年,并且已经形成了自己的理论框架,在解释当今服务经济的相关问题时显示出了强大的张力。本章在梳理现有服务主导逻辑研究文献的基础上,从商品与服务之争入手分析了服务主导逻辑的产生原因、核心观点,在此基础上对未来研究进行了展望,旨在为国内学者全面了解服务主导逻辑这一全新的理论提供参考,同时为我国发展服务经济提供理论依据。

思考题

1. 服务主导逻辑的成因是什么?
2. 企业在价值共创中扮演什么样的角色?
3. 阐述服务生态系统。

案例分析

服务主导逻辑:蚂蚁金服的互联网金融创新

蚂蚁金服正式成立于 2014 年 10 月,是一家旨在为世界带来普惠金融服务的科技企业。蚂蚁金服在互联网金融创新中的突出成就归功于其一直坚持服务主导逻辑。互联网金融企业以服务为主要交换对象,实体商品作为传递服务的载体或附属物;其操作性资源是大数据、云计算等具有高知识背景的技术,通过这些高科技技术获得基础设施的优势,为用户提供相对完善的使用平台。

(1)蚂蚁金服的价值主张

蚂蚁金服致力于提供普惠金融服务,这一价值主张清晰地表达了其为全球中小个人顾客和企业客户服务、从中创造或发掘价值的思路,是蚂蚁金服金融创新根本方向的确定,也是服务主导逻辑的初始步骤。

①明晰价值观念。在国家大力倡导普惠金融的背景下,蚂蚁金服关注传

统金融服务忽视的低净值个人客户和中小微企业客户;同时,作为一家互联网金融企业,天生具有接近全球市场的渠道和便利,蚂蚁金服的创新视野同样放在全球市场。蚂蚁金服提出期盼为世界带来微小而美好的改变,以"为世界带来更多平等的机会"为使命,致力于通过科技创新能力,搭建一个开放、共享的信用体系和金融服务平台,为全球个人顾客和小微企业提供安全、便捷的普惠金融服务。

②识别服务对象。按照企业价值观,蚂蚁金服在成立之初就将全球范围内的个人和小微企业作为服务对象。以支付宝、余额宝、网商银行等产品和服务为基础,运用大数据、云计算等最新技术向顾客提供互联网金融服务,使用户可获得平等的金融服务,大大扩展了普惠金融的惠及范围,提升了服务的效率。蚂蚁金服还积极响应国家精准扶贫政策,与农村小额贷款企业展开农信合作,探索"互联网+精准扶贫"。仅以支付宝为例,截至 2017 年 7 月,其在国内的用户已超过 4.5 亿人次;使用支付宝进行交易服务的企业已逾 46 万家;在农村地区有 6000 万用户。而其全球的用户数量已逾 7 亿人次,预计在 2020 年全球用户数量将达到 20 亿人次。

③传递价值承诺。蚂蚁金服在谋求自身发展的同时,不忘肩负普惠金融这一重大的社会责任。蚂蚁金服充分践行普惠金融理念,承诺给所有具有真实金融服务需求的个人或者企业尤其是低净值个人客户和小微企业客户提供平等的、无差异的金融服务。正如蚂蚁金服的名字一样,像蚂蚁一样,只对小微世界感兴趣,从小做起,齐心协力形成惊人力量,在通往目的地的道路上永不放弃。在网络、电视、社交平台等传播媒介的宣传中,始终保持这一形象,向目标群体、向全社会宣告其价值主张。

(2)蚂蚁金服的价值共创

服务主导逻辑主张企业从最初的"灌输"理念转向"互动"理念,蚂蚁金服不断增强与用户之间的互动,尤其是打造多平台倡导与顾客之间的有效沟通,以实现企业和客户共同创造价值。

①搭建互动平台。蚂蚁金服借助大智移云等新技术打造了基于"互联网+"的多个金融平台,如支付平台——支付宝、定期理财信息平台——招财宝、智慧理财平台——蚂蚁聚宝、自运营实体平台——财富号、金融信息服务平台——维他命、股权众筹平台——蚂蚁达客等。这些开放性平台将金融企业、金融产品、金融服务、金融信息与金融客户连接在了一起,为企业与顾客的互动提供了更多的机会。平台设置的产品推介、直播频道、问答社区、实时动态等模块,既增加了服务接触的时间,又扩展了服务接触的空间,企业与顾客能

够直接交流对话,通过便捷性接触实现了有效沟通。

②提升共创体验。随着服务场景的多元化和多样化,蚂蚁金服的平台在升级、顾客的角色在转变、服务体验在不断提升。如在蚂蚁金服的财富号上,问答社区是企业与顾客互动的一个空间,社区会鼓励其他顾客或安排专人来解答问题,回复顾客的留言,以保持问答社区的活跃度。在与平台互动的过程中,顾客不再是单纯的基金购买者,顾客的投资理念和偏好将会影响基金经理对基金产品的设计,成为产品的隐性设计者。当顾客得知基金经理参考自身的投资理念时,将会变得更加活跃,双方不断交换信息,互动体验感增强。支付宝从服务电商交易的支付工具到服务各行业的支付平台到移动生活方式代表,支付场景在不断拓展,而且增加了社交元素,为用户提供极大便利,服务体验得到显著提升。

③形成价值交互。创新活动改变价值传递方向,增强企业与客户、客户与客户之间的交流,并在交流和互动中实现价值的交互。"咻红包,传福气"是支付宝创新央视春晚新玩法,"咻"到红包的用户,可分享给亲朋好友,将好运与福气传递给更多人。年度支付宝账单清楚地记录了用户过去一年通过支付宝交易的所有账目,还有人性化的消费特性分析,引起大家在社交平台展示个人消费气质评价,刺激了用户极大的兴趣和议论,并纷纷分享转发。这些富有强烈人文关怀的创新,不仅促进新用户数量增长、增强老用户的好感和黏性,还提升了企业和顾客的价值获得感。在创新活动中价值并非单向传递,而是实现了价值的交互传递,二者相辅相成、互相促进。

(3)蚂蚁金服的价值共享

服务主导逻辑中,价值共享在关注企业自身利益的同时,也关注企业相关方的利益,从而最大限度地整合社会资源,实现各方共同成长。

①关注各方利益。蚂蚁金服在创新发展过程中,不仅关注企业自身利益,也关心其利益相关方的利益,建立征信体系——芝麻信用是蚂蚁金服关注顾客、商家、金融机构甚至政府利益的重要表现之一。通过云计算、机器学习、大数据等技术支持,芝麻信用客观地记录个人和企业的信用状况,并根据一定标准得出信用分数。从蚂蚁花呗、金融机构信用借贷、融资租赁到婚恋交友、优惠服务、免押金使用共享单车、学生服务、个人物品出售等,芝麻信用随时随地都为商家提供信息支持,同时数亿平台用户也感受到了信用体系带来的便利,节省企业和顾客选择交易对象的时间和精力,顾客与企业之间的商业关系由于信用体系而变得简单明了。

②整合社会资源。在蚂蚁金服构建的金融生态系统中,不仅为顾客汇集

和整合了金融资源,还为其他利益相关者整合了诸多金融以外的其他信息。"千县万亿"计划旨在为县域经济发展和居民生活服务,利用"互联网+"打造城市服务、生活商圈、创业金融等多个单元,打通蚂蚁金服自身和各地基层政府的大数据,整合社会资源共同参与县域经济升级发展。基于场景化生活,蚂蚁金服建立城市生活圈,促进资源共享,并以支付宝"口碑"模块为重要信息传输点。支付宝口碑模块展示着海量的城市生活信息,与支付宝合作的商家可在支付宝口碑界面展示自己的商品或服务,也可以开通直播功能,向顾客生动展示商品制作流程或工艺。蚂蚁金服作为企业与客户的信息中介平台,促进了信息互换,大大节省了企业与顾客的选择成本。

③实现共同成长。助力小微企业、金融机构及合作伙伴成长一直是蚂蚁金服的愿景,网上银行的成立,为小微企业及个人客户贷款、理财等服务提供便利;联合其他金融及互联网金融企业发出保护消费者金融权益的倡议;战略投资创业者服务平台——3氪,并为其全面开放在线支付、私募股权融资、技术、云计算等多个领域模块,以此服务整个小微企业生态;实施"互联网推进器计划",与金融机构加大在渠道、技术、数据、征信乃至资本层面的合作,助力金融机构向新金融转型升级;为所有支付宝的用户开通碳账户,以计量用户在生活消费、交通出行等方面的碳减排量,鼓励用户建立低碳的生活方式,大力倡导绿色消费。

资料来源:郭净,胡小宇,隋逸凡.服务主导逻辑:互联网金融创新的基本框架——基于蚂蚁金服的案例分析[J].湖南财政经济学院学报,2018,34(3):22-30.

问题:

1. 蚂蚁金服基于服务主导逻辑的金融创新框架是什么?

2. 在服务主导逻辑中,蚂蚁金服是如何实现价值共创的?

参考文献

[1] Alam I, Perry C. A customer-oriented new service development process [J]. Journal of Service Marketing, 2002, 16 (6): 515-534.

[2] Alrubaiee L. An investigation on the relationship between new service development, market orientation and marketing performance [J]. European Journal of Business and Management, 2013, 5 (5): 1-26.

[3] Aljukhada, Senecal S, Nantel J. Is more always better? Investigating the task-technology fit theory in an online user context [J]. Information & Management, 2014, 51 (4): 391-397.

[4] Blazevic V, Lievens A. Managing innovation through customer coproduced knowledge in electronic services: An exploratory study [J]. Journal of the Academy of Marketing Science, 2008, 36 (1): 138-151.

[5] Bettencourt L A. Service innovation: How to go from Customer needs to Breakthrough Services [M]. (1st Ed.). New York: McGraw-Hill, 2010: 27-45.

[6] Bitran G, Pedrosa L. A structured product development perspective for service operations [J]. European Management Journal, 1998, 16 (2): 169-189.

[7] Booz A, Booz H. New Products Management for the 1980s [M]. (1st Ed.). Englewood Cliffs, New Jersey: Prentice-Hall, 1982: 1-24.

[8] Bansemir B. Organizational Innovation Communities [M]. Springer, 2013.

[9] Behara R S, Chase R B. Service quality deployment: Quality service by design [A]. In Sarin R V (ed.). Perspectives in Operations

Management: Essays in Honor of Elwood S Buffa [C]. Norwell, MA: Kluwer Academic Publisher, 1993: 87-99.

[10] Berger J. Word of mouth and interpersonal communication: A review and directions for future research [J]. Journal of Consumer Psychology, 2014, 24 (4): 586-607.

[11] Bonner S E. A model of the effects of audit task complexity [J]. Accounting, Organizations and Society, 1994, 19 (3): 213-234.

[12] Brown T E, Miller C. Communication networks in task-performing groups: Effects of task complexity, time pressure, and interpersonal dominance [J]. Small Group Research, 2000, 31 (2): 131-157.

[13] Baccarini D. The concept of project complexity-A review [J]. International Journal of Project Management, 1996, 14 (4): 201-204.

[14] Barras R. Interactive innovation in financial and business services: The vanguard of the service revolution [J]. Research Policy, 1990, 19(3): 215-237.

[15] Bitner M J. Servicescapes: The impact of physical surroundings on customers and employees [J]. Journal of Marketing, 1992, 56 (2): 57-71.

[16] Cohen M A. An analysis of several new product performance metrics [J]. Manufacturing & Service Operations Management, 2000, 2 (4), 337-349.

[17] Cooper R G. What distinguishes the top performing new products in financial services [J]. Journal of Product Innovation Management, 1994, 11 (4): 281-299.

[18] Cooper R G, Edgett S L. Product Development for the Service Sector-lessons from Market Leaders [M]. (1st Ed.). Cambridge, MA: Perseus Books, 1999: 16-26.

[19] Capaldo A. Network governance: A cross-level study of social mechanisms, knowledge benefits, and strategic outcomes in joint-design alliances [J]. Industrial Marketing Management, 2014, 43 (4): 685-703.

[20] Carbonell P, Rodriguez-Escudero A I. Antecedents and consequences of using information from customers involved in new service development [J]. Journal of Business & Industrial Marketing, 2014, 29 (2): 112-122.

[21] Chen S C, Jong D, Lai M T. Assessing the relationship between technology readiness and continuance intention in an e-appointment system: Relationship quality as a mediator [J]. Journal of Medical Systems, 2014, 38 (9): 1-12.

[22] Chang H. Intelligent agent's technology characteristics applied to online auctions'task: A combined model of TTF and TAM [J]. Technovation, 2008, 28 (9): 564-577.

[23] Capon N, Glazer R. Marketing and technology: A strategic coalignment [J]. Journal of Marketing, 1987, 51 (3): 1-14.

[24] Cole W E, Mogab J W. The Economics of Total Quality Management: Clashing Paradigms in the Global Market [M]. Cambridge, MA: Blackwell, 1995.

[25] Constantin J A, Lusch R F. Understanding Resource Management [M]. Oxford, OH: The Planning Forum, 1994.

[26] Campbell D J. Task complexity: A review and analysis [J]. The Academy of Management Review, 1988, 13 (1): 40-52.

[27] Chase R B. Where does the customer fit in a service operation ? [J]. Harvard Business Review, 1978, 56 (6): 137-142.

[28] Ambra J D, Wilson C S, Akter S. Application of the task-technology fit model to structure and evaluate the adoption of e-books by academics [J]. Journal of the American Society for Information Science and Technology, 2013, 64 (1): 48-64.

[29] Day G. The capabilities of market-driven organization [J]. Journal of Marketing, 1994, 58 (4): 37-52.

[30] Dickson P R. Toward a general theory of competitive rationality [J]. Journal of Marketing, 1992, 56 (1): 69-83.

[31] Dishaw M T, Strong D M. Extending the technology acceptance model with task-technology fit constructs [J]. Information & Management, 1999, 36 (1): 9-21.

[32] De Luca L M, Atuahene-Gima K. Market knowledge dimensions and cross-functional collaboration: Examining the different routes to product innovation performance [J]. Journal of Marketing, 2007, 71 (1): 95-112.

[33] Dhanaraj C, Lyles M A, Steensma H K. Managing tacit and explicit knowledge transfer in IJVs: The role of relational embeddedness and the impact on performance [J]. Journal of International Business Studies, 2004, 35 (5): 428-442.

[34] Das T K, Teng B S. Resource and risk management in the strategic alliance making process [J]. Journal of Management, 1998, 24 (1): 21-42.

[35] Deszca G. Developing breakthrough products: Challenges and options for market assessment [J]. Journal of Operations Management, 1999, 17 (6): 613-630.

[36] Easterby-Smith M, Lyles M A, Tsang E W K. Inter-organizational knowledge transfer: Current themes and future prospects [J]. Journal of Management Studies, 2008, 45 (4): 677-690.

[37] Edvardsson B, Olsson L. Key concepts for new service development [J]. Service Industry Journal, 1996, 16 (2): 140-164.

[38] Edvardsson B. Involving Customers in new Service Development [M]. (1st Ed.). London: Imperial College Press, 2006: 16-66.

[39] Foss N J, Lyngsie J, Zahra S A. The role of external knowledge sources and organizational design in the process of opportunity exploitation [J]. Strategic Management Journal, 2013, 34 (12): 1453-1471.

[40] Furneaux D. Task-technology fit theory: A survey and synopsis of the literature [C]. Dwivedi Y K, Wawde M, Schneberger S L. Information Systems Theory: Explaining and Predicting our Digital Society. New York: Springer, 2012: 87-106.

[41] Fitzsimmons J A, Fitzsimmons M J. Service Management [M]. (3rd Ed.). New York: McGraw-Hill, 2001: 25-39.

[42] Franke N, Shah S. How communities support innovative activities: An exploration of assistance and sharing among end-users

[J]. Research Policy, 2003, 32 (1): 157-178.

[43] Franke N, Keinz P, Schreier M. Complementing mass customization toolkits with user communities: How peer input improves customer self-design [J]. Journal of Product Innovation Management, 2008, 25 (6): 546-559.

[44] Fichter K. Innovation communities: The role of networks of promoters in open innovation [J]. R & D Management, 2009, 39 (4): 357-371.

[45] Froehle C. Antecedents of new service development effectiveness: An exploratory examination of strategic operations choices [J]. Journal of Service Research, 2000, 3 (1): 3-17.

[46] Froehle C, Roth A. A resource-process framework of new service development [J]. Production and Operations Management, 2007, 16 (2): 169-188.

[47] Grover V, Davenport T H. General perspectives on knowledge management: Fostering a research agenda [J]. Journal of Management Information Systems, 2001, 18 (1): 5-21.

[48] Goodhue D L, Thompson R L. Task-technology fit and individual performance [J]. MIS Quarterly, 1995, 19 (2): 213-236.

[49] Goodhue D L. Task-technology fit: A critical (but often missing) construct in models of information systems and performance [C]. Zhang P, Galletta D. Human-computer Interaction and Management Information Systems: Foundations. New York: M. E. Sharpe, Inc., 2006: 184-204.

[50] Goduscheit R C, Jorgensen J H. User toolkits for innovation-A literature review [J]. International Journal of Technology Management, 2013, 61 (3): 274-292.

[51] Gallouj F, Weinstein O. Innovation in services [J]. Research Policy, 1997, 26 (4): 537-556.

[52] Grönroos C. From marketing mix to relationship marketing: Toward a paradigm shift in marketing [J]. Asia-Australia Marketing Journal, 1994, 32 (2): 4-20.

[53] Gummesson E. Broadening and specifying relationship marketing

[J]. Asia-Australia Marketing Journal, 1994, 2 (1): 31-43.

[54] Greitzer F L. Toward the development of cognitive task difficulty metrics to support intelligence analysis research [A]. Proceedings of the IEEE 2005 International Conference on Cognitive Informatics [C]. Irvine, CA, USA: 2005: 315-320.

[55] Griliches Z. Patent statistics as economic indicators: A survey [J]. Journal of Economic Literature, 1990, 28 (4): 1661-1707.

[56] Guile B R, Quinn J B. Technology in Service: Policies for Growth, Trade, and Employment [M]. Washington, D. C. : National Academy Press, 1988.

[57] Hau Y S, Kim B, Lee H. The effects of individual motivations and social capital on employees' tacit and explicit knowledge sharing intentions [J]. International Journal of Information Management, 2013, 33 (2): 356-366.

[58] Harvey C M. Toward a Model of Distributed Engineering Collaboration [D]. Purdue University, 1997.

[59] Hauser J R, Clausing D. The house of quality [J]. Harvard Business Review, 1988, 66 (3): 63-73.

[60] Hunt S D, Morgan R M. The comparative advantage theory of competition [J]. Journal of Marketing, 1995, 59 (2): 1-15.

[61] Holsapple C W, Singh M. The knowledge chain model: Activities for competitiveness [J]. Expert Systems with Applications, 2003, 20 (1): 77-98.

[62] Hassan H S. Recent advances in e-service in the public sector: State-of-the-art and future trends [J]. Business Process Journal, 2011, 17 (3): 526-545.

[63] Hienerth C, Von H E, Berg J M. User community vs. producer innovation development efficiency: A first empirical study [J]. Research Policy, 2014, 43 (1): 190-201.

[64] Ham D H, Park J, Jung W. Model-based identification and use of task complexity factors of human integrated systems [J]. Reliability Engineering & System Safety, 2012, 100 (4): 33-47.

[65] Inkpen A C. Learning through joint ventures: A framework of

knowledge acquisition [J]. Journal of Management Studies, 2000, 37 (7): 1019-1043.

[66] Janjua N K, Hussain F K, Hussain O K. Semantic information and knowledge integration through argumentative reasoning to support intelligent decision making [J]. Information Systems Frontiers, 2013, 15 (2): 167-192.

[67] Johne A, Storey C. New service development: A review of the literature and annotated bibliography [J]. European Journal of Marketing, 1998, 32 (3/4): 184-251.

[68] Johnson S P. A critical evaluation of the new service development process: Integrating service innovation and service design [A]. Fitzsimmons J A, Fitzsimmons M J (Eds.). New Service Development-Creating Memorable Experiences [C]. Thousand Oaks, CA: Sage Publications, 2000: 1-32.

[69] Jeppesen L B. User toolkits for innovation: Consumers support each other [J]. Journal of Product Innovation Management, 2005, 22 (4): 347-362.

[70] Jugend D, Da Silva S L. Integration of R&D and new product development: Case studies of Brazilian high-tech firms [J]. International Journal of Business Innovation and Research, 2014, 8 (4): 422-439.

[71] Jordan J. Controlling knowledge flows in international alliances [J]. European Business Journal, 2004, 16 (2): 70-77.

[72] Kogut B, Zander U. Knowledge of the firm, combinative capabilities, and the replication of technology [J]. Social Science Electronic Publishing, 1992, 37 (7): 7-35.

[73] Kotler P. Marketing Management: Analysis, Planning, Implementation, and Control [M]. Upper Saddle River, NJ: Prentice Hall, 1997.

[74] Klopping I M, Mckinney E. Extending the technology acceptance model and the task-technology fit model to consumer e-commerce [J]. Information Technology, Learning and Performance Journal, 2004, 22 (1): 36-47.

[75] Kogut B, Zander U. Knowledge of the firm, combinative capabilities, and the replication of technology [J]. Organization Science, 1992, 3 (2): 383-397.

[76] Koka B R, Prescott J E. Strategic alliances as social capital: A Multidimensional View [J]. Strategic Management Journal, 2002, 23 (9): 795-816.

[77] Kang H, Hahn M, Fortin D R. Effects of perceived behavioral control on the consumer usage intention of e-coupons [J]. Psychology & Marketing, 2006, 23 (10): 841-864.

[78] Luis E, Edward B. First-mover advantages in regimes of weak appropriability: The case of financial services innovations [J]. Journal of Business Research, 2002, 55: 997-1005.

[79] Lamberts K, Shanks D. Knowledge Concepts and Categories [M]. Psychology Press, 2013.

[80] Lin H, Darnall N. Strategic alliance formation and structural configuration [J]. Journal of Business Ethics, 2014 (1): 1-16.

[81] Langeard E. Developing new services [A]. Venkatesan M (Eds.). Creativity in Services Marketing: What is new, what Works, what is Developing[C]. Chicago, IL: American Marketing Association, 1986: 20-31.

[82] Li J J, Poppo L, Zhou K Z. Relational mechanisms, formal contracts, and local knowledge acquisition by international subsidiaries [J]. Strategic Management Journal, 2010, 31 (4): 349-370.

[83] Liu P, Li Z. Task complexity: A review and conceptualization framework [J]. International Journal of Industrial Ergonomics, 2012, 42 (6): 553-568.

[84] Lusch R F, Vargo S L. Service dominant logic: Reactions, reflections and refinements [J]. Marketing Theory, 2006a, 6 (3): 281-288.

[85] Lusch R F, Vargo S L. The Service Dominant Logic of Marketing: Dialog, Debate, and Directions [M]. Armonk, NY: ME Sharpe, 2006b.

[86] Lusch R F. Service, value networks and learning [J]. Journal of

the Academy of Marketing Science, 2010, 38 (1): 19-31.

[87] Laudon K C, Laudon J P. Management Information Systems: New Approaches to Organization and Technology (5th ed.) [M]. Upper Saddle River, NJ: Pierson Prentice Hall, 1988.

[88] Malthus T. An Essay on the Principle of Population [M]. London: Printed for Johnson J, in St. Paul's Church-Yard, 1798.

[89] Mokyr J. The Gifts of Athena: Historical Origins of the Knowledge Economy [M]. Princeton, NJ: Princeton University Press, 2002.

[90] Moorman C, Rust R T. The role of marketing [J]. Journal of Marketing, 1999, 63(Special Issue): 180-197.

[91] Marinova D. Actualizing innovation effort: The impact of market knowledge diffusion in a dynamic system of competition [J]. Journal of Marketing, 2004, 68 (3): 1-20.

[92] Moon J W, Kim Y G. Extending the TAM for a world-wide-web context [J]. Information & Management, 2001, 38 (4): 217-230.

[93] Martínez-Torres M R. Analysis of open innovation communities from the perspective of social network analysis [J]. Technology Analysis & Strategic Management, 2014, 26 (4): 435-451.

[94] McEvily B, Marcus A. Embedded ties and the acquisition of competitive capabilities [J]. Strategic Management Journal, 2005, 26 (11): 1033-1055.

[95] Menor L J. New service development: Areas for exploitation and exploration [J]. Journal of Operations Management, 2002, 20 (2): 135-157.

[96] Menor L J, Roth A V. New service development competence in retail banking: Construct development and measurement validation [J]. Journal of Operations Management, 2007, 25 (4): 825-846.

[97] Menor L J, Roth A V. New service development competence and performance: An empirical investigation in retail banking [J]. Production and Operations Management, 2008, 17 (3): 267-284.

[98] Muthusamy S K, White M A. Learning and knowledge transfer in strategic alliances: A social exchange view [J]. Organization

Studies, 2005, 26 (3): 415-441.

[99] Masterson S S, Lewis K, Goldman B M, Taylor M S. Integrating justice and social exchange: The differing effects of fair procedures and treatment on work relationships [J]. Academy of Management Journal, 2000, 43 (4): 738-748.

[100] Martin X, Salomon R. Tacitness, learning, and international expansion: A study of foreign direct investment in a knowledge-intensive industry [J]. Organization Science, 2003, 14 (3): 297-311.

[101] Nobeoka K, Dyer J H, Madhok A. The influence of customer scope on supplier learning and performance in the Japanese automobile industry [J]. General Information, 2002, 33 (4): 717-736.

[102] Ordanini A, Parasuraman A. Service innovation viewed through a service-dominant logic lens: A conceptual framework and empirical analysis [J]. Journal of Service Research, 2011, 14 (1): 3-23.

[103] Parmentier G, Mangematin V. Orchestrating innovation with user communities in the creative industries [J]. Technological Forecasting and Social Change, 2014, 83: 40-53.

[104] Prahalad C K, Hamel G. The core competence of the corporation [J]. Harvard Business Review, 1990, 68 (3): 79-91.

[105] Parasuraman A. A conceptual model of service quality and its implications for future research [J]. Journal of Marketing, 1985, 49 (4): 41-50.

[106] Parasuraman A, Zeithaml V A, Malhotra A. E-S-QUAL: A multiple-item scale for assessing electronic service quality [J]. Journal of Service Research, 2005, 7 (3): 213-233.

[107] Paton R A, Mclaughlin S. The services science and innovation series [J]. European Management Journal, 2008, 26 (2): 75-76.

[108] Paulini M, Maher M L, Murty P. Motivating participation in online innovation communities [J]. International Journal of Web Based Communities, 2014, 10 (1): 94-114.

[109] Parkes A. The effect of task-individual-technology fit on user attitude and performance: An experimental investigation [J]. Decision Support Systems, 2013, 54 (2): 997-1009.

[110] Paton R A, Mclaughlin S. The services science and innovation series [J]. European Management Journal, 2008, 26 (2): 75-76.

[111] Podsakoff P, MacKenzie S, Lee J. Common method biases in behavioral research: A critical review of the literature and recommended remedies [J]. Journal of Applied Psychology, 2003, 88 (5): 879-903.

[112] Parasuraman A. Technology readiness index (Tri): A multiple-item scale to measure readiness to embrace new technologies [J]. Journal of Service Research, 2000, 2 (4): 307-320.

[113] Riedl C. New service development for electronic services-A literature review [A]. Proceedings of the Fifteenth Americas Conference on Information Systems [C]. San Francisco: Association for Information Systems, 2009: 1-9.

[114] Rifkin J. The Age of Access: The new Culture of Hypercapitalism, where all of Life is a Paid-for Experience [M]. New York: Putnam, 2000.

[115] Srivastava R K. The resource-based view and marketing: The role of market-based assets in gaining competitive advantage [J]. Journal of Management, 2001, 27 (6): 777-802.

[116] Scheuing E, Johnson E A. A proposed model for new service development [J]. Journal of Service Marketing, 1989, 3 (2): 25-34.

[117] Steffen K, Eva K, Heidi A. Relevance and innovation of production-related services in manufacturing industry [J]. International Journal of Technology Management, 2011, 55 (3): 263-273.

[118] Shriver S K, Nair H S, Hofstetter R. Social ties and user-generated content: Evidence from an online social network [J]. Management Science, 2013, 59 (6): 1425-1443.

[119] Simonin B L. An empirical investigation of the process of knowledge transfer in international strategic alliances [J]. Journal of

International Business Studies，2004，35（5）：407-427．

[120] Sundbo J. Customer-based innovation of knowledge e-services：
The importance of after-innovation [J]. International Journal of
Services Technology & Management，2008，9（3）：218-233．

[121] Steffen K. Relevance and innovation of production-related serv-
ices in manufacturing industry [J]. International Journal of
Technology Management，2011，55（3）：263-273．

[122] Sheremata W A. Centrifugal and centripetal forces in radical new
product development under time pressure [J]. Academy of Man-
agement Review，2000，25（2）：389-408．

[123] Shriver S K，Scott K，Nair H. Social ties and user-generated
content：Evidence from an online social network [J]. Manage-
ment Science，2013，59（6）：1425-1443．

[124] Stieger S，Hergovich A. Together we are strong：Explicit and
implicit paranormal beliefs predict performance in a knowledge
test of paranormal phenomena better than explicit beliefs alone
[J]. Personality and Individual Differences，2013，54（5）：
562-565．

[125] Schraagen J M. Dealing with unforeseen complexity in the OR：
The role of heedful interrelating in medical teams [J]. Theoreti-
cal Issues in Ergonomics Science，2011，12（3）：256-272．

[126] Sampson R C. Organizational choice In R&D alliances：Knowl-
edge-based and transaction cost perspectives [J]. Managerial and
Decision Economics，2004，25（6-7）：421-436．

[127] Scott W E. Activation theory and task design [J]. Organizational
Behavior & Human Performance，1966，1（1）：3-30．

[128] Schneider B，Bowen D. Winning the Service Game [M]. （1st
Ed.）. Boston，MA：Harvard Business School，1995：11-28．

[129] Steensma H K，Barden J Q，Dhanaraj C. The evolution and in-
ternalization of international joint ventures in a transitioning e-
conomy [J]. Journal of International Business Studies，2008，39
（3）：491-507．

[130] Thorsell J. Innovation in learning：How the danishleadership in-

stitute developed 2,200 managers from fujitsu services from 13 different countries [J]. Management Decision, 2007, 45 (10): 1667-1676.

[131] Tzabbar D, Aharonson B S, Amburgey T L. When does tapping external sources of knowledge result in knowledge integration? [J]. Research Policy, 2013, 42 (2): 481-494.

[132] Taherdoost H, Sahibuddin S, Jalaliyoon N. Features' evaluation of goods, services and e-services: Electronic service characteristics exploration [J]. Procedia Technology, 2014, 12: 204-211.

[133] Tsang E W K. Acquiring knowledge by foreign partners from international joint ventures in a transition economy: Learning-by-doing and learning myopia [J]. Strategic Management Journal, 2002, 23 (9): 835-854.

[134] Tatikonda M V. Design-for-assembly: A critical methodology for product reengineering and new product development [J]. Production and Inventory Management Journal, 1994, 35 (1): 31-38.

[135] Tatikonda M V, Zeithaml V A. Managing the new service development process: Multi-disciplinary literature synthesis and directions for future research [A]. Boone T, Ganeshan R (Eds.). New Directions in Supply-chain Management: Technology, Strategy, and Implementation [C]. New York: American Management Association, 2001: 35-50.

[136] Tax S S, Brown S W. Recovering and learning from service failure [J]. Sloan Management Review, 1998, 40 (1): 75-75.

[137] Voss C A. Measurement of innovation and design performance in services [J]. Design Management Review, 2010, 3 (1): 40-46.

[138] Von H E, Krogh G. Open source software and the "private-collective" innovation model: Issues for organization science [J]. Organization Science, 2003, 14 (2): 209-223.

[139] Vargo S L, Lusch R F. Service dominant logic: Continuing the evolution [J]. Journal of the Academy of Marketing Science, 2008, 36 (1): 1-10.

[140] Von H E. Democratizing Innovation [M]. MIT Press, 2005.

[141] Von H E, Euchner J. Conversations: User innovation: An interview with Eric von Hippel [J]. Research-Technology Management, 2013, 56 (3): 15-20.

[142] Voss C A, Hsuan J. Service architecture and modularity [J]. Decision Sciences, 2009, 40 (3): 541-569.

[143] Vargo S L, Lusch R F. Evolving to a new dominant logic for marketing [J]. Journal of Marketing, 2004, 68 (1): 1-17.

[144] Vargo S L, Lusch R F. From repeat patronage to value co-creation in service ecosystems: A transcending conceptualization of relationship [J]. Journal of Business Market Management, 2010, 4 (4): 169-179.

[145] Vargo S L, Lusch R F. It's all B2B···and beyond: Toward a systems perspective of the market [J]. Industrial Marketing Management, 2011, 40 (2): 181-187.

[146] Vargo S L, Morgan F W. Services in society and academic thought: An historical analysis [J]. Journal of Macromarketing, 2005, 25 (1): 42-53.

[147] Webster F E. The changing role of marketing in the corporation [J]. Journal of Marketing, 1992, 56 (4): 1-17.

[148] Womack J P, Jones D T. Lean solutions: How Companies and Customers can Create Value and Wealth Together [M]. New York: Free Press, 2005.

[149] Walczuch R, Lemmink J, Streukens S. The effect of service employees' technology readiness on technology acceptance [J]. Information & Management, 2007, 44 (2): 206-215.

[150] Wu S C, Fang W C. The effect of consumer-to-consumer interactions on idea generation in virtual brand community relationships [J]. Technovation, 2010, 30 (11): 570-581.

[151] Wasko M M L, Faraj S. Why should I share? Examining social capital and knowledge contribution in electronic networks of practice [J]. MIS Quarterly, 2005, 29 (1): 35-57.

[152] Wells J D, Sarker S, Urbaczewski A. Studying customer evaluations of electronic commerce applications: A review and adapta-

tion of the task-technology fit perspective [C]. Proceedings of the 36th Annual Hawaii International Conference on System Sciences. Hawaii: IEEE, 2003: 192-201.

[153] Wang Y, Li D. Testing the moderating effects of toolkits and user communities in personalization: The case of social networking service [J]. Decision Support Systems, 2013, 55 (1): 31-42.

[154] Wood R E. Task complexity: Definition of the construct [J]. Organizational Behavior and Human Decision Processes, 1986, 37 (1): 60-82.

[155] Williamson O E. Comparative economic organization: The analysis of discrete structural alternatives [J]. Administrative Science Quarterly, 1991, 36 (2): 269-296.

[156] Wemmerlov U. A taxonomy for service processes and its implications for system design [J]. International Journal of Service Industry Management, 1990, 1 (3): 20-40.

[157] Yakubovich V. Weak ties, information, and influence: How workers find jobs in a local Russian labor market [J]. American Sociological Review, 2005, 70 (3): 408-421.

[158] Zhou Q, Tan K C. A bibliographic analysis of the literature on new service development [A]. Proceedings of the 4th IEEE International Conference on Management of Innovation & Technology [C]. Bangkok: IEEE Singapore Section and IEEE Technology Management Council, 2008: 21-24.

[159] Zhu Z, Nakata C, Sivakumar C. Self-service technology effectiveness: The role of design features and individual traits [J]. Journal of the Academy of Marketing Science, 2007, 35 (4): 492-506.

[160] Zeithaml V A, Parasuraman A, Malhotra A. Service quality delivery through web sites: A critical review of extant knowledge [J]. Journal of the Academy of Marketing Science, 2002, 30 (4): 362-375.

[161] Zhou K Z, Yim C K, Tse D K. The effects of strategic orientations on technology-and market-based breakthrough innovations

[J]. Journal of Marketing, 2005, 69 (2): 42-60.

[162] Zahra S A, Nielsen A P. Sources of capabilities, integration and technology commercialization [J]. Strategic Management Journal, 2002, 23 (5): 377-398.

[163] Zhang P, Li N. The intellectual development of human-computer interaction research in MIS: A critical assessment of the MIS literature (1990—2002) [J]. Journal of the Association for Information Systems, 2005, 6 (11): 227-292.

[164] Zhang P, Galletta D. Human-computer Interaction and Management Information Systems Foundations [M]. New York: M. E. Sharpe, Inc.. 2006.

[165] Zeithaml V A. Problems and strategies in services marketing [J]. Journal of Marketing, 1985, 49 (2): 33-46.

[166] Zeithaml V A, Berry L L, Parasuraman A. The nature and determinants of customer expectations of service [J]. Journal of the Academy of Marketing Science, 1993, 21 (1): 1-12.

[167] 陈威如,余卓轩.平台战略[M].北京:中信出版社,2013.

[168] 陈劲.以创新理论研究服务创新型国家建设[N].人民日报,2014-7-11.

[169] 范钧,郭立强,聂津君.网络能力、组织隐性知识获取与突破性创新绩效[J].科研管理,2014,35(1):16-24.

[170] 郭净,胡小宇,隋逸凡.服务主导逻辑:互联网金融创新的基本框架——基于蚂蚁金服的案例分析[J].湖南财政经济学院学报,2018,34(3):22-30.

[171] 华中生.网络环境下的平台服务模式及其管理问题[J].管理科学学报,2013,16(12):1-12.

[172] 郝韵瑶.服务主导逻辑下的IBM[J].时代金融,2018(1):227-228+235.

[173] 简兆权.网络与关系镶嵌对服务创新绩效的影响研究[M].北京:科学出版社,2014.

[174] 江旭.医院联盟中的知识获取与伙伴机会主义——信任与契约的交互作用研究[D].西安交通大学,2008.

[175] [美]克里斯托弗·洛夫洛克,约亨·沃茨.服务营销[M].韦福祥,

等译.北京:机械工业出版社,2014.

[176] [美]瓦拉瑞尔 A.泽斯曼尔,玛丽·乔·比特纳,德韦恩 D.格兰姆勒.服务营销[M].张金成,白长虹,等译.北京:机械工业出版社,2014.

[177] 蔺雷,吴贵生.服务管理[M].北京:清华大学出版社,2008.

[178] 李克强.促进互联网共享共治,推动大众创业万众创新[R].杭州:首届世界互联网大会,2014.

[179] 李克强.2015年国务院政府工作报告[R].北京:第十二届全国人大第三次会议,2015.

[180] 李雷,赵先德,简兆权.电子服务概念界定与特征识别——从商品主导逻辑到服务主导逻辑[J].外国经济与管理,2012,34(4):2-10.

[181] 李雷,赵先德,杨怀珍.国外新服务开发研究现状述评与趋势展望[J].外国经济与管理,2012,34(1):36-45.

[182] 李雷,赵先德,简兆权.以开放式网络平台为依托的新服务开发模式——基于中国移动应用商场的案例研究[J].研究与发展管理,2015,27(1):69-83.

[183] 李雷,赵先德,简兆权.网络环境下平台企业的运营策略研究[J].管理科学学报,2016,19(3):15-33.

[184] 李雷,杨怀珍,谭阳波,等.任务技术匹配理论研究现状述评与趋势展望[J].外国经济与管理,2016,38(1):29-41.

[185] 李雷,简兆权.国外电子服务质量研究述评与趋势展望[J].外国经济与管理,2012,34(10):1-12.

[186] 李雷,简兆权.服务接触与服务质量:从物理服务到电子服务[J].软科学,2013,27(12):36-40.

[187] 李雷,简兆权,张鲁艳.服务主导逻辑产生原因、核心观点探析与未来研究展望[J].外国经济与管理,2013,35(4):2-12.

[188] 李雷,张旭,贺楠.内容提供商视角下人机交互、网络平台服务质量与新服务开发绩效——理论模型和研究命题[J].科技管理研究,2017,37(1):207-214.

[189] 李雷.网络平台众创:万众创新的"互联网+"路径[M].北京:电子工业出版社,2018.

[190] 刘志迎,陈青祥,徐毅.众创的概念模型及其理论解析[J].科学学

与科学技术管理,2015,36(2):52-61.

[191] 鲁若愚.多主体参与的服务创新[M].北京:科学出版社,2010.

[192] 罗成.中国工商银行电子银行业务研究[D].北京:对外经济贸易大学,2017.

[193] 梁斌.美国马尔科姆·鲍德里奇国家质量奖基本观点赏释[J].世界标准化与质量管理,2006,5(5):15-17.

[194] 孟庆国.从招商银行微信服务看智能人机交互技术的实用价值[J].软件产业与工程,2013(4):26-29.

[195] 马飞.台湾7-11将想象力发挥到极致[J].商学院,2005(10):69-70.

[196] 彭正银.人力资本治理模式的选择——基于任务复杂性的分析[J].中国工业经济,2003(8):76-83.

[197] 彭正银,韩炜.任务复杂性研究前沿探析与未来展望[J].外国经济与管理,2011,33(9):11-18.

[198] 彭正银,韩炜,韩敬稳.基于任务复杂性的企业网络组织协同行为研究[M].北京:经济科学出版社,2011.

[199] 彭聃龄.普通心理学[M].北京:北京师范大学出版社,2012.

[200] [美]森吉兹·哈克塞弗,巴里·伦德尔.服务管理:供应链管理与运营管理整合方法[M].陈丽华,王江,等译.北京:北京大学出版社,2016.

[201] 盛亚,尹宝兴.企业ERP实施中员工使用意向研究:TAM的修正与应用[J].科研管理,2011,32(10):97-103.

[202] 温跃,赵小亮,马腾跃."一触即达"对接融资需求——人民银行济南分行推广上线"山东省融资服务网络平台"[J].中国金融家,2017(7):106-107.

[203] 严长寿.总裁狮子心[J].平安文化,1997,12.

[204] [美]詹姆斯A.菲茨西蒙斯,莫娜J.菲茨西蒙斯.服务管理运作战略与信息技术[M].张金成,范秀成,杨坤,译.北京:机械工业出版社,2013.

[205] 周涛,鲁耀斌,张金隆.整合TTF与UTAUT视角的移动银行用户采纳行为研究[J].管理科学,2009,22(3):75-82.

[206] 张红琪,鲁若愚.多主体参与的服务创新影响机制实证研究[J].科研管理,2014,35(4):103-110.

[207] 张美玲.海底捞:以服务为名[J].现代企业文化,2018(8):80-81.

[208] 张建伟,吴宁宁.加强现场管理 提升纪念馆服务水平——中共一大会址纪念馆案例[J].上海质量,2014(4):52-55.

[209] 张钰梅."互联网＋"背景下图书馆微服务创新案例分析与启示[J].四川图书馆学报,2018(4):61-64.

图书在版编目（CIP）数据

服务管理 / 李雷编 . 一杭州：浙江大学出版社，
2020.8（2025.7 重印）
ISBN 978-7-308-20466-8

Ⅰ．①服… Ⅱ．①李… Ⅲ．①服务业－企业管理－高
等学校－教材 Ⅳ．①F719

中国版本图书馆 CIP 数据核字（2020）第 149000 号

服 务 管 理

李 雷 编

责任编辑	李海燕	
责任校对	董雯兰	
封面设计	雷建军	
出版发行	浙江大学出版社	
	（杭州市天目山路 148 号　邮政编码 310007）	
	（网址：http://www.zjupress.com）	
排　　版	杭州好友排版工作室	
印　　刷	浙江新华数码印务有限公司	
开　　本	710mm×1000mm　1/16	
印　　张	18.75	
字　　数	337 千	
版 印 次	2020 年 8 月第 1 版　2025 年 7 月第 2 次印刷	
书　　号	ISBN 978-7-308-20466-8	
定　　价	56.00 元